Grands Exp

John G. Lake – Smith Wigglesworth – Lester Sumrall – Kenneth E. Hagin
Vous êtes né pour cela - Guérison, délivrance et restauration - Découvrez comment des plus grands

Par l'Ambassadeur Monday O. Ogbe

Table of Contents

Greater Exploits 2 – À propos du livre

Vous êtes né pour cela - Guérison, délivrance et restauration - Découvrez comment des grands - À propos du livre

Greater Exploits 2 est une continuation de **Greater Exploits** avec plus de détails, se concentrant sur quatre (4) saints que le Seigneur a utilisés puissamment au cours des 100 dernières années, à savoir - *John G. Lakes, Smith Wigglesworth, Lester Su mrall et Kenneth E. Hagin*.

Greater Exploits 2 et d'autres séries du même livre sont pour vous livrés sur un plateau de diamant si vous répondez oui à l'une des questions suivantes :

- *Êtes-vous malade et fatigué de l'impuissance, du désespoir et de l'inutilité sans aucun remède à la vue ?*
- *Êtes-vous physiquement, émotionnellement et spirituellement abattu ?*
- *Êtes-vous debout aujourd'hui, et demain déprimé émotionnellement, psychologiquement et physiologiquement comme un yoyo ?*
- *Êtes-vous ou quelqu'un de votre entourage est-il physiquement ou émotionnellement malade, harcelé, exploité et dépossédé de ce qui vous appartient légitimement ou des personnes de votre entourage ?*
- *Y a-t-il une maladie ou une maladie prolongée, ou des schémas négatifs de meurtre, de vol et de*

destruction qui ont défié vos prières et les prières des autres ?

- *Avez-vous perdu quelque chose ou quelqu'un proche de vous et vous semblez n'avoir aucune réponse à tous ?*
- *Sentez-vous ou percevez-vous que vous n'êtes pas au centre de la volonté et du but de Dieu pour votre vie avec un vide complet en vous et autour de vous ?*
- *Avez-vous faim de pouvoir apporter la guérison, la délivrance et la restauration d'une manière puissante à vous-même et aux autres ?*

Alors venez avec moi avec sept (7) conditions critiques comme suit :

- *Soyez DISPONIBLE (esprit, âme et corps) pour vous associer à Dieu.*
- *Soyez AUDACIEUX de revendiquer tout ce qu'il est mort pour vous donner.*
- *Soyez suffisamment COMPASSIONNÉ pour vous asseoir là où les gens souffrent.*
- *Soyez DÉTERMINÉS à continuer et à ne jamais abandonner jusqu'à ce que la parole de Dieu devienne vérité et vie dans vos circonstances et votre situation.*
- *Soyez sincèrement amoureux de Dieu et des gens sans retenue.*
- *Soyez FIERY en COLERE avec Satan pour vous avoir volé vous et les autres.*
- *Ayez une GRANDE FAIM de poursuivre Dieu jusqu'à ce que vous RÉCUPÉREZ TOUT et que vous Le manifestiez à vous-même et aux autres.*

Nos écritures contractuelles directrices sont dans Marc 16:15-20 et **Jean 14:12**

La traduction de la passion
[12] *« Je vous dis cette vérité intemporelle : la personne qui me suit dans la foi, croyant en moi, fera les mêmes miracles puissants que moi, des <u>miracles encore plus grands</u> que ceux-ci parce que je vais être avec mon Père !*

Alors, plongeons dans *Greater Exploits 2 - Vous êtes né pour cela - Guérison, Délivrance et Restauration - Comme nous le découvrons des Grands* d'un Dieu puissant au cours des cent (100) dernières années avec plus de cinquante (50) témoignages pour vous lancer dans notre présent et notre avenir dans de plus grands exploits pour notre Dieu.

Greater Exploits 2 - À propos de l'auteur

Vous êtes né pour cela - Guérison, délivrance et restauration - Découvrez comment des grands - À propos de l'auteur

Ambassadeur du Christ, Monday Ogwuojo Ogbe est un ambassadeur du marché du Christ avec un cœur pour l'unité dans le corps du Christ. Sa rencontre face à face avec le

Seigneur Jésus-Christ le samedi 22 avril 2006 à 5 heures du matin a changé à jamais la trajectoire de sa vie.

L'ambassadeur Monday O. Ogbe est un ministre ordonné de Dieu avec Open Ministries, San Diego, un ministère non confessionnel qui lance des saints dans le travail de ministères sans frontières. Monday est inscrit en tant qu'apprenant permanent du Christian Leadership Institute (CLI) https://www.christianleadersinstitute.org/ et membre de la Christian Leadership Alliance (CLA) Spring Lake, Michigan, États-Unis

En tant qu'expert en TIC, il utilise ses compétences pour atteindre les chercheurs en ligne et équiper le corps des croyants au travail du ministère via son site de ministère otakada.org - Un ministre à Otakada Cyber Church Ministries, une église sans murs, frontières et dénomination où plus 2 millions de contenus axés sur les chrétiens qui sont désormais hébergés et distribués à un public mondial de chercheurs et de chrétiens.

Le contenu d'Otakada.org atteint plus d'un demi-million d'audience en ligne chaque mois et ne cesse de croître !

Lundi est l'hôte de "Assez c'est assez pour la captivité et bienvenue à la liberté en Christ dans la série d'équipements de guérison, de délivrance et de restauration où il enseigne et équipe les saints pour administrer la guérison, la délivrance et la restauration de soi et des autres à l'intérieur et à l'extérieur de leurs cercles - La guérison est le pain des enfants et un signe pour les non-croyants pour authentifier l'approbation de Dieu de l'espérance de notre appel. Nous avons vu des guérisons, des délivrances et des restaurations remarquables se dérouler pour la gloire de Dieu !

Il a écrit plusieurs livres à savoir :

1) *Grands Exploits – Vous êtes né pour cela – Guérison, Délivrance et Restauration ;*
2) *L'Ecole Pratique du Saint-Esprit en 8 sous-titres ;*
3) *2020 Prophetic Breaking News Partie 1 sur 4 ; 2 sur 4 ; 3 sur 4 ;*
4) *Sexe dans le temple de Dieu - 15 façons simples de comprendre, d'identifier et de surmonter l'immoralité sexuelle et les pièges émotionnels dans votre vie ;*
5) *Sans frontières - Envisager et expérimenter une communauté d'églises de croyants sans murs, frontières et dénominations ;*
6) *Évadez-vous dans un monde de compréhension - antidote à la haine contre les chrétiens musulmans et les gens du monde entier ;*
7) *Clueless: - Go Make Disciples, un livre pratique sur la façon de faire des disciples;*
8) *Win Life's Battle Daily - une déclaration quotidienne des Écritures destinée à gagner la vie au quotidien ;*
9) *Engager le Dieu surnaturel - Dieu a hâte de parler si nous avons soif d'entendre et de répondre ;*
10) *Allumez la puissance de feu brute en vous - Où le Saint-Esprit est disponible pour faire des exploits à travers nous et*
11) *Briser les prières de réveil gratuites de 12 séries de janvier à décembre - Prier pour le réveil dans notre vie dans la communauté ecclésiale qui nous entoure et une foule d'autres titres traduits en plusieurs langues.*

Il publie un blog hebdomadaire qui atteint le public sur les médias sociaux, la diffusion par satellite et sur son site Web de publication otakada.org.

Lien du blog :

https://www.otakada.org/category/blog/

Page d'auteur Amazon :
https://www.amazon.com/~/e/B07MSBPFNX

Il est marié à Comfort et a quatre enfants, à savoir *Diana Odjo, Joseph - Ojima, David - Ojonogwa et Isaac - Unekwu.*

G reer Exploits 2 – Comment je suis entré dans le ministère

Vous êtes né pour cela - Guérison, délivrance et restauration - Découvrez comment des grands - Comment j'ai été cuisiné et poussé dans le ministère de la guérison, de la délivrance et de la restauration

Amis, je ne sais pas comment commencer cette section. Mais, pour résumer, c'est que depuis ma conception, la guérison, la délivrance et la restauration avaient déjà commencé à se produire - dès le ventre de ma mère. Comment c'est?

Ma mère, une infirmière sage-femme médicale formée, en découvrant qu'elle était enceinte d'un homme qui n'était pas son mari - parce qu'elle était séparée de son premier mari depuis environ 4 ans, a décidé d'avorter la grossesse.

Ma mère - Ruth maman et moi

Avec l'aide d'un autre médecin, ils ont essayé tous les appelés de me sortir de l'utérus avant l'heure fixée mais Dieu m'a délivré d'eux - devrais-je dire, du diable qui voulait faire avorter le destin divin sur ma vie. Ce fut la première délivrance de la mâchoire de Satan.

C'est moi, j'ai refusé d'y aller ! Mon père - Zacharie

La deuxième délivrance et restauration a été que, quelques mois après ma naissance, un procès s'est engagé entre mon père biologique et le premier mari de ma mère pour déterminer qui devait vraiment prendre possession de moi. Mon père biologique a gagné le procès. C'était la deuxième délivrance et restauration.

La troisième guérison, délivrance et restauration a eu lieu alors que je vivais avec ma grand-mère vers l'âge de cinq (5) ans, j'ai vu de la soude chimique, ma grand-mère l'a acheté pour faire du savon - cela ressemblait à du sucre. J'ai pris une grosse somme de soda et l'ai avalé. Ma langue a commencé à fondre, le sang était partout. Ma langue a enflé.

Je n'ai pas pu parler pendant des jours ! Remerciez Dieu pour la puissance de guérison de Dieu. J'ai de nouveau été guéri, délivré et restauré. Ma langue a été guérie. Je peux parler aujourd'hui comme si de rien n'était arrivé à ma langue.

La quatrième délivrance et restauration est venue de ma grand-mère. Elle a refusé de me remettre à mon père biologique. C'était la raison pour laquelle je vivais avec elle. Mais Dieu merci, à 6 ans, elle m'a libéré pour rejoindre mon père.

La cinquième guérison, délivrance et restauration a eu lieu chez mon père. Mon père biologique était polygame - Il avait quatre femmes. Un jour, alors qu'il était avec lui, une des femmes m'a appelé dans sa chambre. En entrant, il y avait un vieillard à longue barbe. La femme m'a montré du doigt et a dit au vieil homme : "C'est le garçon dont je t'ai parlé." Je les ai laissés. Dans la nuit, en rêvant, j'ai vu ce vieil homme me monter comme un cheval. Ce fut le début de mes nombreux ennuis.

En me réveillant du rêve, j'ai commencé à vomir et à vomir. Je ne pouvais pas garder de nourriture dans mon estomac. Cette épreuve a duré des mois, je suis devenu maigre – mince comme une plume.

Ma mère biologique est venue en ville, m'a emmené avec mon père, nous nous sommes dirigés vers une maison de guérison et de délivrance dans une autre ville. Pendant qu'ils priaient pour moi, une révélation est venue. Le Saint-Esprit a révélé que l'une des épouses de mon père, a vu dans l'avenir et a estimé que ce garçon allait être un régal en grandeur pour ses propres enfants. Alors, elle m'a livré au royaume de la méchanceté, afin qu'ils puissent me rendre fou et faire avorter le destin divin. Alors que je priais une prière de délivrance, un cheveu humain, emballé sous la forme d'une petite boule ronde et maintenu ensemble par deux aiguilles, a été arraché de ma tête. Cette nuit-là, lors de la délivrance, les cheveux et les aiguilles ont été brûlés.

C'était la fin de la maladie et à l'école, je suis devenu le génie de la classe. J'étais l'avant-dernière position de ma classe avant cette délivrance. Je ne comprenais rien à ce qu'on pensait en classe. En une nuit, j'ai été guéri, j'ai été délivré et j'ai été restauré. Alléluia? Amen

La sixième délivrance et restauration s'est produite alors que je devais être admis à l'université. Mon père, un homme riche, a eu des problèmes financiers. J'ai été admis mais j'ai eu du mal à obtenir des fonds d'entretien. J'ai postulé pour une bourse d'études à l'étranger et dans les voies de restauration de Dieu, mon pays et le pays étranger ont décidé de financer mes études au programme de maîtrise en ingénierie - Ce que je fais aujourd'hui dans le ministère où certaines des connaissances acquises grâce à la bourse que Dieu Lui-même facilité. Aujourd'hui, je suis éduqué par les meilleurs des meilleurs. Louez le Seigneur !

Formé aux télécommunications et aux technologies de l'information par les Russes et les Américains - Me voici dans une station terrienne de téléportation par satellite en Virginie, aux États-Unis

La septième délivrance et restauration s'est produite dans mon premier mariage dans mon deuxième mariage. Mon ex-femme s'est levée un jour et a dit qu'elle n'était plus amoureuse et qu'elle voulait divorcer. J'ai supplié, j'ai fait tout ce que j'ai pu pour la retenir mais elle est partie avec ma fille. Aujourd'hui, Dieu a restauré le mariage en me donnant sa femme ordonnée pour moi. Le confort est devenu un réconfort pour moi avec les trois garçons.

Ce sont - Joseph, David et Isaac

La septième guérison, délivrance et restauration s'est produite avec ma fille. En France, on lui a diagnostiqué une dépression et une schizophrénie. C'était un an après le début de notre programme universitaire. Elle s'est retrouvée plusieurs fois à l'hôpital physiatre. Un jour, à peu près 24 heures avant son anniversaire. J'ai commencé à crier au Seigneur en déclarant qu'elle ne passerait pas un autre jour à l'hôpital et qu'elle serait guérie le jour de son anniversaire. Le lendemain, les médecins ont été choqués par la transformation et la restauration remarquables et l'ont renvoyée le jour de son anniversaire. Elle n'a jamais revu l'oiseau de l'hôpital depuis lors.

Diana et papa à Paris, France

Je contourne la délivrance et la restauration lors d'un choc électrique qui a failli me coûter la vie, l'intoxication alimentaire, les nombreux accidents de voiture dont je suis sorti indemne, les multiples échecs commerciaux et la restauration ultérieure à la gloire de Dieu tout-puissant - Trop nombreux pour les inclure dans ce en écrivant!

Maintenant, je sers Dieu tout-puissant de tout mon cœur

Je suis guéri, je suis délivré et je suis restauré - Gloire !

Je dois mon existence même à Dieu tout-puissant. Il est étonnant de voir comment Dieu nous a poussés dans le ministère qu'il a pour nous à travers les batailles de notre vie. Ces batailles sont devenues le terrain d'entraînement qui donne naissance au ministère. Alors, ne gaspillez pas votre douleur. Ne méprisez pas les luttes. N'entretenez aucun iota de honte parce que si vous pouvez voir à travers ces batailles, vous aurez un avant-goût de ce que Dieu a en réserve pour vous. Christ a appris l'obéissance par les choses qu'il a souffertes. Il s'est assis là où nous sommes assis, Il vit pour intercéder pour nous. Il nous a démontré la guérison, la délivrance et la restauration pendant qu'il était avec nous et nous a ordonné de faire de même Marc 16: 15-20

Marc 16:15-20
Bible amplifiée, édition classique

15 Et il leur dit : Allez par tout le monde, prêchez et publiez ouvertement la bonne nouvelle (l'Evangile) à toute créature [de tout le genre humain].

16 Celui qui croit [qui adhère et se confie à l'Evangile et à celui qu'il annonce] et qui est baptisé sera sauvé [[b Ldu châtiment de la mort éternelle]; mais celui qui ne croit pas [qui n'adhère pas, ne se fie pas à l'Evangile et à celui qu'il présente] sera condamné.

17 Et ces signes attestant accompagneront ceux qui auront cru : en mon nom, ils chasseront les démons ; ils parleront de nouvelles langues ;

18 Ils ramasseront des serpents; et [même] s'ils boivent quelque chose de mortel, cela ne leur fera pas de mal; ils imposeront les mains aux malades, et ils seront guéris.

19 Ainsi donc, le Seigneur Jésus, après leur avoir parlé, fut enlevé au ciel et s'assit à la droite de Dieu.

20 Et ils allèrent prêcher partout, tandis que le Seigneur travaillait avec eux et confirmait le message par les signes attestants et les miracles qui l'accompagnaient de près. Amen (qu'il en soit ainsi).

Vos batailles sont un terrain d'entraînement authentique pour votre objectif de vie. Faites l'inventaire aujourd'hui de votre vie. Autrement dit, si vous luttez pour découvrir le dessein divin de Dieu pour votre vie.

Pour vous encourager, en tant qu'armée du Dieu vivant, j'apporte aujourd'hui à la barre des témoins l'expérience de notre Souverain Sacrificateur - Jésus-Christ en

Hébreux 5:7-10
Bible amplifiée, édition classique

7 Aux jours de sa chair [Jésus] offrit des requêtes précises et spéciales [pour ce qu'il voulait non seulement [a] mais

26

dont il avait besoin] et des supplications avec de grands cris et des larmes à celui qui était [toujours] capable de le sauver [de] de la mort, et Il a été exaucé à cause de Sa révérence envers Dieu [Sa crainte pieuse, Sa piété, [ᵇ] en ce qu'Il a reculé devant les horreurs de la séparation de la présence lumineuse du Père].

⁸ Bien qu'Il fût un Fils, Il a appris l'obéissance [active, spéciale] à travers ce qu'Il a souffert

⁹ Et [son expérience complète] le rendant parfaitement [équipé], il est devenu l'auteur et la source du salut éternel pour tous ceux qui lui prêtent attention et lui obéissent,

¹⁰ Etant [ᶜ] désigné et reconnu et salué par Dieu comme Souverain Sacrificateur après l'ordre (avec [ᵈ] le rang) de Melchisédek.

Aujourd'hui, Otakada.org Cyber Church Ministries dispense la guérison, la délivrance et la restauration via plus de 2 millions de contenus à tous ceux qui s'ouvriront au miraculeux en Jésus-Christ. Ce ministère était le ministère que le Saint-Esprit a déposé dans mon esprit le 14 ʲᵘⁱⁿ 2003 alors que je vivais au Royaume-Uni. Il m'a dit : « Je veux que tu utilises Internet pour répandre ma parole jusqu'aux extrémités de la terre. À cette époque, il n'y avait pas de téléphones intelligents. Aujourd'hui, il y en a et la parole passe sans encombre. Otakada.org est né en janvier 2013, dix ans après l'instruction divine.

S'il y a quelque chose que je prie pour le corps du Christ, c'est ceci - Que chaque personne rencontre individuellement le Christ pour elle-même d'une manière remarquable qui changera à jamais la trajectoire de sa vie ! Amen

Ci-dessous, la rencontre avec le raisin sec Christ en 2006. Restez bénis par cela.

Ceci est tiré de mon livre - *engageant le Dieu surnaturel !* - Apprécier

Histoire vraie : Ma rencontre avec le Saint-Esprit à Londres Samedi 22 avril 2006 à 5 heures du matin

Je suis né dans une famille chrétienne, j'ai été chrétien, occupé à aller à l'église, à participer à des activités et à servir du mieux que je pouvais jusqu'à cette rencontre qui a changé ma vie. Le 16 mars 2006, j'arpentais le couloir de l'hôpital à Londres car ma femme était déjà en travail depuis trois jours. Les médecins ont finalement conclu que si elle n'avait pas le bébé naturellement le matin, elle devrait subir une césarienne. À notre insu, ma belle-mère avait déjà vu dans une vision qu'elle pourrait ne pas survivre à cet accouchement. Remerciez Dieu pour les belles-mères pieuses. Bien sûr, ma femme et moi n'étions pas au courant de cela.

C'est pendant ce va-et-vient que j'ai reçu une forte impression dans mon esprit d'initier un jeûne de quarante (40) jours commençant le lendemain, qui était le 17 mars 2006. J'étais alarmé parce que je n'avais jamais effectué un jeûne de quarante (40) jours. -jour de jeûne avant. C'est ainsi que vous distinguez les pensées charnelles et les pensées imprimées sur vous de notre cœur à notre esprit par le Saint-Esprit en nous. Il vous dira de faire quelque chose d'écrit auquel vous ne succomberez pas naturellement. J'ai commencé une conversation avec la pensée spontanée éclairant mon esprit, pensée en réponse à des impressions de pensée, je demande à savoir pourquoi je prierais pendant quarante jours.

Ensuite, l'instruction était que je devais prendre un bloc-notes et un stylo et j'ai commencé à écrire là, dans la salle d'hôpital, les impressions que je recevais. Plutôt que de prier pour ma femme, j'ai découvert que les points de prière qui me venaient à l'esprit concernaient les pasteurs, les églises, l'unité dans le corps et tout. C'est alors que j'ai demandé à Dieu, si je devais accomplir cette tâche, je voudrais Le voir avant la fin de ce jeûne de 40 jours. Je crois qu'il n'y a pas eu de réponse maintenant parce que la condition pour qu'Il se manifeste allait dépendre de mon obéissance à la première instruction de jeûner 40 jours.

Un point à noter ici avant que je continue l'histoire est que Dieu ne fera pas le prochain pas au-delà de votre dernier point d'obéissance. S'Il vous demande de faire quelque chose, vous ne le faites pas, Il s'arrête jusqu'à ce que vous reveniez au dernier point de désobéissance et que vous obéissiez. Lisez le récit de Jonas. Jonas a couru dans la direction opposée à la mission de Dieu. À travers les tempêtes, tant que Jonas était dans la désobéissance, Dieu n'a jamais parlé, jusqu'à ce que Jonas, après l'échec de sa tentative futile de se suicider, ait crié à Dieu.

Jonas 2:1-10

1 Alors Jonas pria l'Éternel, son Dieu, du ventre du poisson.
2 Et il dit : « J'ai crié à l'Éternel à cause de mon affliction, et il m'a répondu. « Du ventre du shéol j'ai crié, et tu as entendu ma voix.
3 Car tu m'as jeté dans l'abîme, Au coeur des mers, Et les flots m'ont entouré; Toutes Tes vagues et Tes vagues sont passées sur moi.
4 Alors j'ai dit : ' J'ai été chassé de tes yeux ; Pourtant, je regarderai de nouveau vers ton saint temple.

5 Les eaux m'entouraient jusqu'à mon âme; L'abîme s'est refermé autour de moi ; Les mauvaises herbes étaient enroulées autour de ma tête.

6 Je suis descendu aux amarres des montagnes; La terre avec ses barreaux fermés derrière moi pour toujours ; Pourtant, tu as fait remonter ma vie de la fosse, ô Éternel, mon Dieu.

7 « Quand mon âme s'est évanouie au-dedans de moi, je me suis souvenu de l'Éternel ; Et ma prière est montée vers Toi, Dans Ton saint temple.

8 « Ceux qui regardent des idoles sans valeur Abandonnent leur propre miséricorde.

9 Mais je te sacrifierai Avec une voix d'action de grâces; Je paierai ce que j'ai promis. Le salut appartient à l'Éternel.

10 Alors l'Éternel parla au poisson, et il vomit Jonas à sec.

Un mot pour quelqu'un

« Écoute, chère fille et fils du Dieu vivant et aimant. Dieu est aimant et miséricordieux, mais Dieu joue aussi au football à toute épreuve. Voulez-vous l'engager dans un match de football désagréable ? Ne l'envisagez même pas. Vous vous retrouverez avec un membre enflé. Même à cela, Il vous aime et continue de vous aimer, vous et moi, d'un amour éternel. Vous portez Son Esprit en vous. Vous avez été créé à son image et à sa ressemblance.

Vous êtes Son projet favori, Il est zélé pour vous même lorsque vous êtes profondément, profondément et profondément dans le péché, Il vous regarde avec pitié, explorant, orchestrant des circonstances et des situations qui vous ramèneront à Son aumône aimante. Vous ne vous appartenez pas, vous avez été acquis à un prix, vous êtes attentifs en Christ, en Dieu. Vous êtes la prunelle de ses yeux, vous êtes la royauté, vous êtes un prêtre pour lui, vous êtes spécial. Il dit que si vous pouvez considérer à quel point les étoiles sont brillantes, vous êtes plus brillant que les étoiles du ciel. Il dit qu'aucun cheveu ne tombe de votre tête qu'il ne sache. Il les compte et connaît leur nombre. "

Luc 12:4-7

4 « Et moi, je vous dis : Mes amis, n'ayez pas peur de ceux qui tuent le corps, et après cela, ils n'ont plus rien à faire.
5 Mais je vais vous montrer qui vous devez craindre : craignez celui qui, après avoir tué, a le pouvoir de jeter dans la géhenne ; oui, je vous le dis, craignez-le !
6 « Ne vend-on pas cinq moineaux pour deux pièces de cuivre ? Et pas un seul d'entre eux n'est oublié devant Dieu.
7 Mais les cheveux de votre tête sont tous comptés. Ne craignez donc rien ; vous valez plus que beaucoup de moineaux.

Maintenant la rencontre continue : Voici, le 22 avril 2006, trois jours avant la fin du jeûne de quarante jours à exactement 5 heures du matin, Dieu a tenu Sa part du marché. J'étais à moitié éveillé lorsque cet Être, sous forme humaine, les mains jointes derrière le dos, légèrement penché en avant, me regardant par terre, marchait doucement, un pas à la fois, pas pressé, avançait vers moi dans le salon par la fenêtre. Je pouvais distinguer sa forme mais je ne pouvais pas voir clairement son visage.

Vous connaissez le type d'habillement que Jésus habille dans les films du Moyen-Orient que nous regardons. Immédiatement, il est venu près de moi, la zone autour de mes pieds où il se tenait a commencé à vibrer avec tant de force comme si elle n'avait jamais existé, plus comme la zone qui vient de se dématérialiser pour ainsi dire. Alors qu'il se déplaçait vers ma poitrine, mon cou et ma tête, la même chose s'est produite et il a continué à aller et venir. Chaque zone qu'Il a quittée s'est à nouveau recombinée comme avant et le processus continue comme avant. Il n'y avait pas de mots pour décrire la puissance brute de cette expérience ; J'ai perdu la notion du temps et j'ai eu peur et j'ai commencé à supplier qu'il mette fin et qu'il me dise ce qu'il voulait que je fasse pour lui tout en roulant de manière incontrôlable sur le sol. Ce fut ma rencontre avec la puissance manifeste de notre Père céleste.

Après cette expérience de transe, j'ai commencé à avoir une vision différente du corps de Christ. À une occasion, dans le rêve, le Seigneur Jésus-Christ est entré, son corps était tout disjoint mais relié à de minuscules ligaments cutanés. Chacune des parties était un ministère d'église. Je pouvais distinguer les ministères que je connaissais. Les connexions entre les parties du corps n'étaient pas fermes. Je comprends maintenant que les institutions ou ministères de l'église tels que nous les connaissons aujourd'hui divisent son corps, les membres individuels de son église constituant son corps à cause de l'orgueil, de l'ego mesquin et de toute la convoitise que la chair présente. Se manifestant par une compétition inter-églises, une lutte pour le leadership, une diversion des membres, la suppression d'autres ministères, une bagarre entre les membres de l'église, un vol de leadership et un style de vie flamboyant qui ne reflète pas le niveau de vie des membres et la liste continue. Si vous êtes tel, éloignez-vous de l'iniquité, car notre Dieu est un feu dévorant et souvenez-vous du péché de Balaam qui, pour la convoitise monétaire, a déformé Dieu et a remis les enfants bénis de Dieu à satan par de mauvais conseils à l'adversaire.

J'ai maintenant demandé au Seigneur où je devais m'intégrer dans ce corps disjoint légèrement connecté qui est le sien. Il m'a dit de chercher des églises qui font des disciples d'hommes et que je ne devrais pas être ému par le nombre.

Le reste appartient à l'Histoire. J'ai maintenant réalisé que ma confiance en lui s'était construite après la rencontre, j'avais maintenant un sens du but et de la mission. Toutes les missions que Dieu m'a données dans les rêves suivants étaient cohérentes avec cette première mission. Il n'y a eu aucune controverse. Je déraille parfois, mais Il me ramène avec amour et parfois avec des contusions pour montrer ma désobéissance. La puissance et la présence du Saint-Esprit m'ont permis d'accomplir des choses que je ne serais naturellement pas capable de réaliser dans un domaine spécifique de mission. Dieu nous remplit de Son Saint-Esprit pour nous équiper pour le ministère. N'entreprenez jamais aucune tâche pour Dieu sans l'habilitation et la mission divines.

Cette révélation m'a donné la confiance et l'assurance que Dieu est disponible et plus que désireux de nous engager dans une conversation, si nous voulons nous brancher sur sa fréquence et lui demander avec foi. Il parle à travers la transe (visions ouvertes) comme dans ce cas, à travers les rêves, à travers les impressions d'images, la pensée spontanée qui éclaire nos esprits, à travers les circonstances auxquelles nous sommes confrontés, les personnes que nous rencontrons, les hommes et les femmes ordonnés de Dieu, à travers les enfants, à travers le silence et par la parole de Dieu. Il est essentiel de noter que le témoignage intérieur et la parole de Dieu doivent être en accord avec ce que nous avons vu, entendu ou imprimé dans notre esprit. Satan et l'esprit démoniaque parlent également, impriment également dans nos esprits. Jésus nous a alertés à ce sujet dans : -

Jean 10:27

27 Mes brebis entendent ma voix, et je les connais, et elles me suivent.

Devoir 1

Avez-vous eu une rencontre avec votre Père céleste comme celle que je viens de raconter ? Si ce n'est pas le cas, je vous encourage à en demander un. Pas pour le spectacle, mais que vous désirez construire une relation plus forte avec Lui que celle que vous avez en ce moment. Commencez au point où vous en êtes. Vous manquez la cible, commencez à partir de là. Rappelez-vous le fils prodigue, le père l'a accueilli malgré le péché. C'est le cœur du père. Parfois, nous nous retrouvons dans le pétrin parce que nous ne sentons pas Dieu dans nos vies. Il attend, attend de nous engager toi et moi.

Arrêtez-vous maintenant et priez en lui demandant de se révéler à vous, je veux dire une manifestation tangible. Pas des rencontres inutiles que vous oubliez en quelques jours. Chaque fois que je me souviens de l'expérience ci-dessus, elle est aussi fraîche que jamais. Il est gravé dans mon ADN pour toujours. Demandez-lui de se révéler à un être cher, une femme, un mari, un partenaire, etc. et croyez-le. Voyez ce qui se passe. Dieu veut être cru, il aspire à être cru. Notre foi dit que je te crois et compte sur toi pour faire ce que tu veux faire.

Maintenant, à part la série de guérisons, de délivrances et de restaurations que j'ai personnellement vécues, les événements suivants ont alimenté ma colère contre ce ministre - Ma mère est décédée à 44 ans d'hypertension artérielle - Ma sœur aînée est décédée à 44 ans d'un cancer du sein et mon père à l'âge 77 du cancer de la prostate. Donc, je suis en colère contre satan pour avoir volé mes proches et j'ai faim d'obtenir le meilleur de Dieu. Pas seulement pour moi mais pour les autres afin qu'ils n'aient pas besoin de perdre leurs parents ou leur frère à un jeune âge et qu'ils puissent accomplir leurs journées en bonne santé et en parfaite santé au nom de Jésus, amen.

Dieu m'a promis, ainsi qu'à vous, ceci dans :

Exode 23:25-27
Bible amplifiée, édition classique
²⁵ Tu serviras l'Éternel, ton Dieu; Il bénira votre pain et votre eau, et j'ôterai la maladie du milieu de vous.
²⁶ Personne ne perdra son petit par fausse couche, ni ne sera stérile dans ton pays; J'accomplirai le nombre de tes jours.
²⁷ J'enverrai ma terreur devant toi et je mettrai dans la confusion tout le peuple vers lequel tu viendras, et je détournerai de toi tous tes ennemis [en fuite].

Avec vous, j'ai l'intention de tenir cette promesse au nom de Jésus, Amen. Dans ce livre *"Grands exploits - Vous êtes né pour cela - Guérison, délivrance et restauration - Découvrez les plus grands* à partir des archives de plus de 100 ans d'exploits par des hommes et des femmes de Dieu, que Dieu a utilisés pour leur temps. C'est aussi pour nous. Le livre vous montrera comment. Nous voyons déjà des résultats grâce à l'application des apprentissages et vous devez en faire autant. Amen

Greater Exploits 2 - À propos de l'éditeur

Vous êtes né pour cela - Guérison, délivrance et restauration - Découvrez comment des grands - À propos de l'éditeur

Chez Otakada Cyber Church Ministries, nous ensemençons les nations avec plus de 2 millions de contenu centré sur le chrétien, et Dieu transforme des vies grâce à la vérité intemporelle de sa parole !

Ensemble avec VOUS, nous construisons des TEMPLES SPIRITUELS   MASSIFS dans NOS CŒURS pour que l'Esprit de Dieu DEMEURE et OPÈRE avec FACILITÉ en ces TEMPS et SAISONS, alors RESTEZ avec nous et CONSTRUISEZ avec nous alors que Dieu guérit, délivre et restaure nos âmes en Nom de Jésus, Amen !

Vérifiez ceci dans *1 Thessaloniciens 5 :23, 2 Timothée 1 :7 Hébreux 4 :12-13 ; 1 Corinthiens 3 : 1-17 ; Lévitique 26:12 ; Jérémie 32:38; Ézéchiel 37:27 ; 2 Corinthiens 6:16; 1 Jean 4:4*
Lire - 1 Thessaloniciens 5:23 Amplified Bible (AMP) [23]
Maintenant, que le Dieu de paix lui-même vous sanctifie de part en part [c'est-à-dire, vous sépare des choses

profanes et vulgaires, vous rende pur et entier et intact - consacré à Lui - ensemble mis à part pour Son dessein] ; et que ton esprit, ton âme et ton corps soient gardés complets et [soient trouvés] irréprochables à la venue de notre Seigneur Jésus-Christ.

Notre passion pour Otakada Cyber Church Ministries est l'unité dans le corps du Christ, en général, et d'équiper les communautés confessionnelles et d'atteindre les chercheurs en ligne grâce à un contenu, des produits et des services sains qui améliorent de manière holistique l'esprit, l'âme et le corps de l'individu et de favoriser l'unité dans le corps du Christ !

Qui nous sommes chez Otakada Cyber Church Ministries est lié à nos *valeurs, notre vision et notre mission,* comme indiqué ci-dessous :

Nos Valeurs : Intégrité, Excellence, Rapidité et Rentabilité.
Notre vision : Nous envisageons un monde de disciples.
Notre mission : Toutes nos ressources seront orientées vers la création et la distribution de contenu chrétien engageant pour le disciplat de toutes les nations

Notre objectif chez Otakada Cyber Church Ministries est d'engager efficacement *100 millions d'âmes d'ici 2040 alors que le Seigneur tarde. ..*rester avec nous.

Vous pouvez vous associer à ce que nous faisons en visitant notre page de partenariat
https://www.otakada.org/partnership-giving/

visitez https://shop.otakada.org pour des ebooks pour vous aider à grandir dans le seigneur

États-Unis +1-302-772-7022 ;
États-Unis +1-302-268-6313 ;
Royaume-Uni +442035194554 ;
Australie +61386096917 ;
Nigéria +2348032835348 ; (WhatsApp)
États-Unis +1-240-623-1530, également WhatsApp
info@otakada.org

Grands Exploits 2 - Remerciements

Vous êtes né pour cela - Guérison, délivrance et restauration - Découvrez comment des plus grands - Remerciements

Ce livre n'aurait pas vu le jour sans la contribution du grand peuple de Dieu suivant à travers des matériaux qui ont rendu ce livre riche :

- *John G. Lac*
- *Smith Wigglesworth*
- *Lester Sumral*
- *Kenneth E. Hagin*
- *Et une foule d'autres dont j'ai appris au fil des ans*

Je tiens également à remercier ma femme - Comfort et mes quatre enfants - Diana, Joseph, David et Isaac qui ont contribué au matériel à travers nos expériences de vie. Les luttes, les hauts et les bas, les succès et les échecs qui nous ont aidés à nous canaliser vers le dessein divin en Christ. Que Dieu vous bénisse tous abondamment de myriades de façons incomparables au nom de Jésus, Amen!

Grands exploits 2 –

Dévouement

Vous êtes né pour cela - Guérison, délivrance et restauration - Découvrez comment des plus grands - Dédicace

Je dédie ce livre à Dieu le Père pour m'avoir créé et préservé ma vie.

Je dédie ce livre au Seigneur Jésus-Christ pour le sacrifice suprême qui m'a accordé un accès illimité et illimité au Père et en communion avec Dieu le Père, le Fils et le Saint-Esprit.

Je dédie ce livre à Dieu le Saint-Esprit, pour la puissance et la responsabilisation, pour l'enseignement, pour la direction et pour la présence réconfortante toujours afin que je puisse être tout ce que le Christ est mort pour me donner et me faire.

Je dédie ce livre à ma femme - Comfort and the Children - Diana, Joseph, David et Isaac dans le voyage de la vie avec moi avec peu ou pas d'options vers et vers l'inconnu en Dieu.

Grands Exploits 2 - Introduction

Vous êtes né pour cela - Guérison, délivrance et restauration - Découvrez comment des grands - Introduction

Cette nouvelle série *"Greater Exploits 2 - You are Born for this - Healing, Deliverance and Restoration - Find out How from the Greats"* est la suite de **"Greater Exploits"** . Vous trouverez dans cette nouvelle série de nouvelles histoires vraies, plus de cinquante (50) témoignages pour étayer le message et renforcer votre apprentissage à l'avenir pour une application dans votre vie et celle des autres.

Dans ce livre, *"Greater Exploits 2 - You are Born for this - Healing, Deliverance and Restoration - Find out How from the Greats", nous avons inclus un podcast audio et des liens de téléchargement de vidéos des chapitres 11 à 18 pour votre écoute et regarder le plaisir en déplacement.*

Dans ce livre, *"Greater Exploits 2 - You are Born for this - Healing, Deliverance and Restoration - Find out How from the Greats",* vous trouverez *des payeurs d'accord, des prières d'auto-guérison, de délivrance et de restauration à la fin des chapitres 11 - 18 parce que c'est un livre pratique sur la façon de le faire soi-même.*

Dans ce livre, *"Greater Exploits 2 - You are Born for this - Healing, Deliverance and Restoration - Find out How from the Greats",* vous trouverez *des biographies des plus grands et ce qui les a rendus grands afin que vous puissiez apprendre le processus et devenir grand vous-même.*

Dans ce livre, *"Greater Exploits 2 - You are Born for this - Healing, Deliverance and Restoration - Find out How from the Greats"*, vous trouverez *des témoignages à travers les années pour renforcer votre foi en Dieu car Il est toujours là et disponible juste comme dans les jours bibliques pour faire excessivement, abondamment par-dessus tout, vous pouvez même penser, contempler ou imaginer selon la puissance qui agit en vous si vous le lui permettez.*

Dans le chapitre 11 de « *Greater Exploits 2* », *vous trouverez Assez c'est Assez pour la captivité et bienvenue à la liberté en Christ QUI SUIS-JE ? Qui es-tu en Jésus-Christ ? Que devons-nous faire à ce sujet pour vraiment vivre dans la liberté en Jésus-Christ ? - L'histoire de Jackie Chan + Lester Sumrall affiche qui il est dans trois (3) histoires - Délivrance de Cornelio, Le garçon de douze ans qui disparaît et réapparaît et d'autres histoires pour construire votre foi et la mienne que c'est POSSIBLE, vous êtes né ce! Partie 10*

Dans le chapitre 12 de « *Greater Exploits 2* », *vous trouverez Assez c'est assez pour la captivité de Satan et bienvenue à la liberté en Christ - Comment puis-je faire le travail quand j'ai faim et soif ? + Témoignages de Kenneth E. Hagin partie 11*

Dans le chapitre 13 de *"Greater Exploits 2"*, *vous trouverez Assez c'est assez pour la captivité et bienvenue dans la liberté - MAIS dans cette UNE chose, nous avons tous ÉCHOUÉ LARGEMENT et donné à Satan un pied dans le voyage de notre vie, sapant notre efficacité en tant que véritables ambassadeurs du Christ. sur ce royaume*

terrestre - Aujourd'hui est le JOUR DE LA PAIX ! + The
Awesome 490 Story+ Combien coûte une tasse de haine
par Gbile Akanni Partie 12

Dans le chapitre 14 de « *Greater Exploits 2* », *vous*
trouverez Assez c'est Assez pour la CAPTIVITÉ du diable
et Bienvenue dans la LIBERTÉ en Jésus-Christ – La
Parole agit ! Le nom de Jésus fonctionne ! Parlez-lui !
Parlez-vous! Parlez des circonstances et des Situations à
la lumière des Paroles de Jésus. Activez le pouvoir dans Sa
Parole par votre voix + série d'histoires édifiantes de Smith
Wigglesworth sur le nom génial de Jésus quand tout le
reste échoue et restez guéri, délivré et restauré grâce à eux
- partie 13

Dans le chapitre 15 de *"Greater Exploits 2", vous trouverez*
Assez c'est assez pour la captivité de Satan et Bienvenue
dans la liberté en Christ - Cinquante (50) Écritures à
énergie nucléaire que les saints d'autrefois utilisaient pour
retourner leur MONDE à l'envers, téléchargées pour vous
dans audio en 30 minutes - Vérifiez sur Otakada.org afin
que vous puissiez faire la MÊME ! Partie 14

Dans le chapitre 16 de *"Greater Exploits 2, vous trouverez*
Assez c'est assez pour la captivité de Satan et Bienvenue
dans la liberté en Jésus-Christ - Voici ceci : - Dieu dit : "Je
ne fais rien en dehors de mon (mes) CONTRAT(s) avec
VOUS et j'ai CLAUSE(S) DE SORTIE aussi !" +
Comment DÉVELOPPER et APPROPRIER le type de
FOI de Dieu + C'est fini, VOUS n'avez pas besoin de
PRIER à ce sujet, vous devez être D'ACCORD avec Sa
parole dans la FOI par Kenneth E. Hagin - partie 15

Dans le chapitre 17 de *"Greater Exploits 2", vous trouverez*
Assez c'est assez pour la captivité de Satan et Bienvenue

dans la liberté en Jésus-Christ - Le pouvoir résident dans la Communion + Arrêtez les efforts d'auto-sabotage et vivez en paix les uns avec les autres ! Véritable histoire de guérison - Une malédiction est brisée ! Partie 16

*Dans le chapitre 18 de **"Greater Exploits 2"**, vous trouverez **Assez c'est assez pour la captivité de Satan et Bienvenue dans la liberté en Jésus-Christ - Les tempêtes de la vie - Le croyons-nous ou croyons-nous en lui ? Je crois, aidez mon incrédulité - Histoire vraie par BETH partie 17***

*Dans la dernière partie de **"Greater Exploits 2"**, vous trouverez **les conclusions pour vous permettre de confirmer si le livre a répondu à vos attentes et aussi, la page de salut et les liens du voyage de disciple de 40 jours sont inclus.***

Apprécier!

Grands Exploits 2 – Biographies

Vous êtes né pour cela - Guérison, délivrance et restauration - Découvrez comment des plus grands - Courtes biographies

John G. Lake – Smith Wigglesworth – Lester Sumrall – Kenneth E. Hagin

Pour commencer à apprécier les gens et ce pour quoi Dieu les a utilisés dans notre génération, vous et moi devons commencer à regarder en arrière leur histoire. S'il y a quelque chose que l'humanité a lamentablement échoué, c'est ceci - l'incapacité de regarder en arrière avec un intérêt apparenté et d'apprendre de l'histoire afin que nous puissions commencer à tracer une cause d'action positive et bien informée pour l'avenir.

C'est à cet égard que j'ai inclus dans les Grands Exploits ce qui a façonné leur pensée qui les a poussés à accomplir au-delà de l'ordinaire pour Dieu.

Alors, faites attention à cela, apprenez si nécessaire et appliquez-vous à avancer dans votre vie et dans la vie des autres à l'intérieur et à l'extérieur de votre cercle pour la gloire de Dieu !

John G. Lake en détails : - Comment j'ai été appelé au ministère raconté par lui-même

Personne ne peut comprendre l'énorme emprise que la révélation de Jésus en tant que Guérisseur d'aujourd'hui a prise sur ma vie, et ce que cela signifiait pour moi, à moins qu'il ne comprenne d'abord mon environnement.

J'étais l'un des 16 enfants. Nos parents étaient des gens forts, vigoureux et en bonne santé. Ma mère est décédée à l'âge de 75 ans, et mon père vit toujours au moment d'écrire ces lignes », et a 77 ans.

Avant ma connaissance et mon expérience du Seigneur
en tant que notre Guérisseur, nous avons enterré huit
membres de la famille. Une étrange série de maladies,
entraînant la mort, avait suivi la famille. Pendant 32 ans,
un membre de notre famille était invalide. Durant cette
longue période, notre foyer n'a jamais été exempt de
l'ombre de la maladie. ,
En repensant à mon enfance et à ma jeunesse, des
souvenirs me viennent à l'esprit comme un cauchemar :
maladie, médecins, infirmières, hôpitaux, corbillards,
funérailles, cimetières et pierres tombales ; un ménage
en deuil; une mère au cœur brisé et un père accablé de
chagrin, luttant pour oublier les chagrins du passé, afin
d'aider les membres vivants de la famille qui avaient
besoin de leur amour et de leurs soins.

Lorsque le Christ nous a été révélé comme notre Guérisseur, mon frère qui avait été invalide pendant 22 ans, pour qui mon Père avait dépensé une fortune pour une aide médicale inutile, était en train de mourir. Il saignait sans cesse de ses reins et était maintenu en vie grâce à l'assimilation du sang créant des aliments qui produisaient du sang presque aussi vite qu'il coulait de sa personne. Je n'ai jamais vu d'homme souffrir aussi fort et aussi longtemps que lui.

Une sœur, âgée de 34 ans, se mourait alors de cinq cancers au sein gauche. Avant d'être refoulée pour mourir, elle avait été opérée cinq fois dans un grand hôpital de Detroit, Michigan, par un chirurgien allemand de renom. Après les opérations, quatre autres "têtes" se sont développées, faisant cinq cancers en tout.

Une autre sœur gisait en train de mourir d'une perte de sang. Jour après jour, son sang a coulé jusqu'à ce qu'elle soit dans les affres de la mort.

Dans ma propre vie et les circonstances, il y avait des conditions similaires. Je m'étais marié et j'avais établi ma propre maison; mais très peu de temps après le mariage, le même train de conditions qui avait suivi la famille de mon père sembla apparaître dans la mienne. Ma femme est devenue invalide à cause d'une maladie cardiaque et de la tuberculose. Elle perdrait son activité cardiaque et tomberait dans l'inconscience. Parfois, je la trouvais allongée inconsciente sur le sol ou dans son lit, après avoir été soudainement frappée.

Des stimulants de plus en plus forts sont devenus nécessaires pour raviver son cœur jusqu'à ce que nous utilisions des comprimés de nitroglycérine dans un effort final et héroïque pour stimuler l'action de son cœur. Après ces crises cardiaques, elle restait dans un état semi-paralytique pendant des semaines, résultat d'une surstimulation, ont déclaré les médecins.

Mais soudain, au milieu des ténèbres les plus profondes, lorsque des médecins déconcertés ont reculé et ont reconnu leur incapacité à aider, lorsque le nuage des ténèbres et de la mort planait à nouveau au-dessus de la famille, le message d'un ministre pieux, suffisamment grand et suffisamment fidèle à Dieu pour proclamer toute la vérité de Dieu, a apporté la lumière de Dieu à nos âmes !

Nous avons emmené notre frère mourant dans une maison de guérison à Chicago, où la prière a été offerte pour lui avec l'imposition des mains. Il a reçu une guérison instantanée et est sorti de son lit de mort en bonne santé. Il a marché quatre milles, est rentré chez lui et a pris un partenariat dans l'entreprise de notre père.

Une grande joie et une merveilleuse espérance ont germé dans nos cœurs ! Une véritable manifestation de la puissance de guérison de Dieu était devant nous. Nous nous sommes rapidement arrangés pour emmener notre sœur qui souffrait de cancers, dans la même maison de guérison. Nous avons dû l'emmener là-bas sur une civière. Alors que nous l'emmenions dans la réunion de guérison, elle parlait dans son âme. D'autres peuvent être guéris parce qu'ils sont si bons, mais je crains que la guérison ne soit pas pour moi. Cela semblait plus que ce que son âme pouvait saisir.

Mais après avoir écouté depuis son berceau la prédication et l'enseignement de la Parole de Dieu sur la guérison par Jésus-Christ, l'espoir a surgi dans son âme. On a prié pour elle et les mains lui ont été imposées. Alors que la prière de la foi s'élevait vers Dieu, la puissance de Dieu descendit sur elle, excitant son être. Sa douleur a instantanément disparu ! Le gonflement a disparu progressivement. Le gros cancer du noyau est devenu noir et est tombé en quelques jours. Les plus petits ont disparu. Le sein mutilé a commencé à repousser et il est redevenu un sein parfait.

Comme nos cœurs ont vibré ! Les mots seuls ne peuvent raconter cette histoire ! Une nouvelle foi a surgi en nous. Si Dieu pouvait guérir notre frère mourant et notre sœur mourante, faisant disparaître les cancers, Il pourrait guérir n'importe quoi ou n'importe qui !

Ensuite, notre sœur aux prises avec une perte de sang a commencé à se tourner vers Dieu pour sa guérison. Elle et son mari étaient de fervents chrétiens; et bien qu'ils aient prié, leurs prières ont semblé sans réponse pendant un certain temps. Puis, une nuit, j'ai reçu un coup de téléphone et on m'a dit que si je voulais la voir dans cette vie, je devais venir à son chevet tout de suite.

En arrivant, j'ai découvert que la mort était déjà sur elle. Elle était passée dans l'inconscience. Son corps était froid. Aucun pouls n'était perceptible. Nos parents se sont agenouillés, pleurant, à côté de son lit, et son mari s'est agenouillé au pied du lit dans la douleur. Son bébé gisait dans son berceau.

Un grand cri vers Dieu, tel qu'il n'en était jamais sorti de mon âme, monta vers Dieu. Elle ne doit pas mourir ! je ne l'aurais pas! Le Christ n'était-il pas mort pour elle ? La puissance de guérison de Dieu n'avait-elle pas été manifestée pour les autres, et ne devrait-elle pas également être guérie ?

Aucune de mes paroles ne peut transmettre à une autre âme le cri qui était dans mon cœur et la flamme de haine pour la mort et la maladie que l'Esprit de Dieu avait allumées en moi. La colère même de Dieu semblait posséder mon âme !

Après avoir téléphoné et télégraphié à des amis croyants pour obtenir de l'aide dans la prière, nous avons fait appel à Dieu. J'ai réprimandé le pouvoir de la mort au nom de Jésus-Christ. En moins d'une heure, nous nous sommes réjouis de voir l'évidence du retour à la vie. Ma soeur a été complètement guérie! Cinq jours plus tard, elle est venue chez mon père et a rejoint la famille pour le dîner de Noël.

Ma femme, qui mourait lentement depuis des années, souffrant d'agonies indicibles, a été la dernière des quatre à recevoir la touche de guérison de Dieu. Mais, oh, avant que la puissance de Dieu ne vienne sur elle, j'ai réalisé comme jamais auparavant le caractère de consécration que Dieu demandait, et ce qu'un chrétien devrait donner à Dieu.

Jour après jour, la mort l'envahit silencieusement. Puis vinrent les dernières heures. Un frère ministre qui était présent s'est approché et s'est tenu à son chevet. Puis, revenant vers moi, les larmes aux yeux, il me dit : « Réconciliez-vous pour laisser mourir votre femme.

J'ai pensé à mes bébés. Je pensais à celle que j'aimais comme à ma propre âme, et une flamme brûlait dans mon cœur. J'avais l'impression que Dieu avait été insulté par une telle suggestion ! Pourtant j'avais beaucoup de choses à apprendre.

Au milieu de la tempête de mon âme, je suis rentré chez moi, j'ai ramassé ma Bible sur la cheminée et je l'ai jetée sur la table. Si jamais Dieu a fait en sorte que la Bible d'un homme s'ouvre sur un message dont son âme avait besoin, sûrement Il l'a alors fait pour moi.

Le Livre s'ouvrit au chapitre 10 des Actes, et mes yeux tombèrent sur le verset 38, qui disait : Dieu a oint Jésus de Nazareth du Saint-Esprit et de puissance, qui allait de lieu en lieu faisant du bien et guérissant tous ceux qui étaient opprimés par le DIABLE. ; car Dieu était avec lui.

Comme un éclair venu du ciel, ces mots m'ont transpercé le cœur : Opprimé du diable ! Donc, Dieu n'était pas l'auteur de la maladie ! Et les gens que Jésus a guéris n'avaient pas été rendus malades par Dieu !

Prenant à la hâte une référence à une autre portion de la Parole, je lis les paroles de Jésus dans Luc 13 16. Ne devrait-elle pas cette femme . . . qui SATAN HATH BOUND, lo, ces dix-huit ans, être délié de ce lien? Une fois de plus, Jésus a attribué la maladie au diable.

Quelle foi a germé dans mon cœur ! Quelle flamme de connaissance concernant la Parole de Dieu et le ministère de Jésus est passée sur mon âme ! J'ai vu comme jamais auparavant pourquoi Jésus guérissait les malades : Il faisait la volonté de Son Père ; et en faisant la volonté de son père, il détruisait les oeuvres du diable. Hébreux 2 14.

J'ai dit dans mon âme: Cette œuvre du diable, cette destruction de la vie de ma femme au nom de Jésus-Christ, cessera, car Christ est mort et lui-même a pris nos infirmités et a porté nos maladies.

Nous avons décidé de 9 h 30 comme heure à laquelle la prière serait offerte pour le rétablissement de ma femme. Encore une fois, j'ai téléphoné et télégraphié à des amis pour qu'ils se joignent à moi dans la prière.

A 9 h 30, je me suis agenouillée sur son lit de mort et j'ai invoqué le Dieu vivant. La puissance de Dieu vint sur elle, la faisant frissonner de la tête aux pieds. Sa paralysie est partie, sa

son cœur est redevenu normal, sa toux a cessé, sa respiration est redevenue régulière et sa température est redevenue normale. La puissance de Dieu coulait à travers elle, apparemment comme le sang coule dans les veines,

Pendant que je priais, j'ai entendu un son de ses lèvres, pas le son de la faiblesse comme avant, mais une voix forte et claire. Elle s'écria : "Gloire à Dieu, je suis guérie ! Sur ce, elle attrapa le linge de lit, le rejeta en arrière et, en un instant, se tenait debout sur le sol.

Quelle journée! L'oublierai-je un jour ? La puissance de Dieu ravissait nos âmes, et la joie de Dieu possédait nos cœurs à cause de sa guérison.

La nouvelle s'est répandue dans toute la ville, l'État et la nation. Les journaux en ont parlé et notre maison est devenue un centre d'enquête. Les gens parcouraient de grandes distances pour la voir et parler avec elle. Elle était inondée de lettres.

Une nouvelle lumière a brillé dans nos âmes. L'église nous avait diligemment enseigné que les jours des miracles étaient passés ; et croyant cela, huit membres de la famille avaient été autorisés à mourir. Mais, maintenant, avec la lumière de la vérité qui brille dans nos cœurs, nous avons vu cela comme un mensonge, sans aucun doute inventé par le diable et annoncé avec diligence comme vérité par l'église, privant ainsi l'humanité de son héritage légitime par le sang de Jésus.

Des gens sont venus chez nous en disant : « Puisque Dieu vous a guéris, il nous guérira certainement. Priez pour nous. Nous y avons été contraints. Dieu a répondu, et beaucoup ont été guéris.

De nombreuses années se sont écoulées depuis lors, mais aucun jour ne s'est écoulé sans que Dieu n'ait répondu à la prière. J'ai consacré ma vie, jour et nuit, à ce ministère ; Tous les gens ont été guéris non pas par un et par deux, ni par centaines, ni même par milliers, mais par dizaines de milliers.

En temps voulu, Dieu m'a appelé en Afrique du Sud, où j'ai été témoin d'une manifestation de la puissance de guérison de Dieu comme le monde n'en a peut-être pas vu depuis l'époque des apôtres.

Les hommes chrétiens ont été baptisés dans le Saint-Esprit, sont sortis dans la grande puissance de Dieu, proclamant le nom de Jésus et imposant les mains aux malades. Et les malades étaient guéris ! Pécheurs, témoins de ces preuves de la puissance

de Dieu, criaient de joie et se donnaient au service de Dieu. Comme au temps de Jésus : Il y eut une grande joie dans cette ville et dans cette nation Actes 8 8.

Enfin, Dieu m'a amené à Spokane, où nous avons soigné des centaines de malades chaque semaine. La ville est remplie des louanges de Dieu Plus à cause des manifestations bénies du pouvoir de guérison de Dieu partout. Les gens sont venus d'aussi loin que 5 000 milles pour se soigner. Certains ont écrit des lettres. D'autres ont télégraphié. Certains ont câblé depuis l'autre bout du monde, demandant la prière, et Dieu a gracieusement répondu.

Les ministres et les églises de tout le pays ont vu que, bien que l'église ait enseigné que les jours des miracles n'appartenaient qu'aux temps des apôtres, cette déclaration était un mensonge. Ils ont vu que la puissance de guérison de Dieu est aussi accessible à l'âme honnête aujourd'hui qu'elle l'était à l'époque de Christ sur la terre. Les dons et les appels de Dieu sont sans repentir, et Jésus est toujours le Guérisseur.

Smith Wigglesworth

"Apôtre de la Foi"

Smith Wigglesworth est né en 1859 dans une famille très pauvre. Son père faisait du travail manuel, pour très peu de salaire. Smith lui-même est allé travailler à l'âge de six ans pour contribuer au revenu familial. A six ans, il arrachait des navets et à sept ans, il travaillait dans une filature de laine douze heures par jour. Ses parents ne connaissaient pas Dieu, mais Smith avait faim dans son cœur de le connaître. Déjà jeune, il priait dans les champs. Sa grand-mère était la chrétienne critique de sa vie. Elle était une méthodiste wesleyenne et emmenait Smith à des réunions avec elle. Lors de l'une de ces réunions, un cantique était chanté sur Jésus alors que l'agneau et Smith entraient dans la réalisation de l'amour de Dieu pour lui et sa décision de croire en Christ pour son salut fut prise ce jour-là. Il fut immédiatement rempli du désir d'évangéliser et conduisit sa propre mère au Christ.

Smith a diverses expériences d'église pendant qu'il grandissait. Il est d'abord allé dans une église épiscopale puis à treize ans dans une église méthodiste wesleyenne. À l'âge de seize ans, il s'engage dans l'Armée du Salut. Il se sentait profondément appelé à jeûner et à prier pour les âmes perdues. Il a vu beaucoup de gens venir à Christ. À dix-sept ans, un mentor lui a parlé du baptême d'eau et il a décidé de se faire baptiser. L'Armée du Salut faisait l'expérience d'un niveau énorme de la puissance de Dieu à cette époque. Il décrit des réunions où "beaucoup se prosternaient sous la puissance de l'Esprit, parfois pendant vingt-quatre heures d'affilée". Ils priaient, jeûnaient et criaient pour le salut de cinquante ou cent personnes pendant la semaine et ils voyaient ce pour quoi ils avaient prié.

À dix-huit ans, Smith quitte l'usine et devient plombier. Il a déménagé à Liverpool à l'âge de vingt ans et a continué à travailler pendant la journée et à exercer son ministère pendant son temps libre. Il s'est senti appelé à s'occuper des jeunes et les a amenés aux réunions. C'étaient des enfants démunis et en lambeaux, qu'il nourrissait et soignait souvent. Des centaines ont été sauvés. On demandait souvent à Smith de parler dans les réunions du salut et il s'effondrait et pleurait sous la puissance de Dieu. Beaucoup viendraient à la repentance lors de ces réunions grâce à cet homme sans formation. À vingt-trois ans, il retourna à Bradford et continua son travail avec l'Armée du Salut.

À Bradford, Smith a rencontré Mary Jane Featherstone, connue sous le nom de Polly, la fille d'un professeur de tempérance. Elle a quitté la maison et est allée à Bradford pour occuper un emploi de domestique. Un soir, elle a été attirée par une réunion de l'Armée du Salut. Elle a écouté la femme évangéliste, Gipsy Tillie Smith, et a donné son cœur au Christ. Smith était à cette réunion et a vu son cœur pour Dieu. Polly est devenue une salutiste enthousiaste et a obtenu une commission du général Booth. Ils ont développé une amitié, mais Polly est allée en Écosse pour aider à un nouveau travail salutiste. Elle est finalement retournée à Bradford et a épousé Smith, qui était très amoureux d'elle.

Le couple a travaillé ensemble pour évangéliser les perdus. Ils ont ouvert une petite église dans un quartier pauvre de la ville. Polly prêchait et Smith faisait les appels à l'autel. Pendant une saison, cependant, Smith est devenu si occupé par ses travaux de plomberie que sa ferveur évangélique a commencé à décliner. Polly a continué, amenant Smith à la condamnation. Un jour, alors que Smith travaillait dans la ville de Leeds, il entendit parler d'une réunion de guérison divine. Il a partagé avec Polly à ce sujet. Elle avait besoin de guérison et ils sont donc allés à une réunion, et Polly a été guérie.

Smith a lutté avec la réalité de la guérison, tout en étant lui-même malade. Il a décidé d'abandonner les médicaments qu'il prenait et de faire confiance à Dieu. Il a été guéri. Ils ont eu cinq enfants, une fille et quatre garçons. Un matin, deux des garçons étaient malades. La puissance de Dieu est venue et ils ont prié pour les garçons et ils ont été instantanément guéris. Smith a lutté avec l'idée que Dieu l'utiliserait pour guérir les malades en général. Il rassemblait un groupe de personnes et les conduisait pour aller prier à Leeds. Les dirigeants de la réunion se rendaient à une convention et ont laissé Smith aux commandes. Il était horrifié. Comment pourrait-il diriger une réunion sur la guérison divine ? Il a essayé de le transmettre à quelqu'un d'autre, mais n'a pas pu. Finalement, il dirigea la réunion et plusieurs personnes furent guéries. C'était ça. Dès lors, Smith a commencé à prier pour que les gens guérissent.

Smith avait un autre saut à faire. Il avait entendu parler des pentecôtistes qui étaient baptisés dans le Saint-Esprit. Il est allé aux réunions et avait tellement faim de Dieu qu'il a créé une perturbation et les membres de l'église lui ont demandé d'arrêter. Il est allé à la prière et a prié pendant quatre jours. Finalement, il se préparait à rentrer chez lui et la femme du vicaire pria pour lui et il tomba sous la puissance de Dieu et parla en langues. Tout a changé après ça. Il marcherait à côté des gens et ils tomberaient sous la conviction du Saint-Esprit et seraient sauvés. Il a commencé à voir des miracles et des guérisons et la gloire de Dieu tombait quand il priait et prêchait.

Smith a dû répondre aux nombreux appels reçus et a abandonné son entreprise pour le ministère. Polly est décédée de façon inattendue en 1913, et ce fut un véritable coup dur pour Smith. Il pria pour elle et ordonna à la mort de la libérer. Elle s'est levée mais a dit "Smith - le Seigneur me veut." Sa réponse au cœur brisé a été "Si le Seigneur te veut, je ne te retiendrai pas". Elle avait été sa lumière et sa joie pendant toutes les années de leur mariage, et il pleurait profondément cette perte. Après que sa femme ait été enterrée, il est allé sur sa tombe, sentant qu'il voulait mourir. Quand Dieu lui a dit de se lever et d'aller, Smith lui a dit que si vous "me donnez une double portion de l'Esprit - celle de ma femme et la mienne - j'irais prêcher l'Évangile. Dieu m'a fait grâce et a répondu à ma demande. " Sa fille Alice et son gendre James Salter ont commencé à voyager avec lui pour gérer ses affaires. Smith priait et les aveugles voyaient, et les sourds étaient guéris, les gens sortaient des fauteuils roulants et les cancers étaient détruits. Une histoire remarquable est quand il a prié pour une femme dans un hôpital. Alors que lui et un ami priaient, elle est morte. Il l'a sortie du lit, l'a plaquée contre le mur et a dit "au nom de Jésus, je réprimande cette mort". Tout son corps se mit à trembler. Il a dit "au nom de Jésus, marche", et elle a marché. Partout où il irait, il enseignerait et montrerait ensuite la puissance de Dieu. Il a commencé à recevoir des demandes du monde entier. Il a enseigné en Europe, en Asie, en Nouvelle-Zélande et dans de nombreux autres domaines. Lorsque les foules sont devenues très nombreuses, il a commencé une "guérison en gros". Il demandait à tous ceux qui avaient besoin de guérison de s'imposer les mains, puis il priait. Des centaines seraient guéris en même temps.

Au cours du ministère de Smith, il a été confirmé que 14 personnes ont été ressuscitées d'entre les morts. Des milliers ont été sauvés et guéris et il a touché des continents entiers pour Christ. Smith est décédé le 12 mars 1947 lors des funérailles de son cher ami Wilf Richardson. Son ministère était basé sur quatre principes "Premièrement, lisez la Parole de Dieu. Deuxièmement, consommez la Parole de Dieu jusqu'à ce qu'elle vous consume. Troisièmement, croyez la Parole de Dieu. Quatrièmement, agissez selon la Parole."

Lester Sumrall – Biographie détaillée

Dr Lester Sumrall
"Je ne serai pas satisfait à moins que je ne gagne un million d'âmes pour Jésus chaque jour."

Hommage à une vie victorieuse

Peu d'évangélistes ont vu autant du monde que Lester Sumrall en a été témoin. En tant que l'un des prédicateurs les plus colorés du 20e siècle, Lester a commencé comme un jeune prédicateur fougueux pendant la dépression et au moment où tout a été dit et fait, il a laissé au monde un héritage de ce que la foi simple et déterminée en Dieu pouvait accomplir. À l'âge de 74 ans, il a fondé un ministère humanitaire mondial visant à éliminer la faim parmi ceux qui luttent pour survivre dans la pauvreté, la famine, les catastrophes et la guerre. Lester Sumrall était un homme qui s'est jeté aux pieds de Jésus-Christ, possédant un zèle et un engagement envers Dieu qui étonne encore ceux qui l'ont connu.

Lester Sumrall (1913-1996) était un pasteur et évangéliste de renommée mondiale, entrant au service de Dieu à plein temps après avoir vécu une rencontre dramatique et bouleversante avec Jésus-Christ. À l'âge de 17 ans, alors qu'il était allongé sur un lit de mort atteint de tuberculose, il reçut une vision.

Suspendu dans les airs à droite de son lit se trouvait un cercueil ; à sa gauche se trouvait une grande Bible ouverte. Il entendit ces mots : « Lester Sumrall, lequel choisiras-tu ce soir ? Il a pris sa décision – il prêcherait l'Evangile aussi longtemps qu'il vivrait. Lorsque Lester Sumrall s'est réveillé le lendemain matin, il était complètement guéri et a servi le Seigneur pendant soixante-cinq ans.

Lester Sumrall a parcouru le monde pour exercer son ministère dans 110 pays, dont la Sibérie soviétique, la Russie, le Tibet et la Chine. Au cours de sa vie, il a écrit plus de 130 livres. Son association d'évangélisation (LeSEA – Lester Sumrall Evangelistic Ministries, dont le siège est à South Bend, Indiana), diffuse toujours activement la Parole de Dieu. Les ministères LeSEA comprennent des activités telles que Indiana Christian University, Sumrall Publishing et LeSEA Broadcasting, qui possède et exploite 13 stations de télévision chrétiennes, 3 stations de radio FM, 5 stations de radio internationales à ondes courtes et 2 chaînes satellite couvrant l'ensemble des continents d'Afrique, d'Asie et d'Europe . . LeSEA Broadcasting atteint 90% de la population mondiale dans le but spécial d'amener des millions d'âmes au paradis.

La fabrication d'un champion

Lester Frank Sumrall est né de Betty et George Sumrall de la Nouvelle-Orléans le 15 février 1913.

« Ma mère avait décidé, avant même ma naissance, que j'allais être prédicateur. Elle avait prié pour moi avec ferveur pendant que j'étais dans son ventre – à l'époque où je ne pouvais rien y faire, à part donner un petit coup de pied ! Je suis né à la maison, enfant numéro six et complètement imprévu.

« Ma mère était une femme douce, gentille et pieuse. Je l'aimais et je voulais lui plaire, mais je ne voulais pas être comme elle car cela signifiait que je devais être bon. D'un autre côté, si je suivais les traces de mon père, je pourrais être mon propre patron et faire ce que je voulais. Alors que la bataille intérieure faisait rage, j'ai creusé dans mes talons, déterminé à être comme mon propre papa.

Courage à conquérir

Heureusement, Dieu avait d'autres plans pour Lester Sumrall. À l'âge de dix-sept ans, il gisait en train de mourir de la tuberculose sans espoir de guérison – du moins selon ses médecins. C'est à ce moment que Dieu lui a donné le choix de prêcher l'évangile ou de mourir prématurément. Il a choisi de servir Dieu. Quittant sa maison à Panama City, en Floride, il est devenu un prédicateur « en brosse » dans les régions reculées de la Floride, du Tennessee et de l'Arkansas.

Les dix-huit premiers mois loin de chez moi en tant que jeune prédicateur ont été mon introduction à l'école d'évangélisation. Je ne ressemblais pas beaucoup à un prédicateur dans mes quatre-vingt-douze livres de parure de citadin, mais j'ai réussi à convaincre les fermiers en cours de route d'ouvrir leurs écoles et de nous laisser organiser des services de réveil.

«Parfois, j'étais impétueux, brusque et négatif. Souvent, les gens se moquaient simplement de moi, ce qui m'irritait au plus haut point. Une nuit, j'étais tellement découragé que je n'ai même pas essayé de prendre une offrande, et je n'ai pas non plus demandé à personne s'il voulait être sauvé. Le lendemain matin, le fermier hôte a dit : « Jeune homme, si tu ne travailles pas, tu ne manges pas. Si vous prévoyez de rester ici plus longtemps, vous pourrez nourrir les porcs. Puis il a mis deux gros seaux de slop dans mes mains.

« 'Nourrir les porcs ?!' Alors que je portais ces lourds seaux, la boue nauséabonde s'est répandue sur mes vêtements et dans mes chaussures. Après cela, j'ai vraiment pu m'identifier à l'histoire du fils prodigue. Je me suis allongé au milieu du champ de maïs sans me soucier de savoir si mes vêtements devenaient sales et j'ai crié : « Oh, Seigneur, je devrais peut-être rentrer chez moi et mourir ! Mais le Seigneur m'a calmé en disant : 'Si tu me restes fidèle, Lester, dans ces petites choses, je te donnerai des choses bien plus grandes.'

Lester est resté avec les « gens de la campagne » assez longtemps pour les voir venir et répondre au mouvement du Saint-Esprit. C'est également à cette époque que Dieu lui a montré, à travers une vision, la prochaine étape qu'il devait franchir. La vision a révélé des multitudes, hommes et femmes de diverses nationalités, allant en enfer - et leur sang était sur les mains du jeune prédicateur. Cette vision, à peu près de la même manière que la première, a pris la vie de Lester dans une toute nouvelle direction.

La foi peut changer votre monde

Le 18 décembre 1931, la nuit de ma deuxième vision, très loin à Londres, en Angleterre, Howard Carter priait. Il a été tellement ému par ce qu'il a senti que Dieu lui disait qu'il a écrit les mots du message :

« Je t'ai trouvé un compagnon ; J'ai appelé un ouvrier pour se tenir à côté de toi… Il est appelé et choisi et se joindra à toi. Voici, il vient; il vient de loin. Il vient pour t'aider à porter ton fardeau et à être une force à tes côtés, et tu trouveras du plaisir à son service et te délecteras de sa communion.

Lester Sumrall était ce compagnon. Ce qui s'ensuivit fut une relation semblable à celle de Paul et Timothée et un ministère qui changea le cours du monde. Ensemble, les deux hommes ont forgé un nouveau territoire dans l'arène de la guerre spirituelle en chassant les démons, en gagnant de nouveaux convertis, en établissant des églises et en instruisant les hommes et les femmes de Dieu de l'Australie à l'Angleterre. Après avoir grandi dans la grâce et la connaissance de Dieu et rencontré des pionniers de la foi tels que Smith Wigglesworth, la Seconde Guerre mondiale a séparé Lester de ses amis en Angleterre. Heureusement, la guerre a également servi à l'unir à une femme avec qui il passera la majorité de ses années.

Le plan de Dieu pour un foyer heureux

« En rentrant chez moi en train, je me suis arrêté pour assister à des réunions sur l'Évangile en Colombie-Britannique, parlant dans les villes de Terrace, Smithers et Prince George. Dans chacun, j'ai entendu parler de cette charmante Louise Layman, cette jolie jeune missionnaire d'Argentine - et la riche bénédiction qu'elle avait été partout où elle allait.

« Je suis devenu encore plus curieux de la rencontrer. Elle avait l'air d'une missionnaire assez intrépide. Quel genre de courage avait amené une jeune femme au Canada pendant l'hiver? Normalement, seuls des missionnaires masculins zélés apportaient l'évangile ici. "Je me demandais si je pourrais jamais la rencontrer."

Lester aurait en effet l'occasion de rencontrer "Miss Louisa" lors - dans les endroits les plus appropriés - d'une cérémonie de mariage à Buenos Aires, en Argentine. Leur oui s'est rencontré, ils se sont souri, et le reste… appartient à l'histoire.

Lester Sumrall et Louise Layman se sont mariés le 30 septembre 1944. Prenant la route «non conventionnelle» de la lune de miel, les jeunes mariés ont commencé une tournée missionnaire de cinquante mille milles et une vie ensemble qui a duré plus de quarante-neuf ans. Tout au long de leur mariage, ils ont exercé le ministère et vécu dans divers endroits étrangers et, comme Lester Sumrall l'a si souvent et fièrement déclaré, "n'ont jamais eu de querelle". Dieu, récompensant la fidélité de Lester, a béni lui et Louise avec trois fils industrieux (Frank, Stephen et Peter) et onze petits-enfants, qui ont tous été témoins de la bonté que la vie d'un homme peut apporter.

Récolte mondiale

Lester Sumrall, avec l'aide et le soutien de sa famille et de nombreux amis, a fondé LeSEA (Lester Sumrall Evangelistic Association) en 1957 : un ministère qui a ensuite donné naissance à plus d'une centaine de livres et de guides d'étude, treize chaînes de télévision, 2 ministères satellites , trois stations de radio FM, cinq stations à ondes courtes atteignant plus de quatre-vingt-dix pour cent de la population mondiale et un magazine trimestriel. Peut-être que le couronnement de l'œuvre de Lester Sumrall est son ministère continu pour nourrir les désespérément pauvres au sein du Corps de Christ. Fondée en 1987, LeSEA Global Feed the Hungry® a donné des millions de livres de nourriture et de fournitures d'une valeur de 165 millions de dollars à ceux qui souffrent dans le monde entier. Et encore une fois, comme Lester Sumrall l'a si souvent dit,
"Ce n'est que le début. Il y a de plus grandes bénédictions à venir !

Au revoir planète terre

« Je suis assuré que ce ministère continuera dans la deuxième génération, et je prie aussi dans la troisième, si Jésus tarde. Nous connaîtrons le succès dans nos efforts pour atteindre ces millions d'âmes pour Christ, si nous continuons à porter la même vision et la même consécration.

«Les hommes qui ne prévoient pas de successeurs dans les affaires ou le ministère laissent souvent derrière eux des problèmes que quelqu'un d'autre doit résoudre. Soit cela, soit ils ne laissent aucune entreprise ou ministère du tout. Je sens que Dieu assurera une transition en douceur pour mes successeurs, car je leur ai fourni une organisation qui peut s'étendre et grandir. Au lieu d'un gâchis, je laisserai derrière moi un ministère d'évangélisation bien organisé et géré de manière experte. Mes fils n'auront pas non plus à lutter pour égaler mes réalisations dans le ministère. Ils ont développé une relation de travail ensemble qui dépassera de loin tout ce que je pourrais accomplir seul.

« Je peux imaginer mes fils confrontés à un dilemme dans le ministère et se demandant : 'Qu'est-ce que papa aurait fait dans cette situation ?' J'aimerais pouvoir laisser derrière moi toutes les réponses, mais je ne peux pas. En fait, cela ne sera pas nécessaire. Je sais que le Saint-Esprit guide déjà mes fils comme il m'a guidé. Ils auront toujours Lui vers qui se tourner chaque fois qu'ils ne sont pas sûrs du chemin.

« Dieu dessine des modèles pour la vie des hommes et des femmes afin de les instruire et de les diriger. Il crée un design spécial pour chaque être rationnel destiné à vivre sur cette planète. Si l'individu suit sagement ce plan divin, il construira un caractère fort, prospère et heureux. Prenez le temps d'analyser la vie d'un homme bon et voyez qu'elle n'a pas été accomplie par accident ou par bonne fortune, mais qu'elle a été une vie soumise à la volonté de Dieu.

– Lester Sumral

Kenneth Erwin. Hagin

Lorsque Kenneth E. Hagin a épousé Lois Oretha Rooker le 25 novembre 1938, ils n'ont jamais su l'impact que leur vie et leur ministère auraient sur d'innombrables personnes à travers le monde. Connus par beaucoup sous le nom de maman et papa Hagin, ils ont donné un exemple dans le mariage et le ministère qui vivra à travers leurs «enfants spirituels» pour les générations à venir.

Kenneth E. Hagin

Le révérend Kenneth Erwin Hagin est né le 20 août 1917 à McKinney, au Texas. Le révérend Hagin était malade dans son enfance, souffrant d'un cœur déformé et d'une maladie du sang incurable. On ne s'attendait pas à ce qu'il vive et il est devenu alité à 15 ans. En avril 1933, lors d'une expérience de conversion dramatique, il a déclaré être mort trois fois en 10 minutes, voyant à chaque fois les horreurs de l'enfer puis revenant à la vie.

En août 1934, le révérend Hagin a été miraculeusement guéri, ressuscité d'un lit de mort par la puissance de Dieu et la révélation de la foi en la Parole de Dieu. Jésus est apparu au révérend Hagin huit fois au cours des années suivantes dans des visions qui ont changé le cours de son ministère. En 1967, il a commencé une émission de radio régulière qui se poursuit aujourd'hui sous le nom de Rhema for Today.

En 1968, le révérend Hagin a publié les premiers numéros de *The Word of Faith* . Ce magazine, maintenant produit neuf fois par an, a un tirage de plus de 200 000 exemplaires. La société d'édition qu'il a fondée, Faith Library Publications, a fait circuler dans le monde plus de 65 millions d'exemplaires de livres du révérend Hagin, de Kenneth W. Hagin, de Lynette Hagin, de Craig W. Hagin et de plusieurs autres auteurs. Faith Library Publications a également produit des millions d'enseignements audio et vidéo.

Parmi les autres activités de sensibilisation des ministères Kenneth Hagin, citons *Rhema Praise* , une émission télévisée hebdomadaire animée par les révérends. Kenneth et Lynette Hagin; École biblique par correspondance Rhema ; Association des anciens du Rhema ; Association ministérielle Rhema Internationale; le Centre de prière et de guérison Rhema; et le ministère pénitentiaire de Rhema.

En 1974, le révérend Hagin a fondé ce qui est maintenant le Rhema Bible Training College. L'école a des campus partout dans le monde et continue de se développer.

Jusqu'à peu de temps avant sa mort, le révérend Hagin a continué à voyager et à enseigner à travers les États-Unis et au Canada, menant des croisades interconfessionnelles et d'autres réunions spéciales. Connu comme le «père du mouvement religieux moderne», le révérend Hagin était un prédicateur, un enseignant et un prophète dynamique. Ses enseignements et ses livres sont remplis d'histoires vivantes qui montrent la puissance et la vérité de Dieu à l'œuvre dans sa vie et dans la vie des autres. On se souviendra de lui non seulement comme d'un grand ministre, mais comme d'un grand père de famille, car sa famille était son cœur. Il était là à chaque étape, prêt à parler, à répondre, à prier. C'était un homme dont le rire du ventre remplissait la pièce à la vue d'un de ses petits-enfants ou arrière-petits-enfants.

Grands Exploits 2 - Témoignages

Vous êtes né pour cela - Guérison, délivrance et restauration - Découvrez comment des grands - Témoignages

Par différents ministres de Dieu à travers les âges pour édifier votre foi que Dieu est toujours à l'œuvre aujourd'hui et pour toujours.

De nouveaux yeux créés

M. George Evison de Grimsby, en Angleterre, qui a été instantanément guéri à Grimsby, Boardman Hall, le 31 mars 1890, a pu dire : « Je sais que Jésus m'a guéri. Écoutez son merveilleux témoignage, tel qu'il a été donné par lui-même et corroboré par MWM Watson :

Ma vue était déficiente depuis la naissance. Je ne pouvais jamais voir plus de deux mètres devant moi ; une épaisseur semblait toujours être sur mes yeux. C'était un obstacle à mon apprentissage à l'école. Vers l'âge de sept ans, j'ai été emmenée chez un médecin et soignée pour une cataracte, mais ce fut un échec. De quatorze à dix-neuf ans, mes yeux étaient à leur meilleur. La douleur était moindre qu'à tout autre moment; mais la vue n'était pas plus claire, et je ne voyais pas mieux. Le jour où j'ai eu vingt et un ans, j'ai été soudainement aveugle pendant une demi-heure. Lorsque la vue est revenue, je ne pouvais pas voir plus d'un pouce devant mes yeux. J'ai vu le Dr Taylor de Nottingham, deux fois en novembre et une fois en décembre 1888. La troisième fois que j'ai appelé, il a dit que ses yeux se dépérissaient et qu'il ne pouvait plus rien faire.

Quelques jours plus tard, j'étais complètement aveugle. Après cela, mes yeux ont commencé à se rassembler et à se briser. La douleur était si intense que je ne pouvais pas dormir. Je ne peux pas dire que j'ai eu ce qu'on pourrait appeler du sommeil pendant dix-huit mois. En janvier 1890, les globes oculaires avaient complètement disparu et les orbites étaient vides. Je pouvais soulever les couvercles et placer mes doigts dans les douilles. En mars 1890, un membre de Faith Home Mission m'a demandé comment j'avais perdu mes yeux. Je lui ai dit. Il m'a demandé si j'irais au Home. J'ai ri et j'ai dit : « A quoi bon, puisque je n'ai pas d'yeux ? et il répondit: "N'est-il pas aussi facile au Seigneur de faire de nouveaux yeux qu'à un horloger une nouvelle roue?" C'était un message de Dieu. Ça m'est allé au fond du cœur, et j'ai promis d'y aller vendredi soir. Je suis rentré chez moi et j'ai prié. J'avais souvent prié pour ma vue auparavant, mais jamais avec un cœur croyant, car je n'étais pas converti. J'ai tenu ma promesse, je suis allé au Home le 21 mars et j'ai été oint d'huile. Je n'ai pas bénéficié d'aller en ce qui concerne ma vue physique, mais mes yeux spirituels ont été grands ouverts, et je suis né de nouveau de l'Esprit. Je suis rentré chez moi, j'ai prié toute la nuit et j'ai senti que ma demande avait été entendue.

Le 31 mars, j'ai placé mes doigts dans les orbites vides en allant déjeuner. Après le petit déjeuner, je retournai dans ma chambre pour prier. Quand j'étais à genoux, vers dix heures et demie, j'ai senti mes orbites se réchauffer. Comme ils avaient toujours froid, j'ai sauté sur mes pieds et j'ai dit : « Gloire à Dieu ! Mes yeux grandissent ! Ils ont continué à venir toute la journée. La nuit suivante, je suis allé à une réunion et j'ai pu voir la lumière du gaz. Mercredi, les globes oculaires étaient beaucoup plus gros. Jeudi, j'ai été amené par Satan à douter, et toute cette journée les yeux se sont éteints. C'était l'effet de l'incrédulité. J'ai pleuré sur mes péchés, mais la douce pensée est venue : « Il me pardonnera. Je me suis agenouillé et j'ai demandé à Dieu de me pardonner et de remplacer ce que j'avais perdu. Lorsque j'étais en prière environ trois quarts d'heure après, j'ai de nouveau senti que mes yeux grandissaient et j'ai levé les paupières.

La nuit, à Boardman Hall, à dix heures moins le quart, j'ai entendu un. la voix dit: "C'est fini." Dieu merci! C'était fini. Mes yeux se sont grands ouverts, et j'ai sauté sur mes pieds et j'ai crié « Dieu merci ! Je peux voir tout le monde et tout ! Je suis rentré à la maison après une réunion d'action de grâces et j'ai ouvert ma Bible. Les premiers mots que j'y ai vus étaient : « Le Seigneur ouvre les yeux des aveugles » (Psaume 146). Dieu merci, il le fait ! Mes yeux, à la fois les globes oculaires et la vue, sont aussi bons que ceux de n'importe qui. C'est pour moi un grand plaisir de parler de l'œuvre merveilleuse de Dieu.

Extrait du magazine *"Triumphs of Faith" de 1912* édité par Carrie Judd Montgomery. L'article était une réimpression du magazine *"Holiness Advocate"*

John Alexander Dowie - Femme guérie de dix-sept cancers

La guérison de Mme A. Kerr de dix-sept cancers

Cette dame vit au 92 George Street, Fitzroy, et son cas est des plus remarquables. Elle a plus de 50 ans et souffre depuis de nombreuses années. En octobre 1883, elle vint me voir pour une guérison et se trouva dans un état des plus déplorables. Quelque temps auparavant, elle avait subi une opération grave, pratiquée par un éminent chirurgien, le Dr James, à l'hôpital de Melbourne, au cours de laquelle son sein droit avait été entièrement enlevé et, comme on lui avait dit, le cancer avait été éradiqué. Mais hélas, c'était une vaine supposition ; car au lieu d'un cancer, dix-sept se sont maintenant développés - quatorze sur diverses parties de la poitrine et du corps, un sur le côté droit du cou, un sur le dessus de sa tête et un à l'intérieur de sa bouche sont devenus si gros qu'un certain nombre de les dents de la mâchoire inférieure gauche ont été extraites pour lui donner de la place; et, quand elle prenait de la nourriture, elle était obligée de mettre dans sa bouche son doigt gauche, de manière à l'écarter suffisamment pour introduire sa nourriture avec le droit. Elle était fidèle et avait vu un certain nombre de personnes guéries pendant qu'elle attendait dans nos chambres bondées, en particulier une dont l'œil gauche était totalement aveugle et instantanément restauré. Après la prière, je lui ai imposé les mains au nom de Jésus, et instantanément toute douleur a disparu; cette même nuit, les cancers ont complètement disparu et n'ont jamais été revus depuis. Sur le dessus de sa tête, voici une légère dépression et une marque rouge, indiquant où se trouvait le cancer. Elle est un membre actif de cette église et est bien connue de centaines de personnes dans cette ville.

Comme les deux cas précédents auxquels j'ai fait référence, elle a témoigné, de la plate-forme de notre tabernacle, son témoignage a été imprimé dans de nombreux journaux et il n'a jamais été publiquement contesté. D'autres membres de sa famille ont également été guéris, comme c'est aussi le cas pour les autres. Et comme dans le cancer, dont nous avons, permettez-moi de dire, de nombreux autres cas, plusieurs cette semaine, ainsi, dans toutes les autres infirmités et maladies, là où il y a la foi, il y a la guérison. Dans de nombreux cas, deux personnes ont été guéries en réponse directe à la prière, à des centaines de kilomètres de là, que je n'ai jamais vues. Il faudrait des volumes pour raconter l'histoire d'un an de travail ; et je suis si continuellement occupé de cela, et du soin d'une église grande et croissante, que je désespère presque d'en conserver une trace littéraire adéquate. Mais si le Seigneur nous accordait une imprimerie, avec laquelle nous pourrions imprimer un journal hebdomadaire, notre but est de présenter notre enseignement et nos expériences, aussi complètement que possible, devant l'église et le monde. Je peux dire, comme fait particulier, que dans une communauté de quelques centaines de personnes, nous n'avons pas un seul membre, ou un membre d'aucune de ces familles, mis de côté par la maladie en ce moment. Presque à une unité, nous sommes des abstinents totaux de liqueurs enivrantes, et presque tous les membres masculins évitent ce tabac empoisonné dégoûtant. Au-dessus de notre porche, nous avons inscrit en lettres dorées : « Ayez foi en Dieu ». notre bâton de drapeau, nous flottons un fanion avec la même devise « Christ est tout », et en dessous, nous avons un drapeau rouge sur lequel est inscrit « salut » ; un drapeau blanc sur lequel est écrit « Guérison et sainteté » ; et un drapeau bleu sur lequel est écrit "Tempérance". Le fanion vole toujours et le drapeau subordonné indique le genre de réunion sur le point de se tenir à l'intérieur, sauf le jour du Seigneur, quand tout est déployé. Je suis pleinement convaincu que les chrétiens doivent être fidèles à tous égards pour être utilisés par Dieu dans ce ministère de guérison et que leur consécration, et par conséquent la sanctification, doit être continue et complète. Veuillez excuser une fermeture précipitée; mais je dois le faire pour sauver le courrier. Puis-je demander un intérêt pour les prières unies de la Conférence, pour qui nous prierons ici aussi ? Avec les vœux les plus sincères pour son succès et mon amour fraternel le plus chaleureux, je suis, Fidèlement vôtre en Jésus, John Alex Dowie, Free Christian Tabernacle, Fitzroy, Melbourne, Victoria, 16 avril 1885

Extrait du rapport de conférence « *The Canadian Independent* » publié en septembre 1886.

Lilian Yeomans – Une femme guérie après 17 ans

Fidèle est celui qui a promis
la guérison par le Seigneur après dix-sept années
d'agonieMlle Harriet Lehr, Ada, Ohio

J'écris mon témoignage dans l'espoir qu'il puisse être une bénédiction pour quelqu'un dans le besoin. Aux jours de ma grande épreuve, les témoignages de guérison étaient un baume pour mon âme fatiguée et comme l'eau coulait sur un sol assoiffé. En 1895, j'ai été victime d'une grave maladie. Mes intestins sont devenus entièrement paralysés et j'ai eu un abcès tuberculeux. Après avoir passé six mois dans un hôpital sous les soins d'un spécialiste distingué, et subi huit opérations, j'ai continué dans un état grave. Ma mère, qui m'avait accompagné à l'hôpital pour être près de moi, avait été pressée là-bas de subir une légère opération, dont on lui avait assuré qu'elle se rétablirait entièrement. Elle a consenti, mais l'opération n'a pas été un succès, et une opération majeure sérieuse s'est imposée, ce qui l'a laissée presque détruite dans l'esprit et le corps. Ma sœur aussi était en mauvaise santé.

Lorsque nous étions dans cet état, un ami est venu d'une ville voisine pour nous dire que, récemment à Chicago, il avait assisté à des réunions où le ministre priait avec les malades et que beaucoup avaient été guéris. Il nous semblait étrange que Dieu guérisse la maladie, bien que nous ayons souvent eu des réponses à des prières pour d'autres choses. Je

remercie   Dieu   pour
le don inestimable des parents pieux. Nous avons toujours
eu un autel familial dans notre maison. Après le départ de
cet ami, nous avons tous commencé à sonder la Parole de
Dieu pour voir s'il était scripturaire de demander à Dieu de
nous guérir de nos maladies. Nous avons été surpris de
constater que la Bible regorgeait de précieuses promesses de
guérison. La foi a jailli dans nos cœurs lorsque nous avons
lu des passages tels que : « Jésus-Christ, le même hier,
aujourd'hui et éternellement. (Hébreux 13:8) et "Si deux
d'entre vous s'accordent sur la terre pour ce qu'ils
demanderont, cela leur sera accordé par mon Père qui est
dans les cieux." (Matthieu 18:19) et "Par les meurtrissures
duquel vous avez été guéris". (1 Pierre 2:24) et d'autres de
même importance. Dans les deux semaines suivant le
moment où nous avons entendu le message de guérison pour
la première fois, nous étions tous guéris de nos maladies
jusque-là incurables et nous nous réjouissions de la
puissante provision de Dieu pour son peuple.

Trois semaines se sont écoulées pendant lesquelles la Parole
de Dieu a été notre nourriture nécessaire. Un petit groupe
d'amis s'est réuni autour de nous et nous a rejoint
régulièrement dans des réunions de prière et de louange.
Bien que nous soyons une maison occupée et que nous
soyons   obligés   de
nous mêler quotidiennement à une diversité de personnes,
nous semblions pourtant vivre dans un autre monde en
dehors de notre environnement. Puis vinrent de sévères tests
physiques. Dans le stress de la souffrance et de la réponse
tardive à la prière, nous avons ressenti le besoin de
communion avec ceux qui faisaient confiance à Dieu pour
le corps et nous nous sommes donc associés à une
compagnie de croyants qui défendaient la vérité de la
guérison divine. Nous devions découvrir plus tard
cependant que les dirigeants de ce mouvement n'étaient pas

charitables envers ceux qui ne pensaient pas exactement comme eux. Des circonstances se sont produites qui nous ont fait sentir que nous devions nous retirer de ce groupe de croyants. Ma propre guérison et celle de ma mère et de ma sœur avaient été si merveilleuses que rien ne pouvait ébranler ma foi que Dieu avait inclus le corps dans l'Expiation. La Parole écrite de Dieu, « Je suis l'Éternel qui te guérit », s'était enfoncée profondément dans mon cœur et je n'avais aucun désir de retourner aux médecins terrestres. Chaque jour, je lisais ma Bible avec diligence et priais pour avoir force et courage, mais ma désapprobation des méthodes des dirigeants de ce mouvement, auquel j'ai fait référence, s'est finalement transformée en une telle aversion et un tel ressentiment envers eux, que naturellement j'ai commencé à rétrograder. Je n'avais aucune communion spirituelle, car le petit groupe qui nous rencontrait officiellement pour la prière s'était dispersé, et je n'avais aucune littérature utile sur la guérison autre que la Bible.

À peu près à cette époque, alors que je prenais le train, le vent a soufflé sur mon cou par une fenêtre ouverte et j'ai attrapé un rhume sévère, qui s'est installé dans ma colonne vertébrale. Pendant environ deux semaines, j'ai beaucoup souffert. Je priai, et supposai que le froid me quitterait bientôt, car jusqu'alors la prière avait toujours été exaucée en mon nom. Cependant, au fil du temps, j'ai réalisé que ce n'était pas un rhume ordinaire. Au lieu de diminuer, la souffrance est devenue plus intense. La moelle épinière a semblé s'enflammer et les nerfs de mon cou se sont noués et ont été étroitement tirés. Il y avait six grands nœuds, l'un d'eux étant à l'intersection des mâchoires. Ma langue s'est raidie et mes mâchoires ont été maintenues comme dans un étau, de sorte que je ne pouvais pas joindre mes dents. La base de mon cerveau ressemblait à une profonde plaie saignante avec toute la chair arrachée. Mon estomac ne retiendrait que du liquide. Je priais presque constamment, tout comme les autres membres de ma famille, et bien que parfois la douleur ait diminué, il n'y avait pas de soulagement permanent. Après un an et demi de terribles souffrances, grâce aux prières de chers amis remplis de l'Esprit dans une autre ville, qui se réunissaient quotidiennement pendant deux semaines pour intercéder pour mon rétablissement, les mâchoires se sont desserrées et j'ai pu joindre mes dents. Cela m'a apporté un soulagement appréciable, mais j'étais toujours incapable de mâcher, et pendant sept longues années, cette condition a continué, et j'ai survécu tout ce temps uniquement avec des liquides. Tout mon corps était raide et mes souffrances étaient indescriptibles. Chaque nerf de mon cerveau tirait et tirait comme si des fils d'acier arrachaient la chair de mon visage.

Pendant ces sept premières années de ma maladie, même dans une telle douleur, je pouvais me tenir debout et marcher un peu, mais après cela, bien que la souffrance dans ma tête et mon cou ait commencé à s'atténuer progressivement, l'inflammation est devenue plus aiguë dans d'autres parties de mon corps et j'étais incapable de faire reposer mon poids sur mes pieds. Il y avait des moments où j'allais mieux et où je pouvais être aidé dans un fauteuil roulant. Parfois, je pouvais m'asseoir dans un fauteuil à bascule, mais toute tentative pour redresser mes membres provoquait des hémorragies et d'autres conséquences graves. Pendant les dix années qui ont suivi, j'ai été au lit presque tout le temps. À un moment donné, pendant une année entière, je n'ai pas pu lever la tête de l'oreiller et je pouvais à peine me retourner. Mon cœur s'est affaibli à cause de la douleur continue, et j'ai parfois eu des épisodes de naufrage au cours desquels je suis pratiquement décédé. À une de ces occasions, alors que ma famille se tenait à mes côtés, ne priant pas pour mon rétablissement mais attendant que je sois libéré de mes souffrances, un ami dans une ville lointaine qui ne savait rien de ma crise actuelle, a été appelé à une puissante intercession dans l'Esprit , non seulement pour moi, mais pour les autres membres de ma famille, qui étaient prêts à cesser de se battre pour ma guérison. Il a continué dans l'intercession jusqu'à ce qu'il soit assuré de la victoire. Pendant tout ce temps, ma confiance était en Dieu, et je n'avais aucune idée de me détourner de la voie de guérison déclarée par Dieu. Je savais bien que ma condition était au-delà de toute aide humaine. Mes parents, cependant, désiraient que mon cas soit diagnostiqué et envoyé à Chicago chercher un médecin qualifié qui était un homme de prière. Il est venu trois fois me voir et m'a examiné attentivement mais n'a donné aucun traitement ni médicament. Il a prononcé ma maladie d'inflammation de la moelle épinière et s'est émerveillé que je vive.

Je passerai sur les longues années de douleur et de souffrance. Le temps n'a apporté ni soulagement ni guérison. Plusieurs fois, des ministres et d'autres fidèles ouvriers chrétiens sont venus me voir et ont prié fidèlement et sincèrement pour moi, et tous se sont sentis assurés de ma guérison,
mais je semblais incapable d'accepter la délivrance que je savais être la mienne. Après avoir été malade quatorze ans, mon père est mort. Sur son lit de mort, il a dit que je marcherais à nouveau, mais les mois et les années passaient encore et j'étais de nouveau si malade que pendant des mois je pouvais à peine lever les mains vers ma tête et j'étais sur le point d'abandonner le combat. Pendant plusieurs années, j'avais ressenti le désir que le Dr Lillian Yeomans vienne me voir, alors, quand j'ai appris qu'elle était à Chicago en 1925, j'ai demandé à ma sœur de m'écrire et de lui demander de venir. Pendant toutes ces années, j'avais été incapable de tenir un stylo ou d'essayer d'écrire sans m'effondrer. Le Dr Yeomans a répondu qu'elle ne pouvait pas venir. Une année douloureuse s'est écoulée au cours de laquelle je suis resté

presque impuissant la plupart du temps. Puis j'appris qu'elle devait de nouveau être à Chicago, et de nouveau j'essayai de la faire venir, mais elle sentit qu'elle ne pouvait pas prendre le temps de venir en Ohio et retourna à Los Angeles. Lorsqu'elle arriva à Saint-Louis, le Seigneur s'occupa d'elle et des affaires indépendantes de sa volonté nécessitèrent son retour à Chicago. Pendant qu'elle était là-bas, ma sœur s'arrangea pour qu'elle vienne me voir.

Pendant les trois jours où elle était chez moi, personne n'est venu à la maison et nous étions seuls avec Dieu. Elle s'est assise tranquillement à côté de mon lit et m'a lu la Bible et m'a parlé du plan de salut de Dieu pour l'esprit, l'âme et le corps. Elle était «forte dans la foi, rendant gloire à Dieu», et ne doutait pas dans son cœur que Dieu était capable et désireux de faire pour moi, et pour tous les croyants, tout ce qu'il avait promis par son Fils. Le lendemain de son arrivée, le 2 juillet 1926, elle, ma mère et moi avons chacune répété le Psaume 91 et chacun de nous a offert une prière, puis elle m'a dit de me lever au Nom du Seigneur. Pendant de nombreuses années, j'avais été incapable de redresser mes membres, car tout mon corps était raide. Humainement parlant, il m'était impossible de me lever et de me tenir debout. J'ai hésité quand elle a parlé, mais seulement un instant, car je sentais que je n'osais pas manquer cette occasion de lui prouver ma confiance. S'appuyant sur Celui qui est puissant pour sauver et délivrer, et soutenu par la foi courageuse de l'assistant de prière que Dieu m'avait envoyé, j'ai tenté de me lever. La force est venue dans mes membres et j'ai pu me tenir debout. Soutenu d'un côté par le Dr Yeomans et de l'autre par ma mère, j'ai fait quelques pas. Le lendemain, je me tenais de nouveau debout en Son Nom, et par Sa puissance, et je marchais. Après un certain temps, je suis devenu capable de m'équilibrer et de marcher seul, et je marche depuis. Grâces soient rendues à Dieu pour son merveilleux plan de salut ! Chaque aspect, chaque résultat de la Chute d'Eden a été rencontré au Calvaire ! Béni soit le nom du Seigneur, « qui pardonne toutes tes iniquités ; qui guérit toutes tes maladies » (Psaume 103:3).

Je me rends compte en marchant que je suis un miracle vivant par la grâce de Dieu. Aucune langue ne pourra jamais dire la profondeur de ma souffrance pendant ces dix-sept années d'invalidité. Je suis comme celui qui est ressuscité des morts. Comme j'aime marcher au soleil sur l'herbe verte ! Comme les fleurs et les arbres sont beaux et beaux ! Je remercie Dieu pour le privilège qu'il m'a donné de profiter à nouveau des choses communes de la vie. Véritablement sienne, la miséricorde dure à toujours. Pendant ces longues années alitées, j'ai appris à connaître Dieu et à marcher doucement devant Lui. Souvent, pendant cette période, il y avait des réponses puissantes et miraculeuses à la prière pour divers besoins et je savais que mon Père céleste le savait et s'en souciait. Avec l'apôtre Paul, je peux dire : "Cependant, je n'ai pas honte, car je sais en qui j'ai cru, et je suis persuadé qu'il peut garder ce que je lui ai confié pour ce jour-là." (II Timothée 2:12)

Extrait du magazine *"Latter Rain Evangel" de 1930* .

Mirculeusement délivré de la peste bubonique

Pendant la saison sèche de 1922, cette redoutable maladie, la peste bubonique, faisait rage parmi les indigènes de la tribu Abasotso près du mont Elgon, dans la colonie du Kenya, en Afrique orientale britannique. Beaucoup d'entre eux mouraient de cette terrible maladie. Nzanza, l'un des garçons de notre station nord qui, quelques mois auparavant, avait donné son cœur au Seigneur et lui-même à la mission, vivait dans une hutte près de la maison de la mission. Sa femme et un enfant gisaient dans la hutte morts de la peste. Nzanza, lui-même, étant frappé, gisait sur le sol froid et nu, priant "Nysayi" (Dieu) pour de l'aide pendant un certain temps après que le soleil eut fait sa disparition à l'ouest et que tout était sombre et calme à l'extérieur à l'exception du lointain hurlement d'une hyène ou d'un chacal, ou peut-être le son lugubre d'un cor funéraire provenant d'un triste mais sur a. colline lointaine, racontant une autre victime qui venait de passer dans le grand "migulu" (au-delà).

Bientôt, une voix sembla appeler de l'extérieur, disant: "Nzanza, Nzanza, lève-toi." Il a écouté. De nouveau la voix parla, répétant les mêmes mots. Incapable de marcher, il se traîna à quatre pattes jusqu'à la porte et écarta la natte pour regarder dehors. Au lieu que l'obscurité de cette horrible nuit africaine le salue, quelqu'un semble poser ses mains sur sa tête et dire en même temps : « Nzanza, ta prière est entendue et je suis venu te guérir. Immédiatement, il a sauté sur ses pieds, et les bubons et l'enflure ont disparu et Nzanza s'est rendu compte que c'était "Jesu Christo" qui l'avait touché et guéri.

Quand cette expérience était racontée, on ne pouvait s'empêcher de savoir que Jésus est proche de tous ceux qui invoqueront les siens ; nom dans la foi. Quelques jours après cela, son chef, Wambani, proposa de faire de lui l'un de ses principaux hommes s'il quittait la mission et se rendait à sa cour, mais Nzanza refusa de dire au chef qu'il était maintenant "préfet en chef" pour "Jesu Christo". (Jésus Christ). Il est toujours avec la mission et le chef cuisinier du frère et de la sœur Bailey.

Extrait de "Divine Healing" de J. Grant Anderson (Church of God, Anderson Indiana).

Stephen Jeffreys - Réunion de guérison divine dans une voiture

Je me réjouis presque au-delà de mon pouvoir d'exprimer quand je pense à la manière merveilleuse dont le Seigneur m'a relevé de mon lit de maladie. J'ai été un invalide sans défense pendant trois ans et cinq mois, souffrant de graves problèmes de colonne vertébrale. Les médecins, l'hôpital, les médicaments et toutes les compétences terrestres ont échoué dans leurs efforts pour me guérir. J'ai été abandonné comme un cas désespéré. Ici, j'ai prouvé que l'extrémité de l'homme était l'opportunité de Dieu. Seulement quinze jours avant ma visite à la campagne de guérison divine de M. Stephen Jeffreys à Chesterfield, mon médecin a dit à ma femme qu'il était vraiment désolé pour moi, n'étant qu'un jeune homme, et que tout avait été fait ce qui était possible pour mon cas. .

Si le médecin m'avait abandonné, je savais que mon Jésus ne l'avait pas fait, et c'est dans cette foi que j'ai fait le voyage à Chesterfield le dimanche 13 novembre 1927. En raison de la longue durée de ma maladie, j'avais disposé de tous mes vêtements, de sorte que j'ai dû emprunter suffisamment pour faire le voyage. Étant si raide de la tête aux pieds, il m'était impossible d'enfiler autre chose que le pantalon qu'il fallait enfiler pour moi. Ma tenue complète consistait en des chaussettes, un pantalon et le cardigan de ma femme. Il a fallu trois hommes pour me faire monter dans la voiture. En raison de cette difficulté, il a été jugé opportun de demander au pasteur s'il pouvait m'accompagner dans la voiture pour des raisons de commodité. Il a volontairement consenti, et c'est là dans la voiture que le Seigneur m'a délivré. Louez le Seigneur ! Certes, le Seigneur m'a donné plus que ce à quoi je m'attendais ; sinon j'aurais dû aller mieux équipé en vêtements. Toute gloire à Jésus pour son merveilleux amour pour moi. Maintenant, je suis en route me réjouissant en un

Sauveur   vrai   et   vivant.
Je demeure, vôtre en Jésus-Christ,
A.WRIGHT
Somercotes, près d'Alfreton, Derbyshire, mars 1928.
NOTE : Cet homme qui n'avait même jamais levé son corps pendant trois ans et cinq mois, est sorti de la voiture pour entrer dans la réunion, a monté les marches jusqu'à la plate-forme, où il s'est assis pendant la réunion. Il parla aussi, debout sur l'estrade, racontant au peuple ce que Dieu avait fait pour lui. La lettre précédente a été écrite quelques semaines après cette guérison. L'écrivain était présent à une réunion bondée à Derby en mars de cette année (1928) au cours de laquelle M. Wright a pris la parole. Il se comporte avec   l'aisance   et   la   force   d'un soldat bien entraîné. Peu de temps après sa guérison, le médecin qui avait soigné M. Wright a dit aux autres patients de son cabinet que ce qu'il (le médecin) n'avait pas pu faire pour M. Wright, le Grand Médecin avait fait.
Extrait de *"Stephen Jeffreys"* d'Agnes Adams.

L'équipe du ministère de Randy Clark

Récemment, j'ai exercé le ministère lors d'une réunion à Ellicott City, Maryland. L'Esprit de prophétie se déplaçait puissamment dans la pièce et administrait toutes sortes de bonnes choses. Jésus guérissait les gens et changeait des vies. L'atmosphère était propice aux miracles. À un moment donné pendant le service, le Saint-Esprit m'a incité à appeler une femme hors de la foule. Le Saint-Esprit m'a montré qu'elle avait une maladie du sang. Je lui ai demandé s'il y avait quelque chose qui n'allait pas avec son sang. Elle a rapidement couru vers l'avant et a dit : « Oui, j'ai le SIDA ! J'ai pensé: "Eh bien, cela ressemble à un trouble sanguin assez grave pour moi."

J'étais sur le point de prier pour elle et j'ai senti le don de la foi monter en moi. Devant tout le monde, j'ai déclaré que Dieu la guérissait du SIDA. Je me suis tenu sur 2 Corinthiens 4:13: "Et puisque nous avons le même esprit de foi, conformément à ce qui est écrit, j'ai cru, donc j'ai parlé, nous aussi nous croyons, et c'est pourquoi nous parlons."
J'ai déclaré : « Jésus est en train de te guérir en ce moment ! Sois guéri au nom de Jésus !" Alors que je prononçais ces mots sur elle, elle sentit quelque chose sortir de son dos. La personne sur laquelle j'écris est Doris Lwanga, une personne très spéciale pleine de foi en Dieu.

Une semaine après avoir prié, elle est allée chez son médecin pour faire ses analyses de sang régulières. Elle est revenue pour un autre rendez-vous quelques semaines plus tard. Au grand étonnement de Doris et de ses médecins, le sida qui ravageait son corps n'était plus détectable. Ils ont essayé de trouver des raisons pratiques à cette percée médicale, certains l'attribuant au nouveau médicament qu'elle prenait. Bien sûr, Doris savait sans l'ombre d'un doute que c'était son Jésus qui l'avait guérie.

Ils lui ont dit que le virus du sida était désormais indétectable et que son taux de T4 avait presque doublé. (Les T4 sont le nombre de globules blancs dans le corps d'un individu. Une personne en bonne santé compte plus de 1 000 T4. Les globules blancs sont ce que le SIDA attaque et détruit. Au début de septembre, son nombre de globules blancs se situait entre 300 et 400. Après avoir prié, son compte T4 est monté à 714. Ils étaient tout simplement incapables d'expliquer ce miracle et lui ont dit qu'ils n'avaient jamais rien vu de tel auparavant !

J'ai décidé d'écrire sur ce témoignage de guérison parce qu'il démontre la bonté de l'amour de notre Père envers nous. Il est au travail et veut notre attention et notre concentration. Il veut que nous réalisions que ses voies dépassent les limites de la science médicale moderne. Il veut que nous commencions à penser comme il pense, à agir comme il agit et à faire ce qu'il fait. Tout cela est simplement parce que nous sommes ses fils et ses filles. Il nous donne accès en tant que Ses enfants pour regarder au-delà du voile et voir ce qu'il fait. Quel Dieu merveilleux nous servons ! Ses voies sont si élevées au-dessus de tout le reste.

À ceux qui lisent ceci en ce moment, que l'Esprit du Seigneur commence à vous apporter sa guérison et sa présence miraculeuse en ce moment même. Je demande que l'Esprit de Grâce et de Puissance vous donne une onction miraculeuse pour Votre vie et celle de ceux qui vous entourent. Au nom de Jésus!

Dans son amour, Jamie Galloway

Extrait du rapport Global Awakening de Jamie Galloway daté du 5 janvier 2005. Utilisé avec leur permission.

EE Byrum - Femme ressuscitée des morts

TÉMOIGNAGE DE NANCY KING TAYLOR

En janvier 1899, je suis allé rendre visite à ma nièce, sœur Fannie (Hooley) Martin, à Moundsville, Virginie-Occidentale. C'était près du Gospel Trumpet Home, qui était alors situé dans cette ville. Pendant que j'étais là-bas, j'ai été très malade de la fièvre typhoïde et mon état s'est rapidement aggravé. De nombreuses prières ont été offertes en ma faveur. Un soir, alors que ma nièce et sœur Josie Hulbert étaient dans la salle, j'ai réalisé que la fin de ma vie était arrivée et je leur ai demandé de chanter. Peu de temps après, j'ai soudainement entendu une musique céleste. Les souches les plus douces du chant angélique descendaient de la gloire. Un tel chant que je n'avais jamais entendu. Mon âme a été ravie et les scènes de la terre ont commencé à s'estomper. À ce stade, deux anges brillants sont apparus et m'ont porté doucement vers le haut. Beaucoup d'autres anges apparurent bientôt, et le chemin vers le ciel était un flux brillant de gloire dorée, au milieu du beau chant de myriades d'anges. Ce que j'ai vu là-bas, aucune langue mortelle ne pourrait l'exprimer. Oh, la belle grandeur et la gloire de cette terre céleste ! Un tel chant et une telle musique qu'aucune oreille mortelle n'a jamais entendus.

Au bout d'un moment, deux anges me portèrent dans leurs bras et me ramenèrent sur terre. Là gisait mon corps, froid et raide. Après que mon esprit soit de nouveau entré dans le corps, j'ai pu ouvrir les yeux et parler. J'ai dit : « Oh, dois-je encore revenir dans ce monde froid et pécheur ? Je ne voulais pas vivre ici après avoir vu la gloire de cette terre céleste. Lorsque mon esprit rentra dans mon corps, que le Seigneur toucha par sa grande puissance, me permettant de m'asseoir, il était tard dans la nuit et la pièce était pleine de monde. J'étais mort depuis un certain temps. A en juger par l'heure tardive, je pense que cela devait faire plusieurs heures. Parmi les personnes présentes dans la pièce que j'ai reconnues lorsque j'ai été ramené à la vie se trouvaient le frère EE Byrum ; Gideon Detweiler et sa femme, maintenant de Bellefontaine, Ohio ; ma nièce; et un certain nombre d'autres avec qui j'étais au courant. Il y avait aussi un certain nombre d'étrangers présents. J'ai été informé que pendant le temps où ma forme froide était là, des prières constantes ont été offertes pour que je puisse être ramené à la vie. Ma restauration à la vie était en réponse à leurs prières ferventes. Puis ils m'ont oint et ont prié, et j'ai été instantanément guéri; mais j'étais faible jusqu'au lendemain matin, quand je me levai, m'habillai et descendis. Cela a mis fin à ma maladie.

Peu de temps après, je suis rentré chez moi dans l'Ohio, à une distance d'environ deux cents miles, louant Dieu tout le long du chemin. Je loue Dieu pour ce qu'il a fait pour moi et pour l'espoir que j'ai dans mon âme de cette maison dans les cieux, qui est préparée non seulement pour moi mais pour tout le peuple de Dieu. Depuis cette expérience, j'ai été témoin de merveilleuses manifestations de pouvoir de guérison, dont je vais mentionner ici l'une. Un homme nommé Ellis Ziegler a été transporté à l'hôpital de Columbus, Ohio, pour une opération. Lorsque les chirurgiens ont fait une incision, ils ont découvert qu'il était plein de cancers et qu'il n'y avait aucun espoir de guérison. Sans rien faire de plus, ils ont recousu l'ouverture et l'ont renvoyé chez lui. Il apprit que j'avais été ressuscité d'entre les morts et envoyé chercher mon mari et moi. Nous sommes allés et à sa demande l'avons oint. Dieu a instantanément guéri l'homme. La coupe, que les chirurgiens ont faite, était d'environ huit pouces de longueur. Cela s'est produit il y a plusieurs années, et c'est un homme fort aujourd'hui. Les docteurs lui dirent ensuite : « Nous n'avons pas cherché à te recoudre, car nous n'avions l'intention que de faire un cadavre respectable. A Dieu soit toute la louange, et il aura la gloire de ma vie.

Nancy (King) Taylor RD 1, West Liberty, Ohio

TÉMOIGNAGE DE L'AUTEUR

Peu de temps après mon retour de mon bureau un soir de janvier 1899, j'ai reçu un message pour venir immédiatement et prier pour sœur Nancy King, qui résidait alors sur Walnut Avenue, à Moundsville, W.Va. J'y suis allé immédiatement. Elle avait été malade pendant un certain temps, mais son état s'était maintenant beaucoup aggravé. Lorsque j'entrai dans la maison, un sentiment étrange m'envahit, que je ne pus exprimer autrement que par le fait que j'avais l'impression d'avoir été introduit en présence de la mort. Sœur Fannie Hooley, qui a ensuite épousé frère JB Martin, m'a rencontrée dans l'escalier et m'a dit : « Je crois que sœur King est mourante.

Après être entré dans la pièce où elle était allongée, je l'ai examinée et j'ai répondu : "Oui, c'est la mort." Je vis qu'elle n'avait plus que quelques minutes à vivre. Sa langue était raide, mais elle semblait essayer de nous dire quelque chose. Me tournant vers sœur Hooley, j'ai dit : « Elle désire nous dire quelque chose. Demandons au Seigneur de lui délier la langue afin qu'elle puisse le faire. Pendant que nous priions, sa langue s'est instantanément déliée pour qu'elle puisse parler.

"Comment ça va avec votre âme, sœur King, êtes-vous prête à partir?" J'ai demandé. "Mon âme va bien", répondit-elle. « Je suis prêt à partir, mais il y a une chose qui me dérange ; Je n'ai pas arrangé ma propriété comme le Seigneur veut que je l'arrange. Instantanément, sa langue devint raide comme avant, et elle ne put rien dire de plus. J'ai appris que quelque temps auparavant, le Seigneur lui avait expliqué très clairement et définitivement comment organiser sa propriété afin qu'elle puisse être correctement utilisée après sa mort, mais elle avait négligé de l'organiser ainsi.

Après avoir écrit une note à ma femme, j'en ai également envoyé une au frère WG Schell, qui habitait à quelques pâtés de maisons, lui ai dit que sœur King était mourante et lui ai demandé de venir. Au bout de quelques minutes, elle expira, et son esprit partit pour ce royaume céleste. Le messager de la mort était venu et reparti. À ce moment-là, frère GJ Detweiler et sa femme étaient arrivés, et d'autres amis sont venus jusqu'à ce que la salle soit bien remplie. Pendant que je méditais sur le sujet, je ne comprenais pas pourquoi le Seigneur répondait à la prière comme il l'avait fait en lui déliant la langue et en lui permettant de dire ce qu'elle avait dit, puis en la laissant mourir sans avoir l'occasion d'accomplir sa volonté en ce qui concerne l'arrangement. de sa propriété.

Plus je réfléchissais à la question, plus je devenais convaincu que le Seigneur avait un dessein en lui permettant de mourir ainsi – qu'il voulait glorifier son nom en la ressuscitant d'entre les morts. Elle n'était pas simplement en transe ou en pâmoison, mais elle était morte et aussi sans vie que n'importe qui peut l'être lorsqu'il est déposé dans la tombe. Nous avons continué à prier pendant un certain temps. Il y en avait d'autres qui pensaient qu'elle serait ressuscitée en réponse à la prière. Enfin, alors que j'étais à genoux à mi-chemin de l'autre côté de la pièce où elle était allongée, j'ai demandé un signe au Seigneur. Je n'avais pas l'habitude de lui demander un signe pour être convaincu qu'il ferait tout ce que nous lui demanderions, mais comme c'était quelque chose de plus que l'ordinaire, je l'implorai de faire bouger une partie de son corps pour témoigner qu'il la relèverait. Bien que ma prière ait été une communion silencieuse avec Dieu, il a néanmoins entendu et exaucé. Je regardais directement sa forme sans vie, mes yeux se reposant surtout sur sa main gauche, que je m'attendais à voir bouger. Bientôt, je l'ai vu glisser de son autre main. En fait, cependant, le mouvement était en réponse à la prière; la main a été déplacée par la puissance de Dieu. Quand mes yeux ont vu cela, j'ai été rempli de foi pour qu'elle soit ressuscitée des morts. J'ai commencé à prier à haute voix et tout le monde dans la pièce priait sincèrement d'un commun accord.

Après avoir continué à prier pendant un certain temps, certains d'entre nous sont allés de l'avant et lui ont imposé les mains au nom de Jésus, ont réprimandé le pouvoir de la mort et ont demandé au Seigneur de la ramener à la vie. Alors que nous avions encore nos mains sur sa tête, Dieu envoya sa grande puissance, et elle leva les mains et repoussa ses cheveux en arrière, se leva immédiatement en position assise, et parmi les choses qu'elle dit, il y avait : «

Dois-je revenir à encore ce monde froid et pécheur ? Oh, pourquoi m'as-tu rappelé ? J'aurais été dans la gloire.

Il y avait beaucoup de louanges à Dieu parmi nous alors qu'elle nous parlait des merveilleuses beautés qu'elle avait été autorisée à contempler. A cette époque, elle était veuve, âgée d'une soixantaine d'années. Environ deux ans plus tard, elle s'est mariée avec le frère Isaac Taylor, avec qui elle a vécu une vie sauvée et heureuse jusqu'en août 1910, date à laquelle elle est décédée, onze ans après son expérience antérieure en tant que parente.
Extrait de *"Life Experiences"* par EE Byrum

Maria Woodworth-Etter & FF Bosworth - La promenade boiteuse et le regard aveugle

The Lame Walk, the Blind See, the Deaf Hear Supernatural Power of God Witnessed Daily – 2-28 juillet 1913

CHICAGO vient d'avoir la visite la plus puissante du surnaturel qu'elle ait jamais connue. Dieu est descendu et a marché au milieu de nous, accomplissant la parole à Israël. « Je lui apporterai santé et guérison. . . et révèle-lui l'abondance de paix et de vérité. "Les ruisseaux de guérison coulaient comme des rivières et beaucoup se réjouissent de la délivrance miraculeuse du corps et de la gloire de Dieu remplissant leurs âmes. Le mois de juillet est passé dans l'histoire avec son record de centaines de personnes sauvées et guéries, tandis que la foi de milliers de personnes a été multipliée par plusieurs.

Comme convenu, Mme MB Woodworth Etter a passé le mois de juillet (du 2 au 28) à l'église de pierre. Des scènes pentecôtistes, comme aux jours apostoliques, se produisaient quotidiennement ; les aveugles recouvraient la vue, les sourds entendaient, les paralytiques marchaient, les rhumatisants étaient délivrés, les nerfs brisés restaurés et les démons chassés, dans tous lesquels le nom du Seigneur était magnifié. Dès le début de ces réunions spéciales, la foi était forte et le cœur des gens était ouvert à la bénédiction. L'unité ininterrompue et la fraternité bénie qui avaient caractérisé le réveil depuis le 20 mars, avec des averses continues de bénédiction, avaient préparé la moisson, il n'y avait donc rien d'autre à faire que de prendre la faucille et de moissonner.

Tout Chicago a appris l'action puissante de Dieu parmi nous. Les journaux quotidiens ont rapporté certaines des réunions, et bien qu'ils aient essayé de caricaturer les débats et de ridiculiser les choses sacrées de Dieu, même sous cette forme déformée, une certaine vérité a été présentée. « Il fait la colère de l'homme pour le louer », et puisqu'il était admis qu'il y avait des guérisons, le Seigneur utilisa sans doute ces récits pour éveiller l'espoir dans certains cœurs désespérés. Même ceux qui venaient par simple curiosité étaient émus d'être témoins de la puissance de Dieu manifestée dans la délivrance des affligés. Le spectateur pourrait bien demander : « Que signifie cette foule impatiente et anxieuse ? et comme autrefois on pouvait dire : « Jésus de Nazareth passe ». Jésus est passé plusieurs fois; Sa vertu de guérison coulait souvent, et ici et là dans l'audience et à l'autel, des âmes touchaient l'ourlet de son vêtement et étaient guéries.

Non seulement les saints pentecôtistes de Chicago, mais les enfants de Dieu dans un rayon de centaines de kilomètres ont reçu un puissant élan de foi dans cette série de réunions ; en effet, nous croyons qu'il n'est pas exagéré de dire que la foi du peuple de Dieu ici a fait les progrès les plus rapides de tous les temps modernes. Il a avancé à pas de géant. Les ministres, qui sont venus découragés et découragés à cause de l'échec, se sont retrouvés à reprendre pied et à prier pour les malades avec des résultats marqués. Au début de ces réunions spéciales de guérison divine, Mme Etter et plusieurs des frères forts dans la foi, unis alors qu'ils priaient avec chaque individu par imposition des mains, mais à mesure que le nombre pour lequel prier augmentait, il devenait nécessaire de diviser le force afin qu'un certain nombre de malades puissent être soignés en même temps. Finalement, il y eut cinq chaises occupées à la fois par ceux pour qui on priait avec l'imposition des mains et ce n'était pas le ministère de Mme Etter seul qui était béni. Dieu a honoré la foi de tous et les gens qui avaient les yeux sur lui ont reçu la guérison, peu importe qui a prié pour eux.

Une femme malade qui est entrée a pris l'une des sœurs pour Mme Etter et lui a demandé des prières. La malade a été immédiatement guérie. Nous espérons que cela sera un encouragement pour certaines personnes souffrantes que Mme Etter ne peut pas servir. La guérison coulait dans toute l'église à des heures différentes; non seulement en réunion mais pendant la journée, on voyait ici et là des groupes de personnes priant pour les malades et des cris de gloire de ceux qui souffraient disant que la foudre du ciel avait touché leur corps. Lorsque les frères ministres ont vu la manière merveilleuse dont la guérison ouvrait la porte du cœur des gens et les amenait à rechercher le salut, ils ont senti qu'ils avaient négligé l'une des armes les plus puissantes que Jésus avait données à ses disciples. Comme l'a fait remarquer l'un d'eux, les ministres ont passé leur temps à expliquer ce que certains passages de la Bible signifient au lieu de démontrer au monde que tout pouvoir a été donné à l'église.

Un homme qui avait reçu une merveilleuse expérience du salut a dit : « Je n'ai jamais vu ou ressenti une telle puissance dans une réunion de toute ma vie. Bien que j'étais un pécheur, j'ai ressenti la puissance de Dieu. Ce n'était pas tant la prédication qui l'a conduit à la repentance que la manifestation de la puissance de Dieu. Frère Argue, qui a voyagé à travers le pays pour visiter des assemblées et des réunions de camp et qui avait été dans la première effusion de l'Esprit il y a six ans, a déclaré que c'était sans aucun doute la visite la plus puissante de Dieu de ces derniers jours.

Le réveil qui a duré six mois et a été à son apogée jusqu'en juillet, n'était pas dû à des distinctions en théologie ou à l'énoncé d'une doctrine ou d'une croyance particulière, mais parce que nous sommes revenus à la simplicité de l'Évangile, avec beaucoup de prière. Les résultats ont prouvé que l'énoncé minutieux de la doctrine et des distinctions théologiques n'est pas seulement non essentiel, mais que leur absence est fortement propice à la spiritualité de l'Église de Dieu et au succès de son travail. L'absence de toute controverse et le bel esprit d'harmonie qui caractérisait ces réunions ont été remarqués par tous, et à la fin, Sœur Etter a déclaré : "Je n'ai jamais connu une unité et une harmonie aussi parfaites dans les réunions". Les âmes affamées qui venaient de loin étaient ravies à cause de la bénédiction spirituelle qu'elles recevaient ; beaucoup reçurent le baptême du Saint-Esprit et s'en réjouirent plus que de leur guérison. La puissance du Seigneur était si fortement présente que ceux qui avaient cherché le baptême en vain pendant des années ont été entraînés dans l'expérience. Nous avons entendu parler d'un qui était allé à Los Angeles et avait voyagé dans tout le pays en visitant des conventions et des réunions de camp pendant des années, qui avait reçu la bénédiction tant convoitée lors de ces réunions.

Après les deux premières semaines, l'auditorium ne retenait pas les personnes qui venaient, et nous avons tenu une réunion supplémentaire tous les soirs dans la sacristie, qui peut accueillir cinq cents personnes, avec frère Kent White en charge. Ceux qui ont assisté aux réunions de débordement ont dit qu'il y avait une bénédiction égale en bas : il y avait quelques cas marqués de salut et de guérison et un grand nombre ont reçu le baptême de l'Esprit. Il y avait de treize cents à quinze cents personnes selon les estimations réelles dans le bâtiment tous les soirs et un grand nombre s'en est détourné. Le dimanche, nous avons tenu trois réunions doubles. Lorsque les réunions du dimanche après-midi se sont terminées à cinq heures, les gens venaient déjà aux réunions du soir, et à 5 h 30 le soir du 27 juillet, tous les sièges de l'auditorium principal étaient occupés. "Vous êtes un peu en retard", a déclaré un huissier à un nouveau venu à 16h30, "la réunion est sur le point de se terminer." "Oh, je suis ici pour la réunion du soir", fut la réponse.

GUÉRISON DU GOITRE

L'une des premières guérisons fut celle d'une Mme Pickerell, Kenosha, Wisconsin qui, alors qu'elle croyait à la guérison du corps depuis de nombreuses années, avait vu sa foi décliner et ne voyant aucun véritable miracle se produire aujourd'hui, s'était découragée. L'hiver dernier, elle a lu le livre de Mme Etter, « Les actes du Saint-Esprit », et une nouvelle foi a surgi en elle, de sorte qu'elle était prête pour la guérison lorsqu'elle est venue. Nous donnons son témoignage dans ses propres mots : « Quand je suis arrivée ici, j'avais un goitre. Il était très grand à l'intérieur et il m'étouffait si bien que je pouvais à peine avaler de la nourriture. Cela a également affecté mon cœur de sorte que parfois je ne pouvais rien tenir dans mes mains et je devais m'aider à m'asseoir sur une chaise. Le goitre a complètement disparu à l'intérieur et a presque disparu à l'extérieur. Je souffrais de ce goitre depuis vingt-neuf ans. Alors que j'étais couché prostré sous la puissance de Dieu, Il a également mis une nouvelle doublure dans mes entrailles. J'ai été renouvelé, libéré de tout. Il y a dix-sept ans, ce trouble a commencé. J'ai subi une opération, et les médecins ont coupé deux pouces de la paroi interne des intestins et aussi deux pouces des muscles. Je n'avais pas été capable de me tenir debout sans support et je souffrais constamment. Mes intestins avaient coupé la toile qui les attachait ensemble, et quand je m'allongeais, je devais utiliser un oreiller pour les étendre, souffrant tout le temps d'une brûlure constante. Hier soir, quand j'ai enlevé le soutien que je portais, je pouvais marcher dans la pièce sans aucune souffrance. Il y avait aussi un os lâche dans mon côté qui a glissé hors de sa place à travers les opérations que j'ai subies, et Dieu l'a remis en place. Il y a trois mois, j'ai vu sœur Etter dans une vision et j'ai entendu une voix dire : 'Quand elle t'imposera les mains, tu seras guéri.' Chaque fois que je me décourageais et que je sentais ma foi décliner, je sortais son livre et le lisais, et ma foi augmentait.

TROUBLE RACHIDIEN GUÉRI

Une autre guérison remarquable au cours de la première semaine fut celle d'une Mme Dolan de Zion City, Illinois. Elle était au lit et a été abandonnée à la mort. Elle s'était blessée à la colonne vertébrale il y a un an et était incapable de marcher ou même de se tenir debout. Elle a déclaré : « Ils m'ont tirée du lit pour m'amener à ces réunions. J'ai pleuré tout le temps qu'ils me préparaient. Ils m'ont amené dans un fauteuil roulant dans le fourgon à bagages à côté d'un cadavre, mais cela ne me dérangeait pas parce que je venais voir qu'il était guéri. Je savais que lorsque sœur Etter priait pour moi, je serais guérie. J'ai obéi à tout ce qu'elle m'a dit, et quand elle m'a imposé les mains et m'a ordonné de me lever et de marcher, je l'ai fait au Nom de Jésus. J'ai eu des problèmes de colonne vertébrale et j'ai aussi souffert de mon estomac : les deux ont été guéris. Elle souffrait tellement qu'elle ne pouvait pas être soulevée de sa chaise. Les aides ont dû porter sa chaise sur la plate-forme, mais après que Dieu ait touché son corps d'une manière miraculeuse, elle a parcouru les allées, louant le Seigneur, les gens se joignant à elle pour glorifier Dieu. Plus tard, elle a témoigné de la restauration de sa voix et a déclaré qu'elle n'avait pas été capable de chanter depuis le 13 avril, mais qu'elle était maintenant capable de chanter aussi bien qu'elle ne l'avait jamais fait. Elle est restée pendant toute la série de réunions, a été présente régulièrement et a traversé la tension des longues réunions sans souffrir. Elle a souvent témoigné du miracle opéré dans son corps et a démontré qu'elle n'était plus impuissante, en courant dans les allées, glorifiant Dieu.

UN PARALYTIQUE GUÉRI

L'une des guérisons les plus merveilleuses fut celle d'un paralytique. Un homme était transporté tout courbé. Il ne pouvait pas se tenir debout car sa tête était inclinée sur sa poitrine et ses genoux étaient fléchis. Il était paralysé depuis huit ans. Aucun cas ne semblait plus obstiné au spectateur, et bien qu'il n'y ait pas de cas trop durs pour Dieu, mais humainement parlant, le cœur de quelqu'un s'écrasait à la vue de son état. Ses os semblaient être sclérosés, et au début il n'y eut aucune réponse, aucune foi ne sortit de ses yeux ; mais tandis que ceux qui l'entouraient chantaient les louanges de Dieu et lui faisaient ouvrir la bouche — sa mâchoire s'était verrouillée comme ses articulations — même si le cri était un gémissement inarticulé, il se fit naître dans son cœur une petite étincelle de foi. Sœur Etter a ordonné à l'esprit paralytique de partir, et pendant qu'elle priait, la vie de résurrection de Jésus a commencé à entrer dans son corps et il a commencé à bouger ses membres. Lorsqu'il est devenu capable de se tenir debout, les gens ont crié; puis il se mit à aller et venir sur l'estrade, d'abord avec l'aide des frères, puis seul, et quand la réunion fut terminée, il descendit l'allée et descendit les marches presque en courant, et quand il sortit dans la rue il a couru pendant un demi pâté de maisons, louant le Seigneur. Les cris du peuple ne pouvaient être retenus. Ils se pressaient sur le trottoir et agitaient leurs chapeaux en criant « Hourra pour Jésus !

Le lundi matin, 14 juillet, quatre personnes ont reçu le toucher de Dieu dans leur corps pendant que le service de chants se déroulait. Tous les quatre marchaient soit avec des cannes soit avec des béquilles. Une femme s'était blessée en descendant d'un tramway il y a trois ans; les ligaments de son membre avaient été brisés, et quand Mme Etter lui a dit : « Lève-toi et marche », elle a secoué la tête, elle ne pouvait pas. Alors Mme Etter a dit : « Au Nom de Jésus, tu peux le faire, » et elle s'est mise en marche, marchant sans aucune aide. Un homme de soixante ans, atteint de rhumatismes depuis l'âge de dix ans, marchait sans sa canne. Une autre femme, boiteuse depuis un an et incapable de marcher sans ses béquilles, a pu monter et descendre l'allée sans aide ; les médecins n'avaient pas pu dire ce qu'elle avait, mais elle ne pouvait pas marcher sur le sol avec son pied. Une autre était une fille atteinte d'une maladie de la hanche. Elle marchait sans béquilles et sans boiter. Tous les quatre ont parcouru les allées au rythme de "Il y a une merveilleuse puissance dans le sang". Le chant était entrecoupé de cris de louanges et de beaucoup de réjouissances de la part du public. C'était un spectacle des plus inspirants. Nous nous sommes sentis comme la femme qui a témoigné quelques nuits auparavant lorsqu'elle a dit : « Je suis venue dans le but d'élever ma foi, mais quand j'ai vu cet homme paralysé guéri, j'ai dit : « Seigneur, je n'ai pas besoin de prier pour la foi maintenant. Je l'ai.' ”

Une guérison remarquable était liée à une vision racontée par une femme qui a été guérie le 7 juillet. Elle a dit : « Je veux louer Dieu ce matin pour ma guérison. Je sais que c'est Dieu qui m'a guéri. Je n'avais jamais été dans une église comme celle-ci. J'étais un scientiste chrétien pendant cinq ans et je pensais que j'avais tout ce qu'il y avait à avoir, mais il y a environ un an et demi, en vision, je me suis vu dans une autre église que celle que j'ai fréquentée. Je ne savais rien de cette foi, mais j'ai vu Mme Etter poser ses mains sur mon ventre dans lequel j'avais souffert une grande détresse. Je ne l'ai pas compris à l'époque; Je suis venu ici un dimanche soir et j'ai entendu le pasteur dire que nous pouvions avoir toutes les promesses de la Bible. Je n'étais pas satisfait et déterminé que j'aurais toutes les promesses de la Bible pour moi; alors je suis revenu et j'ai été sauvé et j'ai reçu le baptême. Mercredi matin, quand j'ai vu Mme Etter marcher sur l'estrade, j'ai reconnu en elle celle que j'avais vue dans la vision il y a un an et demi. J'ai vu la pluie tomber, la pluie de l'arrière-saison, et je sais que la vision était celle de Dieu. Aujourd'hui, je suis parfaitement guéri.

Le vendredi 25 juillet était une journée rouge pour la guérison. La puissance était présente dans une plus grande mesure que n'importe quel autre jour et les cinq chaises sur la plate-forme étaient continuellement remplies d'âmes malades, souffrantes et pécheresses cherchant la guérison et le salut. D'un bout à l'autre de la plate-forme, le pouvoir de guérison coulait et des cris de gloire remplissaient la maison. La foule était si grande qu'il était presque impossible de la contrôler, tant les gens étaient impatients de voir et d'entendre.

Ce soir-là à 18 h 30, une heure avant le début de la réunion, l'auditorium à l'étage était rempli, jusqu'à la galerie et l'estrade, et à 19 h 30 la sacristie en bas était bondée. Deux services ont eu lieu ce soir-là, comme à de nombreuses autres occasions. Les huissiers ont déclaré que beaucoup avaient été refoulés du bâtiment, car il y avait des gens à l'intérieur. Le cœur des huissiers faillit leur faire défaut car ils furent obligés de refuser l'entrée à beaucoup de malades qui avaient parcouru de longues distances, mais pour qui il n'y avait pas de place. Ils n'étaient pas simplement des chercheurs de curiosité mais affamés de cœur et affligés de corps. Beaucoup avaient dépensé toute leur vie chez les médecins et « ne s'amélioraient en rien, mais empiraient plutôt ». Les rapports des guérisons avaient volé sur les ailes du vent, et l'espoir a surgi dans les cœurs qui avaient depuis longtemps abandonné dans le désespoir. Un meeting de rue a eu lieu du trop plein des deux meetings, mais la foule était trop déçue pour être satisfaite. Oh les multitudes malades et souffrantes ! Combien de fois ces jours-ci avons-nous pensé aux scènes bibliques où ils pressaient et pressaient Jésus s'ils pouvaient par hasard le toucher et qu'il guérisse.

Alors que nous regardions les visages marqués par la souffrance et les corps et les membres tordus et tordus et réalisions que beaucoup étaient dans un état d'âme bien pire, nous avons pensé à la façon dont le grand cœur tendre de Celui qui avait de la compassion pour les multitudes doit aspirer aujourd'hui sur les millions de terre, les malades et les pécheurs, les grandes masses accablées remplies de chagrin et de désespoir !

DEUX GUÉRISONS NOTABLES

La rapidité avec laquelle la foi grandit et le grand progrès accompli dans cette voie peuvent être montrés par l'incident suivant. Nous avions annoncé dès le début qu'il n'y aurait pas de réunions le samedi ; à cause des trois services lourds du dimanche, nous sentions que les ministres avaient besoin de repos, mais le samedi soir, 26 juillet, il y eut une petite réunion impromptue, simplement parce que le peuple était venu. Ce soir-là, une femme est venue, ne sachant pas qu'il n'y aurait pas de réunion publique. Elle marchait avec une canne, et alors qu'elle descendait de la voiture à la 37e et Indiana Avenue, une femme allemande voyant qu'elle était estropiée, lui dit : « Où vas-tu ? Elle a dit: "Je vais à l'église de pierre pour être guérie." L'Allemand a dit: "Il n'y aura pas de réunion ce soir , mais si vous venez, nous prierons pour vous." A peine avait-elle franchi la porte que le Seigneur la rencontra, et alors que quelques personnes sérieuses se rassemblaient autour et priaient, elle fut guérie. Elle souffrait depuis cinq ans de rhumatismes et d'une grosseur à la hanche et ne pouvait pas plier les genoux. Elle a reçu une délivrance complète, s'est agenouillée et a remercié le Seigneur, et a couru d'avant en arrière sans canne ni soutien. Elle avait été chez les Scientistes Chrétiens pendant un an mais ils n'avaient pas pu l'aider. Après sa guérison, elle a dit qu'elle rentrait chez elle et jetait toute sa littérature sur la Science Chrétienne.

Ce même soir, une femme est venue sur une béquille qu'elle utilisait depuis trois ans. Quand elle a vu ce que Dieu avait fait pour une autre, sa foi a tendu la main vers la guérison et elle a été parfaitement délivrée du trouble du nerf sciatique. Elle a couru dans les allées louant Dieu, parfaitement délivrée; elle est ensuite allée avec une foule à une réunion de rue en laissant sa béquille derrière elle. Des témoins oculaires ont dit que c'était l'une des guérisons les plus parfaites qu'ils aient jamais vues. Ce qui a apporté le plus de joie à la petite foule d'humble gens présents, c'est le fait que ces deux guérisons notables ont eu lieu, non pas dans la grande réunion dans laquelle Mme Etter et une douzaine de ministres ont officié, mais avec plaisanterie quelques-uns des enfants sérieux de Dieu. . Cela ne fait que prouver à quel point il est facile de recevoir des bénédictions spirituelles et physiques lorsque la marée monte. Il y eut plusieurs guérisons dans l'assistance et autour de l'autel, sans imposition des mains. Une femme souffrant de névralgie a

dit qu'elle ressentait la névralgie, qu'elle avait depuis plusieurs années, en sortant alors qu'elle était assise sur le siège,
méditant sur le Seigneur. Souvent les ouvriers à l'autel, voyant que les malades avaient la foi pour être guéris, priaient pour eux sans les amener à l'estrade, et ils étaient guéris.

Une femme souffrant de rhumatismes et de veines ouvertes a déclaré qu'elle n'avait pas pu plier les genoux depuis dix-sept ans. Dieu l'a guérie et elle s'est agenouillée devant le public au milieu de beaucoup de réjouissances. Une autre qui avait été invalide pendant quatorze ans a témoigné que le Seigneur avait parfaitement guéri son corps. Elle a dit: «J'étais tellement malade que la vie était un fardeau et plusieurs fois j'ai souhaité mourir pendant la nuit pour ne pas me réveiller dans ma misère. Maintenant, je suis heureux que Dieu m'ait sauvé la vie. J'avais des troubles cardiaques, des troubles hépatiques et un rein flottant. Mes nerfs étaient tellement épuisés que je suis devenu hystérique. J'ai été mort au monde plusieurs fois, mais je loue Dieu, je peux me tenir devant ce peuple aujourd'hui et dire qu'il m'a guéri. Son mari, qui avait été un infidèle, a été sauvé en étant témoin des œuvres puissantes de Dieu. Il a dit : « J'avais l'habitude de maudire Jésus pendant des années, mais je ne le fais plus. Parlant de la guérison de sa femme, il a dit : « Ma femme a dit : 'Mon rein est lâche. Je vais là-bas pour le faire mettre en place. C'était sur le côté comme une grosse boule. La sœur a demandé à Jésus-Christ de remettre ce rein en place, et elle a dit qu'elle pouvait le sentir reculer comme si quelqu'un l'avait poussé. Cet homme a d'abord entendu parler de l'œuvre par un petit tract que lui a remis un frère ouvrier. Quand il l'a lu, il a dit à sa femme. "Allez là-bas et soyez guéri." Elle l'a fait, et ils ont tous les deux été sauvés.

GUÉRISON DES SURDITÉS, SOURDS-MUETS, ETC

Un père est venu d'Oklahoma amenant avec lui deux enfants affligés ; l'un n'a jamais eu l'usage de ses membres et n'a jamais pu parler, et l'autre, une fille de vingt-deux ans, est née sourde et muette, l'esprit sourd a été chassé, le pouvoir de Dieu est descendu sur elle, et elle criaient et pleuraient alternativement. Elle était si ravie de pouvoir entendre qu'elle a marché de long en large sur la plate-forme pendant une demi-heure, pleurant et louant Dieu. Quand son père a vu qu'elle pouvait entendre, il a pleuré de joie. Lorsqu'elle fut remplie de la puissance de Dieu, elle raconta de sa manière simple, en partie avec des signes avec lesquels elle avait l'habitude de parler, comment Jésus est mort pour nous, est descendu dans la tombe, s'est levé, est allé au ciel et a rouvert son sourd. oreilles. Lorsque nous l'avons rencontrée par la suite, lors de réunions ultérieures et dans les couloirs, son visage rayonnait. Dieu a non seulement ouvert ses oreilles, mais a également apporté un salut merveilleux à son âme.

Elle a ri et pleuré quand elle a entendu la musique et le chant pour la première fois. Quelques jours plus tard, elle attira l'attention de son père sur le fait qu'elle entendait des deux oreilles le piano qui jouait dans l'appartement du dessus. Elle pourrait répéter des mots après vous assez clairement, mais ses oreilles devront s'habituer au son, et il faudra lui apprendre à parler comme un bébé apprend à parler. Le petit garçon a également reçu une bénédiction et, pour la première fois de sa vie, il a pu lever les bras. Un garçon de neuf ans, sourd de naissance, reçut une guérison parfaite un dimanche matin. Une dame qui l'a rencontré la nuit suivante s'est tenue derrière lui et a dit à voix basse : « Dieu est amour ». aussitôt il répéta les mots après elle. Lorsqu'il fut entendu, il dansa de joie et les larmes coulaient sur son visage. Un homme a amené sa femme à quatre cents milles aux réunions; elle était partiellement sourde depuis treize ans. Il a dit qu'ils pouvaient maintenant s'asseoir dans une pièce et tenir une conversation ordinaire, et qu'elle n'avait aucune difficulté à l'entendre, ce qu'elle n'avait pas pu faire depuis des années.

Frère Bosworth a été un peu utilisé dans l'ouverture des oreilles sourdes. Un jour, quelqu'un attira son attention sur un garçon sourd-muet qui attendait la prière. Il s'approcha immédiatement de lui, ordonna à l'esprit sourd de s'éloigner, et aussitôt il entendit bien. Environ quinze minutes plus tard, sa mère est arrivée et, ne sachant pas ce qui s'était passé, a tendu au garçon un morceau de papier sur lequel était écrit « Je suis sourd », pour qu'il le donne à Mme Etter. M. Bosworth lui a dit que son garçon n'était pas sourd, et quand le garçon lui-même lui a dit qu'il pouvait entendre, elle a crié de joie. Il répétait les mots prononcés derrière lui. Une femme a été entendue en écoutant le sermon. Elle sentit qu'elle voulait entendre le sermon, et alors qu'elle était assise dans l'assistance, avec son cœur élevé vers Dieu, soudain ses oreilles s'ouvrirent et elle entendit tout le service. Elle est sortie de la réunion avec un visage brillant, en disant : « J'ai parfaitement entendu le sermon. Un garçon à l'âge de trois ans est devenu totalement sourd à cause d'un médicament puissant. Il a été négligé quand ils priaient pour les affligés, et quand M. Bosworth l'a rencontré, il lui a ordonné d'entendre au nom de Jésus, et il a immédiatement entendu des deux oreilles, mais pas parfaitement pour la première fois qu'il a entendu la musique. Une vieille dame de plus de quatre-vingts ans était très déçue de ne pas avoir été priée pour sa surdité. Frère Bosworth a dit qu'il avait foi en son ouïe, mais elle a secoué la tête. Elle voulait que Mme Etter prie pour elle. Il l'a emmenée dans une petite pièce à côté, a réprimandé la surdité, et elle pouvait entendre une conversation ordinaire dans les deux oreilles. Elle sautait de joie. Il l'a rencontrée par la suite en racontant tout à ses amis.

Il rencontra un vieil homme, âgé de quatre-vingt-un ans, avec un trompette qui pouvait entendre un peu de son oreille droite, mais l'autre était sourd depuis dix-neuf ans. M. Bosworth ordonna d'ouvrir ses oreilles ; il a été instantanément guéri afin qu'il puisse entendre une voix basse avec l'une ou l'autre oreille. Une mère a amené sa fille de Danville dans l'Illinois, qui était sourde d'une oreille pendant trois ans.

Il y a quelques années, elle a eu la fièvre typhoïde et elle s'est installée dans son oreille. Quand elle est allée voir un médecin, il lui a dit que le problème était dans l'os mastoïdien, qu'il y avait trois complications dont chacune était dangereuse. Elle avait été à l'hôpital et s'était fait retirer une grosseur de l'oreille, mais n'avait obtenu aucun soulagement. Le médecin a dit qu'elle ne pourrait pas vivre à moins d'être opérée et d'enlever l'infection, car si elle allait au cerveau, ce serait la mort instantanée, et même avec l'opération, il n'y avait qu'une chance sur cent pour qu'elle guérisse. Il a dit que son tympan était détruit. Il a bouché sa bonne oreille pour l'empêcher d'entendre, puis a utilisé un trompette dans l'oreille sourde et a crié pour qu'il puisse être entendu à un demi pâté de maisons, mais elle ne pouvait pas entendre. Elle a dit au médecin qu'elle venait à Chicago pour qu'il guérisse, et il lui a dit qu'elle pouvait voyager à travers le monde et ne pas retrouver son audition. Dieu ouvrit son oreille instantanément, et elle entendit dans l'oreille où le tambour avait été détruit. La mère a été guérie d'un problème cardiaque. Elle a dit que le médecin appelait cela une angine de poitrine ; que si quelqu'un en avait une attaque, il valait mieux qu'il soit prêt à partir à tout moment. Le matin où elle a été guérie, elle a eu une telle attaque, ils ont pensé qu'elle était morte; une boule est entrée dans sa gorge de sorte qu'elle pouvait à peine reprendre son souffle et s'est presque étouffée. La mère a également dit qu'il y a trois ans, elle avait été guérie de la cécité lorsque trois médecins l'avaient abandonnée. Elle ne voyait pas du tout lire, et se rendit dans une petite mission à Danville où l'on priait pour elle, afin qu'elle puisse maintenant lire sans lunettes les moindres caractères.

GUÉRISON DE LA CÉCITÉ, CÉCITÉ PARTIELLE

Une femme de couleur qui était aveugle depuis six ans est venue prier. Bientôt, nous l'avons entendue crier : « Oh, je vois ! Je vois! Je vois tous vos visages ! Oh louez le Seigneur ! Immédiatement, le public se leva, se levant en l'honneur de Celui qui avait touché ces yeux aveugles. Elle revenait souvent après cela et témoignait de l'amélioration quotidienne de ses yeux. Elle a dit, quelques jours plus tard : « Quand je suis allée à la chaise pour la prière, je ne pouvais voir personne. J'ai essayé de voir Mme Etter mais je n'ai pas pu. Mon œil droit était entièrement aveugle et je n'avais pas pu voir grand-chose de mon œil gauche. Je peux voir partout dans l'église ce matin. J'ai décidé de ne pas sortir de cette église jusqu'à ce que je sois guéri, et je l'ai dit à Dieu. Plus tard, elle a dit qu'elle pouvait lire et écrire ses propres lettres. Une femme qui était partiellement aveugle d'un œil a témoigné de la guérison. Pendant dix ou douze ans, sa vue avait été partiellement détruite, à cause d'un bébé qui se grattait le globe oculaire. Elle l'a fait examiner par des médecins et ils ont dit qu'elle deviendrait complètement aveugle avec le temps. Elle fut également guérie d'un mal de colonne vertébrale dont elle souffrait depuis vingt ans.

RUPTURE GUÉRIE

Mme Lloyd Reeves de Zion City, Illinois était comme guérie d'une double hernie dont elle souffrait depuis huit ans. Un homme a dit: "Le Seigneur m'a guéri hier soir d'une rupture qui durait depuis vingt-trois ans." Un ministre, qui a dit qu'il était dans un état rétrograde, est venu pour la guérison d'une rupture. Il a demandé à Mme Etter s'il devait enlever sa ferme, et elle a dit: "Pas avant que le Seigneur ne vous le dise." Le lendemain, alors qu'il était assis dans l'église, il a ressenti une sensation particulière dans la région de la rupture et s'est rendu compte que cela guérissait. Il ôta immédiatement son bandeau et témoigna ensuite qu'il était parfaitement guéri. Le 24 juillet, un catholique romain vint s'asseoir sur la chaise où les frères priaient pour les malades. Il a dit qu'il voulait qu'il soit sauvé. Le soir il revint et fut guéri d'une rupture.

GUÉRISONS DIVERSES

L'un de nos membres de l'église de pierre a dirigé un petit cours biblique dans une église méthodiste à la périphérie de la ville et ceux à qui elle a servi ont eu soif de plus de Dieu dans leur vie, alors ils sont venus pour les réunions spéciales avec pour résultat que cinq ont reçu le baptême du Saint-Esprit et plusieurs ont été guéris. Une femme a dit à une autre : « Un homme là-haut dit qu'il y a une grappe de raisin pour chacun de nous. Je monte chercher mon bouquet. Elle est venue et a reçu le baptême du Saint-Esprit. Un homme de cette même église avait une plaie courante au pied dont il souffrait depuis deux ans. Les médecins avaient dit qu'il devait être amputé du pied : il avait été blessé deux fois dans les aciéries et ça le tuait. Quand il est venu pour la première fois pour la prière, il a dit : « Je sens que je dois d'abord me mettre d'accord avec Dieu. Alors il descendit les escaliers où ils tenaient un service de prière et obtint un merveilleux salut. Il a dit: "Si je ne guéris jamais mon pied, une chose que je sais, c'est que j'ai le salut." Il est venu le lendemain et son pied a été guéri. L'enflure a diminué immédiatement et quelques jours plus tard, il a dit que tout allait bien. Il avait ses vacances et est venu tôt le matin et est resté jusqu'à dix heures du soir, et a cherché le baptême du Saint-Esprit. Ils ont eu un petit réveil dans leur voisinage au printemps, et lui ont dit qu'il était sauvé, mais il a dit qu'il savait qu'il ne l'était pas.

Maintenant, il sait qu'il est un homme sauvé.

Une des dames du quartier a été guérie d'un empoisonnement au lierre et une autre de troubles gastriques et rénaux grâce à la prière de l'enseignant de la classe biblique. Une femme a témoigné à plusieurs reprises d'une guérison d'un cancer du sein. Elle a dit que son sein était si douloureux qu'il ne pouvait pas être touché sans douleur, et elle a été effrayée lorsque Mme Etter a giflé l'endroit où le cancer avait été, « mais a constaté que cela ne lui faisait pas de mal. Le seigneur avait enlevé toute la douleur et elle croit qu'elle est guérie. Une autre femme a donné ce témoignage remarquable une semaine après avoir été guérie : « Je veux louer le Seigneur de m'avoir guérie il y a une semaine vendredi. J'avais une tumeur à la tête, des troubles rénaux, une hydropisie, une indigestion et une attaque de paralysie qui m'a attiré le visage sur le côté. J'avais tout ce qu'on pouvait imaginer et je ne pouvais pas marcher un pâté de maisons sans que quelqu'un m'aide. J'étais dans cet état depuis le 20 septembre. J'ai été guérie immédiatement et je peux maintenant marcher n'importe où et aussi vite que n'importe qui. Un certain nombre de goitres ont été guéris, certains partiellement et d'autres entièrement. Une femme de l'Indiana a déclaré que son goitre était descendu de deux pouces après la prière. Elle a également été guérie de la maladie de Bright et des troubles cardiaques causés par le goitre, mais ce dont elle s'est le plus réjouie, c'est le profond contact spirituel qu'elle a reçu de Dieu. Elle reçut le baptême du Saint-Esprit et rentra chez elle, l'âme remplie de gloire. Une femme est venue avec des béquilles qu'elle utilisait depuis cinq ou six ans. Elle souffrait depuis dix ans, avait essayé de nombreux médecins et était allée à Hot Springs pour se soigner, mais n'avait reçu aucune aide. Elle est venue une fois et n'a pas pu entrer; la deuxième fois, elle est venue à 16 h 30 (les réunions ont commencé à 19 h 30) et elle est rentrée chez elle guérie. Une dame a amené une petite fille juive dont la jambe était courte de quatre pouces à cause d'une maladie de la hanche. Certains des frères ont prié pour elle et son membre a été allongé afin que ses pieds soient égaux. Frère Bosworth a prié pour une Mme Drake, de Zion City, et elle a été guérie d'une surdité de douze ans. M. Keyes de Zion City, Illinois, a déclaré : « Je loue Dieu il y a une semaine, lundi matin dernier, j'ai été guéri d'un rhumatisme que j'avais depuis huit ans et d'un catarrhe, que j'avais depuis trois ans. Lorsque sœur Etter et l'un des frères ont prié pour moi, la puissance de Dieu est tombée et cela a été fait. Cela n'a pris qu'environ trois minutes de leur temps.

MHW 'Judd, également de Zion City, a déclaré : « Pendant seize ans, j'ai fait confiance au Seigneur comme mon Guérisseur. Il y a deux ans, ma petite fille avait mal à l'oreille et pendant que nous priions pour elle, nous ne semblions pas obtenir de réponse ; alors j'ai pris un petit morceau de coton, je l'ai trempé dans de l'huile d'olive chaude et je l'ai mis dans son oreille pour la calmer et elle a perdu l'ouïe dans cette oreille. Cela a déplu au Seigneur. Je l'ai amenée ici aujourd'hui et sœur Etter lui a imposé les mains au Nom de Jésus, et je dis à la gloire de Dieu que cette petite enfant a l'ouïe.

Je l'ai testé cet après-midi dans le tramway. Je lui ai parlé doucement et elle m'a dit qu'elle pouvait m'entendre. Jeudi après-midi, une femme a été amenée en fauteuil roulant, paralysée des membres inférieurs depuis deux ans et demi. Il n'y avait pas de réunion dans l'après-midi et elle était déçue de ne pas pouvoir voir Mme Etter, mais les frères ont prié pour elle, et elle s'est levée de sa chaise et s'est promenée. Elle monta à la réunion du soir, s'assit pendant tout le service et rentra chez elle à pied. Une jeune femme, qui souffrait de troubles gastriques si graves qu'elle avait affecté ses nerfs et qu'elle devait marcher sur le sol, est venue pour se faire soigner. Elle avait été soignée par des spécialistes et s'était rendue à New York pour un traitement médical mais n'avait pas reçu d'aide. Elle n'avait pu manger que des soupes claires, du pain et du thé, mais après la prière, elle rentrait chez elle affamée. Elle a mangé un sandwich dès qu'elle est arrivée à la maison, et cette nuit-là s'est assise et a mangé un dîner bouilli, qui, selon elle, contenait tous les légumes du marché, et est allée se coucher et a dormi profondément toute la nuit. Elle s'est réveillée le matin en se sentant aussi fraîche qu'un bébé. La vie de résurrection de Jésus avait fait d'elle une nouvelle créature.

Le peuple n'a pas manqué de glorifier Dieu. Lorsqu'une guérison notable se produisait, tout le public participait à la joie qui pénétrait dans le cœur de l'affligé, et lorsque Sœur Etter posait la question : « N'avons-nous pas un merveilleux Sauveur ? Leurs cœurs seraient presque trop pleins pour répondre. Les témoignages suivants sont quelques-uns des mots reconnaissants qui sont tombés des lèvres de ceux qui avaient été bénis :

Je loue Dieu de ce que mes pauvres yeux ont vu et de ce que ma pauvre âme a ressenti ; pour la guérison de mon corps et de mes yeux, et pour m'avoir baptisé dans son Saint-Esprit. J'ai parcouru plus de deux cents miles pour cette bénédiction.

« J'ai eu une complication de maladies. J'étais à l'hôpital sept semaines et j'ai été opéré. Les médecins ont dit à mon père que je ne guérirais jamais, mais je suis venu ici et Jésus m'a guéri.
«J'étais malade depuis novembre dernier, j'ai été empoisonné et j'ai perdu quarante livres. J'ai reçu de l'aide par la prière, mais je n'étais pas complètement guéri. Je sentais que je devais venir à Chicago. J'avais un cœur faible,

des yeux faibles et des genoux faibles. J'étais une épave nerveuse. Je loue Dieu aujourd'hui, je suis guéri.

« J'avais des problèmes d'estomac. J'ai senti les cieux s'ouvrir ce matin et le louer pour son merveilleux pouvoir de guérison. Il m'a guéri plusieurs fois dans ma propre maison.

« Je loue Dieu de m'avoir guéri à la maison. J'étais malade et j'ai fait exactement ce que sœur Etter nous avait dit de faire, j'ai applaudi et j'ai loué le Seigneur, et il m'a guérie. "Je loue Dieu de m'avoir guéri de la surdité d'une oreille, des reins et des problèmes cardiaques que j'avais depuis que je suis enfant."

"Dieu m'a guéri hier soir d'un problème d'estomac que j'avais depuis trente ans. Je n'avais jamais demandé au Seigneur de le guérir auparavant, mais je l'ai fait hier soir et il l'a fait. « Je loue le Seigneur ce matin parce que j'avais la foi comme la femme qui a dit : 'Si je peux seulement toucher le bord de son vêtement, je serai guérie.' Je croyais que Jésus-Christ, par l'intermédiaire de sœur Etter, me guérirait. Depuis cinq ans, je m'attendais à devenir aveugle. Ce matin, Dieu merci, j'ai ma guérison. J'étais comme un petit enfant. Je pouvais lire les panneaux le long de la rue ce matin, ce que je ne pouvais pas faire avant. Je croyais, comme ils me l'avaient dit, que Dieu me guérirait à ma place, et il l'a fait.

« Je loue le Seigneur qu'il m'a envoyé à Chicago. J'ai eu des troubles rénaux pendant plus de trois ans et j'ai souffert, j'ai donc dû crier de douleur. Je suis allé à l'autel et j'ai été prié par frère Clarke et frère Cunningham, et le Seigneur a enlevé la douleur. Je n'ai jamais connu le sens de l'odorat dans ma vie, mais gloire à Jésus, il devient chaque jour plus aigu. La foule était si grande, et quand l'appel à l'autel a été donné, il y avait une telle ruée, nous avons dû avoir un système ou il aurait été impossible de garder les gens dans les limites.

Ils se sont précipités, les larmes aux yeux, pour se rendre à la plate-forme de prière, certains presque désespérés de peur qu'ils ne soient pas priés. Nous avons établi des règles, mais les gens les ont souvent enfreintes dans leur sérieux désespéré. Une femme de couleur a donné ce témoignage caractéristique : « J'ai raison de louer Dieu. Il m'a sauvé - âme et corps. J'ai été abandonné à mourir à cause d'un problème cardiaque. Je pouvais à peine reprendre mon souffle. Dieu merci, il m'a conduit ici. Il y avait une foule à l'autel qui priait, mais je me suis frayé un chemin et je suis monté sur la tribune sans qu'on me le demande. Je ne savais pas que c'était contraire aux règles, mais Jésus m'a tenu par la main. Gloire à Dieu, je suis un témoin vivant de sa puissance de guérison ! Après ma guérison, je suis descendu là où se trouvent les aspirants au baptême et j'ai dit : 'Je ne veux pas de cette chose qu'on appelle les langues.' Mais Dieu m'a retenu au-dessus de l'enfer et je l'ai cherché et il m'a rempli. J'ai été un ancien méthodiste.

Une sœur a témoigné pour une autre. « J'ai amené une femme qui avait été malade pendant quatorze ans avec des problèmes de colonne vertébrale. Mardi dernier, je l'ai amenée ici et elle a été guérie. Je l'ai appelée deux fois au téléphone et elle dit qu'elle va bien. Elle dort le jour, ce qu'elle n'a jamais pu faire. J'ai amené une autre femme dans un fauteuil roulant vendredi qui était malade depuis neuf mois. Elle était au lit et dans un fauteuil. Je suis allé la voir avant de venir à la réunion ce soir et dès qu'elle m'a vu, elle a dit : « Gloire à Dieu, je suis guérie !

Un autre a déclaré : « Je me sens amené à témoigner pour ma tante à Rogers Park. On l'a amenée vendredi dernier dans une automobile et le Seigneur l'a instantanément guérie. Elle est sortie et est allée au restaurant et a pris son dîner. Elle est parfaitement guérie.

Quelques incidents amusants se sont produits, mais on nous a fait ressentir à maintes reprises que l'Évangile de la guérison touche les cœurs comme rien d'autre ne le fait ; aucune quantité de théories de raisonnement ou de prédication, de dénonciation des péchés des gens, ne convainc le monde que Dieu vit et se déplace sur terre aujourd'hui comme le fait le fait que les aveugles voient, les sourds entendent et les paralysés marchent. Une femme est venue voir l'un des huissiers et a demandé : « Cette guérison continuera-t-elle tout le temps ? Il a répondu qu'il le pensait. Puis elle a dit : « Je viens d'être guérie de trois ruptures que j'ai eues pendant huit ans et je vais être une de vos clientes régulières.

Des hommes croisèrent deux filles qui marchaient dans la rue et l'un d'eux fit remarquer à l'autre : « Ces filles vont à l'église 'Gloire de Dieu'. Quand le Seigneur délivre un corps qui a été torturé par l'agonie pendant dix ou vingt ans, qui ne crierait pas Ses louanges ? Et si nous ne louions pas Dieu avec eux, les pierres elles-mêmes crieraient. Les hommes vont à un rassemblement politique et applaudissent et applaudissent, faisant un bruit qui est vraiment assourdissant, et les amateurs de baseball crient sur leur champion jusqu'à ce qu'ils soient enroués et que personne ne soit dérangé par cela ; au contraire, le monde encourage l'hilarité de la part de ses fidèles. Les enfants du Seigneur n'ont-ils pas le droit de crier et de chanter quand leur Roi vient au milieu d'eux ? Que personne ne trouve étrange que nous saluons le Roi de Gloire avec des applaudissements quand Il daigne marcher parmi nous, brisant les chaînes et libérant les captifs, déliant ceux que Satan a liés pendant de nombreuses années !

Pour la plupart, il y avait une profonde révérence de la part des spectateurs; même les curieux étaient respectueux, mais parfois il y avait un sceptique dans la foule. Un jeune homme est venu à la réunion une nuit et pendant le service de prière, s'est moqué et a fait la lumière sur la scène devant lui. En rentrant chez lui cette nuit-là, il a été heurté par une automobile à environ deux pâtés de maisons de l'église et a été grièvement blessé, sa jambe a été cassée. Il nous a fait dire de prier pour lui. Mme Etter a clôturé son ministère le dimanche soir 27 juillet, mais les réunions se sont poursuivies avec beaucoup de bénédictions. Toute la journée du lundi, les gens se sont réunis en petits groupes pour la prière, et des flots de guérison ont coulé. Le lundi soir, alors que les frères priaient, la puissance de Dieu était présente pour guérir. Une vieille femme de couleur, lorsque le choc de la batterie du ciel l'a frappée, a bondi et s'est exclamée : « Oh, louez le Seigneur ! je ne m'y attendais pas ! Je ne m'y attendais pas !" et courut dans l'allée en louant le Seigneur.

Lorsque les malades venaient chercher la délivrance, s'ils obéissaient aux instructions et louaient le Seigneur même s'ils n'en avaient pas envie, ils recevaient généralement la bénédiction. Mme Etter appelait toujours les malades pour lesquels on priait de lever la main et de louer le Seigneur, et quand ils le faisaient, le cœur et l'âme ouverts à Dieu, Il les rencontrait. Frère Kinne a donné des instructions précieuses aux personnes en quête de guérison, qui, selon nous, seront utiles à d'autres qui souffrent : « Il ne s'agit pas seulement d'ouvrir la bouche pour louer le Seigneur ; Il veut que tout votre être soit libéré pour le louer. Ces bouches lui appartiennent et ces corps aussi. Il veut les guérir et se glorifier en vous. La première chose est de remplir votre âme et votre corps de la gloire de Dieu. Plus vous louez le Seigneur, plus la vie de résurrection de Jésus revient. Ce n'est pas votre ancienne force qui revient ; c'est la vie de résurrection de Jésus coulant dans votre corps. L'ancienne force n'a pas le temps de revenir. C'est la même vie de résurrection qui est entrée dans Lazare quand il s'est levé du tombeau. Lorsque vous êtes chez vous, au lieu de céder aux tentations du doute et du découragement, parcourez vos chambres et louez le Seigneur et chaque pas que vous ferez fera grandir votre foi et la gloire de Dieu grandira en vous.

Sœur Etter insiste sur le fait que les malades doivent avant tout être touchés par Dieu dans leur âme. Elle les a inspirés à lever les yeux et à croire qu'un véritable choc venant du ciel les traverserait, et disait souvent que si le Seigneur ne les rencontrait pas en esprit, rien ne serait accompli. Elle s'est efforcée d'amener les malades à saisir Dieu pour eux-mêmes par une foi et un contact réels avec lui, afin qu'ils puissent vraiment le toucher et être guéris. Alors qu'il y a beaucoup de gens avec qui on prie et qui ne sont pas guéris, nous savons que c'est la volonté de Dieu de guérir parce que Jésus sur la croix « a pris nos infirmités et a porté nos maladies ». Les gens doivent être disposés à remplir les conditions de Dieu. Nous savons que l'incrédulité arrête Dieu. Les briseurs d'alliance et ceux qui se sont retirés et ont refusé de marcher dans la lumière, peuvent trouver Dieu retenant la guérison jusqu'à ce que ces maux soient corrigés. « Ensuite, il y a ceux qui, comme Job, voient leur guérison retardée. Ils sont conscients que la main de Dieu est sur eux et qu'une grande œuvre de transformation est en cours en eux, perfectionnant la patience, l'endurance et la victoire qui glorifie Dieu dans le feu. Avec le temps, leur foi peut « s'affermir », leur obéissance s'accomplir pleinement et un témoignage triomphant de la guérison leur sera bientôt donné.

Dieu a beaucoup de tels témoins.
Il y a eu beaucoup de miracles de guérison frappants et merveilleux, mais il y a eu d'autres cas où la guérison n'a été que partiellement réalisée, et nous sommes contraints de croire que dans les deux classes il y en a qui n'ont pas

conservé leur guérison mais cela ne réfute pas qu'un une œuvre surnaturelle s'opérait chez beaucoup au moment où on priait pour eux. Certains ne sont pas revenus pour enseigner et, comme le Christ le dit dans sa parabole du semeur, ceux-ci " se sont desséchés parce qu'ils n'avaient pas de racine en eux-mêmes ". Lorsqu'une âme vient à Dieu pour le salut et retourne ensuite parmi ses associés mondains, elle court le grand danger de perdre son précieux héritage en Christ. "Les soucis du monde étouffent la parole et il devient infructueux." Il en va de même pour la guérison donnée bien que le temps ait été un puissant afflux de la vie de résurrection de Jésus, si la personne se repose dans ses sentiments pour la validité de sa guérison, elle s'effondre au premier souffle d'épreuve. Ceux qui ne sont pas profondément enracinés dans la Parole et qui sont entourés d'associés mondains et incroyants courent un grave danger de rétrograder par rapport à toute expérience qu'ils pourraient avoir en Dieu, que ce soit le salut, la guérison ou le baptême.

Il incombe particulièrement à ceux qui viennent d'être guéris de s'entourer d'influences spirituelles et de se mêler à ceux qui sont forts dans la foi. Nous pourrions remplir le papier de témoignages de guérisons qui ont résisté à l'épreuve des années, mais notre but actuel est de montrer ce que Dieu fait au milieu de nous aujourd'hui, pour l'encouragement de ceux qui ont besoin de guérison et d'aide. Nous ne pouvons cependant nous empêcher de donner un bref témoignage de notre bien-aimé frère Graves, dont la guérison miraculeuse a résisté à l'épreuve de vingt ans :

"Quand je pense à ces vingt longues années d'épilepsie que j'ai traversées, en écoutant l'enseignement que le jour des miracles était passé, il ne semble pas possible que je me présente devant vous aujourd'hui, car je ne m'attendais pas à me rétablir. J'ai eu plus de trois cents crises ; Je suis tombé sous les pieds des chevaux et à travers les échafaudages, et pourtant j'ai vécu jusqu'à cinquante-sept ans hier. Avec tous les litres et gallons de médicaments que j'ai pris, il est arrivé un moment où je les ai tous rangés; quand Jésus a dit à l'esprit de l'épilepsie, 'Sortez de lui et n'entrez plus en lui.' Cet enseignement béni que nous recevons aujourd'hui est l'enseignement qui m'a apporté la délivrance. « Jésus-Christ, le même hier, aujourd'hui et éternellement ! Je remercie Dieu pour le frère clair qui a soutenu cela devant moi jour après jour, et jour après jour jusqu'à ce que cela devienne réel dans ma vie. Ma guérison a résisté à ces vingt années. Qu'allons-nous faire de l'enseignement que le jour des miracles est passé face à de tels témoignages ? Toutes les louanges sont dues à notre Dieu thaumaturge pour la grandeur de sa puissance, son bras tendu nous a donné cette visitation glorieuse !

Sa merveilleuse lumière a dissipé les ténèbres dans de nombreuses âmes et avec le souffle puissant de Son Saint-Esprit, Il a détruit la maladie et repoussé les pouvoirs de la mort. « À celui qui
nous a aimés et nous a lavés de nos péchés par son sang ; et a fait de nous des rois et des sacrificateurs pour Dieu et son Père; à Lui soit la gloire et la domination pour toujours et à jamais. Amen."
Extrait du magazine *"Latter Rain Evangel" de 1913* . Article par Anna C. Reiff.

Exploits de John G. Lake

J'ai trouvé Dieu en tant que garçon, donc pendant 50 ans, j'ai marché dans la lumière de Dieu, comprenant la communion avec Lui et écoutant Sa Voix.

Je veux attirer votre attention sur certaines des choses que le chrétien apprécie et que d'autres manquent.

Un cher homme a reçu une blessure qui lui a causé la mort dans un accident de voiture non loin de Beaverton. Le lendemain de la mort de cet homme, je rendais visite à des amis à Beaverton et ils m'ont parlé de son jury. Après notre visite, ma femme et moi étions en voiture dans la ville. Alors que nous remontions l'une des autoroutes, une Voix a dit: "Tirez sur la gauche de la route et arrêtez-vous."

Ne connaissez-vous pas cette Voix, coeur chrétien? Cette Voix est si commune que je n'en ai même jamais parlé à ma femme.

Le côté gauche est le mauvais côté de la route et vous enfreignez le code de la route pour y être. Mais j'ai écouté cette Voix pendant tant d'années que j'ai appris dans la plupart des cas à lui obéir. Jésus a dit : « Mes brebis connaissent mon
voix." (Jean 10:27.)

(La pensée que j'essaie de vous apporter, chers amis, est la valeur de connaître le Seigneur et ce que signifie la communion avec Dieu. Le salut n'est pas seulement quelque chose que Dieu vous donne qui va vous bénir après votre mort ; présence du Seigneur maintenant. Dieu a promis au chrétien la direction et la direction du Saint-Esprit.)

Je me suis arrêté sur le côté gauche de la route, j'ai poussé les roues de ma voiture près du fossé et je me suis arrêté. Immédiatement, j'ai entendu le grincement d'un gros camion arriver dans le virage. Je ne l'avais pas vu auparavant. Au lieu de venir normalement, il descendait du côté gauche de la route du conducteur à un angle de 45 degrés. Le camion était devenu incontrôlable et couvrait toute la route !

Si j'avais été de mon côté de la route, il m'aurait balayé et poussé par-dessus la berge.

Une descente de 100 pieds! Mais j'étais de l'autre côté quand la grande chose m'a dépassé. Le camion est passé de 50 à 100 pieds au-delà de moi, a heurté un endroit accidenté de la route et s'est redressé. Le conducteur a maîtrisé le camion et a poursuivi sa route. Chers amis, les hommes dans la Parole de Dieu ont été guidés par la Voix de Dieu. Dieu leur a parlé. C'est la chose intérieure de la véritable expérience chrétienne, la raison pour laquelle les hommes cherchent par la grâce de Dieu à entrer dans le véritable cœur de Dieu, dans la véritable âme de Jésus-Christ, à l'endroit où Il vit en vous, là où Sa Voix parle dans votre cœur.

J'étais assis un jour dans la maison des DeValera à Krugersdorp, en Afrique du Sud, lorsqu'un homme est arrivé qui avait voyagé dans tout le pays. Il m'avait suivi d'un endroit à l'autre, essayant de me rattraper. Il a subi une insolation qui avait affecté son esprit et il avait également développé un gros cancer.

Il est entré dans la maison et s'est avéré être un ami de la famille. Peu de temps après, une enfant de six ans qui était assise près de moi traversa la pièce, grimpa sur les genoux de l'homme, posa ses mains sur le cancer de son visage et pria. J'ai vu le cancer dépérir. En une demi-heure, la chose avait disparu. La blessure était toujours là, mais en quelques jours elle était guérie. Après que l'enfant ait posé ses mains sur sa tête, il s'est levé en disant : « Oh ! Le feu qui était dans mon cerveau s'est éteint », et son esprit était normal. Le pouvoir appartient à Dieu. Psaumes 62 : 11. L'âme la plus simple peut toucher Dieu et vivre dans la présence même de Dieu et dans sa puissance.
C'est presque de la tristesse pour mon âme que les hommes soient étonnés et surpris par une preuve ordinaire et tangible de la puissance de Dieu.

Une femme est entrée dans les salles de guérison une fois avec une tumeur plus grosse qu'un enfant à naître adulte. Ses médecins avaient été trompés, croyant qu'il s'agissait d'un enfant jusqu'à ce que la période de la nature soit passée. Puis ils ont décidé que ce devait être autre chose. Elle est venue aux Healing Rooms et je l'ai interviewée. Elle a dit : "M. Lake, j'ai l'opinion de plusieurs médecins. Ils sont tous différents, mais chacun a dit : 'Il est possible que ce soit un enfant.' Mais maintenant, le temps est passé, et ils ne savent pas quoi dire." J'ai mis ma main sur elle un instant, et j'ai dit : « Madame, ce n'est pas un enfant, c'est une tumeur. Elle s'assit et pleura. Son infirmière était avec elle. Son âme était troublée et elle n'a pas reçu la guérison. Elle revint un autre après-midi pour la prière et

revint le lendemain vêtue de ses corsets. Elle a dit: "Je suis descendue pour vous montrer que je suis parfaitement normale. Quand je me suis retirée la nuit dernière à 22 heures, il n'y avait aucune preuve que quelque chose s'était passé, au-delà de cela, je me sentais à l'aise et l'étouffement avait disparu. Mais quand Je me suis réveillé ce matin, j'avais ma taille normale." J'ai demandé : « Est-ce qu'il a disparu sous forme de liquide ?
Elle a dit: "Il n'y avait aucun signe extérieur d'un quelconque caractère." Bien-aimé, que lui est-il arrivé ? Il s'est dématérialisé. La tumeur s'est dissoute. Qu'est-ce qu'un prodige ? C'est la preuve tangible du contrôle suprême de l'Esprit de Dieu sur chaque caractère et forme de matérialité. Bien-aimés, la puissance d'un tel événement, d'un tel acte et signe, nous montre à vous et à moi qu'à travers un contact vivant, positif et réel avec l'Esprit de Dieu, tout est possible. Béni soit Son Nom !...
J'étais dans une réunion à Los Angeles à une occasion. Un vieil homme noir dirigeait les offices ». Il avait le vocabulaire le plus drôle. Mais je veux vous dire qu'il y avait

des médecins, des avocats et des professeurs qui écoutaient des choses merveilleuses qui sortaient de ses lèvres.

Ce n'était pas ce qu'il disait avec des mots ; c'est ce qu'il a dit de son esprit à mon cœur qui m'a montré qu'il avait plus de Dieu dans sa vie que n'importe quel homme que j'avais jamais rencontré jusqu'à ce moment-là. C'était Dieu en lui qui attirait les gens. Un homme a insisté pour se lever et parler de temps en temps. Certaines personnes ont la manie de parler.

Le vieux frère noir l'a enduré longtemps. Finalement, l'homme s'est relevé, et le vieil homme a sorti son doigt et a dit : « Au Nom de Jésus-Christ, asseyez-vous ! L'homme ne s'est pas assis. Il est tombé. Et ses amis l'ont emporté. Ce n'est qu'un des faits vivants de ce qu'est le christianisme : la puissance divine de Jésus-Christ par le Saint-Esprit, remplissant l'âme et le corps d'un homme, brillant à travers sa nature comme une flamme sainte, accomplissant la volonté de Dieu.

Il y a un baptême qui appartient à Jésus. C'est sous son contrôle suprême. Aucun ange ou homme ne peut l'accorder. Cela vient de Lui seul. C'est lui qui baptise du Saint-Esprit. Jean 1 : 33. Ainsi, la personne qui veut le Saint-Esprit doit entrer en contact défini et conscient avec Jésus-Christ Lui-même. Dieu soit loué! Près d'un an avant d'aller en Afrique, alors que je priais une nuit, j'ai été éclipsé par l'Esprit du Seigneur. Le Seigneur a montré

m'a donné divers endroits où je travaillerais pendant cinq ans et, par l'illumination qui apparaîtrait dans les cieux, je connaissais l'étendue du travail dans chaque endroit. Le dernier de ces endroits que j'ai vu était l'Afrique du Sud. Cette nuit-là, alors que je m'agenouillais sur le sol, j'étais soudainement présent dans une église à Johannesburg, en Afrique du Sud, où une de mes connaissances était pasteur.

J'ai franchi la porte de l'église, parcouru toute la longueur de l'église jusqu'à l'avant et dans une petite sacristie. J'ai regardé autour de moi et j'ai tout noté. Les meubles, la chambre et tout. Tout cela s'est produit alors que je priais dans ma ville natale près de Chicago. En moins d'un an, j'étais dans cette église et j'en étais le pasteur. Dieu a tout fait. Je n'avais rien à voir avec cela.

Dieu ayant montré avec l'illumination l'étendue et le caractère merveilleux de l'œuvre qu'il allait accomplir dans tout le pays, j'ai eu la foi de croire que la chose que Dieu m'a montrée arriverait, même si j'ai vécu pour la mener à bien. Un soir, dans mon propre tabernacle, une jeune fille d'environ 16 à 18 ans du nom de Hilda a soudainement été subjuguée par l'Esprit de Dieu.

Elle se leva et se tint sur la plate-forme à côté de moi. J'ai tout de suite reconnu que le Seigneur avait donné un message à la jeune fille, alors j'ai simplement arrêté de prêcher et j'ai attendu que l'Esprit de Dieu descende sur elle. Elle a commencé à chanter dans une langue que je ne connaissais pas, puis a fait des gestes comme ceux qu'un prêtre musulman ferait en chantant des prières. À l'arrière de la maison, j'ai observé un jeune Indien de l'Est, que je connaissais. Il est devenu ravi et a commencé à marcher progressivement dans l'allée. Personne ne le dérangea et il remonta l'allée jusqu'à ce qu'il ait atteint le devant. Puis il resta debout, regardant le visage de la jeune fille avec un étonnement intense. Quand son message a cessé, je lui ai dit : « Qu'y a-t-il ? Il répondit : « Oh, elle parle ma langue ! J'ai dit: "Qu'est-ce qu'elle dit?" Il est monté sur la plate-forme à côté de moi et a donné l'essentiel de son message. « Elle me dit que le salut vient de Dieu. Pour sauver les hommes, Jésus-Christ, qui était Dieu, s'est fait homme. Elle dit qu'un homme ne peut pas en sauver un autre ; que Mahomet était un homme comme les autres hommes, pas un pouvoir pour sauver un homme. de ses péchés. Mais Jésus était Dieu, et Il avait le pouvoir de me communiquer Son Esprit et de me rendre semblable à Dieu. Alors que je prêchais dans une église en Afrique du Sud, une dame américaine dont le fils résidait dans l'état de l'Iowa, était présente en service de nuit en semaine.

Avant le début du service, elle m'a appelé dans la sacristie et m'a dit qu'elle venait de recevoir une lettre de sa belle-fille. Il a déclaré que le fils de la femme, It

professeur d'université, semblait être tuberculeux. Il a été contraint d'abandonner son poste d'enseignant et était dans un état de grande faiblesse. En conversant avec la mère, j'ai remarqué qu'elle aussi croyait que son fils était tuberculeux et que, à moins que la guérison ne lui parvienne rapidement, il mourrait. Je retournai dans la salle d'audience ; et comme nous étions sur le point de prier, je m'avançai jusqu'au bout de l'estrade et demandai à la mère de me remettre la lettre. Le prenant dans mes mains, je me suis agenouillé pour prier, invitant tous ceux qui étaient présents à se joindre à moi dans la foi en Dieu pour la délivrance de l'homme. Mon esprit a semblé monter en Dieu et j'ai perdu toute conscience de mon environnement. Soudain, je me suis retrouvé dans la maison de ce jeune homme dans l'Iowa, à près de 10 000 milles de Johannesburg.

L'homme était assis près d'un poêle à charbon avec un petit garçon d'environ deux ans sur ses genoux. Je l'ai observé d'un œil critique et je me suis dit : Votre visage est dur et ne montre aucun signe de développement de l'âme ou de vie spirituelle, mais votre affection pour votre fils est une qualité rédemptrice. Sa femme était assise de l'autre côté de la table, lisant un magazine. En l'observant, je me suis dit : Quand il t'a eu, il a eu un Tartare ! Debout derrière la chaise de l'homme, j'ai posé mes mains sur sa tête, priant silencieusement pour que Dieu lui transmette sa vertu de guérison et rétablisse l'homme afin qu'il puisse bénir le monde et que le cœur de sa mère soit réconforté. Il n'y avait aucune connaissance de mon retour. En un instant, j'ai réalisé que j'étais agenouillé sur la plate-forme de l'église. J'avais prononcé une prière audible et l'Esprit de Dieu reposait profondément sur les gens.

Environ six semaines plus tard, on a appris que le jeune homme allait plutôt bien. Son rétablissement avait commencé à la date exacte à laquelle la prière avait été offerte pour lui dans notre église à 10 000 milles de là.
J'étais absent de la ville de Spokane pendant un certain temps et, quand je suis revenu, Mme Lake n'était pas à la maison. Il était juste temps de partir pour mon service de l'après-midi quand quelqu'un est entré et a dit : « Votre secrétaire, Mme Graham, est à l'agonie. Votre femme est avec elle.
Immédiatement, je me suis précipité sur place. L'une des épouses de mes ministres m'a rencontré à la porte et m'a dit : « Vous arrivez trop tard, elle est partie.

Au moment où j'entrais, le ministre sortait de la pièce. Il a dit : « Elle n'a pas respiré depuis longtemps. Mais en regardant cette femme, j'ai pensé à la façon dont Dieu Tout-Puissant l'avait ressuscitée de la mort trois ans auparavant; comment Il lui avait miraculeusement rendu son utérus, ses ovaires et ses trompes qui avaient été enlevés lors d'opérations ; comment elle s'était mariée et avait conçu un enfant.

Lorsque ces pensées ont surgi, mon cœur s'est enflammé !
J'ai enlevé cette femme de l'oreiller et j'ai appelé Dieu pour que les éclairs du ciel fassent exploser la puissance de la mort et la délivrent. Je lui ai ordonné de revenir et de rester. Elle est revenue après n'avoir pas respiré pendant 23 minutes !

Nous n'avons pas encore appris à rester en contact vivant avec les puissances de Dieu. De temps en temps nos âmes s'élèvent, et nous voyons la flamme de Dieu accomplir telle merveille et cela. Mais, bien-aimés, Jésus-Christ vivait en présence de Dieu à toute heure du jour et de la nuit. Jamais une parole n'est sortie de la bouche de Jésus-Christ, sinon celle qui était la Parole de Dieu. Il a dit : Les paroles que je vous dis, elles sont esprit, et elles sont vie Jean 6 : 63.

Lorsque vous et moi sommes perdus dans le Fils de Dieu et que les feux de Jésus brûlent dans nos cœurs, comme ils l'ont fait dans le sien, nos paroles seront des paroles d'Esprit et de vie. Il n'y aura pas de mort en eux. Bien-aimés, nous sommes en route.

Ayant une reconnaissance officielle en tant qu'étudiant en sciences, j'ai eu le privilège d'assister à des cliniques, ce que je faisais fréquemment.
À un moment donné, je me suis soumis à une série d'expériences. Il ne suffisait pas de savoir que Dieu guérissait ; Je devais savoir comment Dieu guérissait.
J'ai visité l'une des grandes institutions expérimentales et me suis soumis à une série d'expériences.

Tout d'abord, un instrument était attaché à ma tête. Cet instrument avait un indicateur qui enregistrait les vibrations du cerveau.
J'ai commencé à répéter des choses comme le Psaume 23 pour apaiser l'esprit et réduire ses vibrations au point le plus bas. Puis j'ai répété le Psaume 31, le chapitre 35 d'Isaïe, le Psaume 91 et le discours de Paul devant Agrippa.

Après cela, je suis entré dans la littérature profane et j'ai récité "Charge of the Light Brigade" de Tennyson et enfin "The Raven" de Poe alors que je priais dans mon cœur qu'au moment psychologique, Dieu oindrait mon âme du Saint-Esprit.

Ma difficulté était qu'en récitant, je ne pouvais pas empêcher l'Esprit de venir sur moi. Quand j'ai fini avec « The Raven », les responsables de l'expérience ont dit : « Vous êtes un phénomène. Vous avez une gamme mentale plus large que n'importe quel être humain que nous ayons jamais vu.
En réalité, ce n'était pas le cas. C'était parce que l'Esprit de Dieu continuait à venir sur moi à un tel degré que je pouvais sentir le mouvement de l'Esprit en moi.
J'ai prié dans mon cœur: "Seigneur Dieu, si seulement tu veux que l'Esprit de Dieu vienne comme les éclairs de Dieu sur mon âme pendant deux secondes, je sais que quelque chose va se passer que ces hommes n'ont jamais vu auparavant.

Alors que je récitais les dernières lignes du poème, soudain l'Esprit de Dieu m'a frappé dans un éclat de louanges et de langues. L'indicateur sur cet instrument a atteint la limite et je n'ai pas la moindre idée jusqu'où il serait allé si cela avait été possible.
Les professeurs ont dit : « Nous n'avons jamais rien vu de tel ! J'ai répondu: "Messieurs, c'est le Saint-Esprit."
Dans la deuxième expérience, un puissant appareil à rayons X avec des accessoires microscopiques a été connecté à ma tête. Le but était de voir, si possible, quelle était l'action des cellules du cerveau.
J'ai procédé comme dans l'expérience précédente. Tout d'abord, j'ai répété les Ecritures qui apaisaient celles calculées pour réduire l'action des bobines du cortex à leur registre le plus bas possible. Ensuite, je suis allé aux Écritures qui transmettaient des choses meilleures et plus riches jusqu'à ce que j'atteigne le premier chapitre de Jean. Alors que je commençais à réciter cela, les feux de Dieu ont commencé à brûler dans mon cœur.

Soudain, l'Esprit de Dieu est venu sur moi comme avant, et l'homme qui était derrière moi m'a touché. C'était un signal pour moi de garder cet équilibre d'âme jusqu'à ce que l'un après l'autre puisse regarder à travers l'instrument.

Finalement, quand j'ai lâché prise, l'Esprit s'est calmé. Les professeurs ont dit : "Pourquoi, mec, nous ne pouvons pas comprendre cela, mais les cellules du cortex se sont incroyablement développées."

Je leur ai dit : « Messieurs, je veux que vous voyiez encore une chose. Descendez dans votre hôpital et ramenez un homme qui a une inflammation dans l'os. Prenez votre instrument et attachez-le à sa jambe. ma main sur sa jambe. Vous pouvez l'attacher des deux côtés.
Quand l'instrument fut prêt, je mis ma main sur le tibia de l'homme et priai comme le prie Mère Etter : pas de prière étrange, mais le cri de mon cœur vers Dieu.
J'ai dit: "Ô Dieu, tue la maladie diabolique par Ta puissance. Que l'Esprit agisse en lui; laisse-le vivre en lui."
Alors j'ai demandé : « Messieurs, que se passe-t-il ? Ils ont répondu : « Chaque cellule répond.
C'est si simple : la vie de Dieu revient dans n partie qui est affligée ; aussitôt le sang coule ; les cellules fermées et encombrées répondent ; et le travail est fait !
C'est la science divine de Dieu.

Oh, bien-aimés, lorsque vous priez, il se passe quelque chose en vous ! Ce n'est pas un mythe; c'est l'action de Dieu. Le Dieu Tout-Puissant, par l'Esprit, entre dans votre âme, prend possession de votre cerveau et se manifeste dans les cellules corticales de votre cerveau. Lorsque vous le souhaitez et que vous le voulez, consciemment ou inconsciemment, le feu de Dieu, la puissance de Dieu, cette vie de Dieu, cette nature de Dieu, est transmis des cellules du cortex de votre cerveau et palpite à travers vos nerfs jusqu'à votre personne, dans chaque cellule de votre être dans chaque cellule de votre cerveau, votre sang, votre chair et vos os, dans chaque centimètre carré de votre peau, jusqu'à ce que vous soyez vivant avec Dieu !

C'est la guérison divine.

Un jour, je me suis assis en train de parler au Père Seymour à Los Angeles. Je lui racontai l'incident suivant dans la vie d'Elias Letwaba, l'un de nos prédicateurs natifs d'Afrique du Sud.

Je suis allé chez lui un jour à la campagne, et sa femme a dit : « Il n'est pas à la maison. Un petit bébé est blessé et il prie pour lui.

Alors je suis allé à la hutte indigène, je me suis mis à genoux et j'ai rampé à l'intérieur. J'ai vu Letwaba agenouillé dans un coin près de l'enfant. J'ai dit : « Letwaba, c'est moi. Qu'est-ce qui ne va pas avec l'enfant ?

Il m'a dit que la mère l'avait porté sur son dos dans une couverture comme les indigènes portent leurs enfants, et il est tombé. Il a dit: "Je pense que cela lui a fait mal au cou."

J'ai examiné le bébé et j'ai vu que son cou était cassé. Il tournerait d'un côté à l'autre comme le cou d'une poupée. "Pourquoi, Letwaba, le cou du bébé est cassé !"

Je n'avais pas confiance en un cou cassé, mais le pauvre vieux Letwaba ne savait pas la différence. J'ai vu qu'il ne comprenait pas. Il a discerné l'esprit de doute dans mon âme, et je me suis dit, je ne vais pas interférer avec sa foi. Il sentira juste le doute généré par toutes les vieilles choses traditionnelles que j'ai apprises, alors je vais sortir.

Je suis allé dans une autre hutte et j'ai continué à prier. Je me suis couché à 1 h du matin. À 3 h, Letwaba est entré.

J'ai dit: "Eh bien, Letwaba, qu'en est-il du bébé?"

Il m'a regardé avec tant d'amour et de douceur et a dit: "Eh bien, frère, le bébé va bien. Jésus guérit le bébé."

J'ai dit : « Le bébé va bien ! Letwaba, emmène-moi tout de suite au bébé.

Nous sommes donc allés voir le bébé. J'ai pris la petite chose noire sur mon bras et je suis sorti de la hutte en priant : "Seigneur, ôte de mon âme toute chose maudite qui m'empêche de croire au Seigneur Jésus-Christ."
Alors que je racontais l'incident à M. Seymour, il a crié : "Gloire à Dieu, mon frère ! Ce n'est pas la guérison, c'est la vie !"

Dans mon assemblée de Spokane, il y avait une chère petite femme qui était aveugle depuis neuf ans. Elle avait reçu très peu d'enseignements dans le sens de la foi en Dieu.
Alors qu'elle était assise à la maison un jour avec ses six enfants, elle a découvert que sa sale brute de mari l'avait abandonnée, elle et les enfants, les laissant mourir de faim. (Un être humain dégradé est capable de choses qu'aucune bête ne fera, car une bête prendra soin des siens.)
Vous pouvez imaginer l'effet que cela a eu sur son petit cœur. Elle était écrasée, brisée, contusionnée et saignait.
Ils étaient tous assis ensemble sur le porche de leur maison. Elle rassembla ses enfants autour d'elle et se mit à prier.
Soudain, l'un d'eux s'est levé et a dit : "Oh, maman ! Il y a un homme qui monte le chemin et il ressemble à Jésus ! Et oh, maman, il y a du sang sur ses mains et du sang sur ses pieds !"
Les enfants ont eu peur et ont couru autour de la maison.
Au bout d'un moment, le plus grand des enfants a regardé au coin de la rue et a dit: "Pourquoi, maman, il pose ses mains sur tes yeux!" Et juste à ce moment-là, ses yeux s'ouvrirent. C'est la puissance divine...
Il y a quelques années, il y avait un fermier dans l'Indiana, qui était un de mes amis. Son fils, alors qu'il
L'Amérique du Sud avait contracté un terrible cas de fièvre typhoïde. Parce qu'il n'avait pas de soins infirmiers appropriés, il a développé une grande fièvre endolorie de dix pouces de diamètre. Tout son abdomen a grandi avec une chair fière, une couche au-dessus de l'autre jusqu'à ce qu'il y

ait cinq couches. Une infirmière devait soulever ces couches et les laver avec un antiseptique pour éloigner les asticots. Quand il m'a exposé son abdomen pour prier pour lui, j'ai été choqué. Je n'avais jamais rien vu de tel auparavant. Alors que je commençais à prier pour lui, j'écartais largement mes doigts et posais ma main directement sur cette maudite excroissance de chair fière. J'ai prié Dieu au nom de Jésus-Christ de faire sauter la malédiction de l'enfer et de le brûler par la puissance de Dieu.

Après avoir prié, j'ai repris le train pour Chicago. Le lendemain, j'ai reçu un télégramme disant: "Lake, la chose la plus inhabituelle s'est produite. Une heure après votre départ, toute l'empreinte de votre main a été brûlée dans cette excroissance d'un quart de pouce de profondeur."
Vous parlez de la tension du Ciel et de la puissance de Dieu ! Pourquoi y a-t-il un éclair dans l'âme de Jésus ! Les éclairs de Jésus guérissent les hommes par leur éclair !
Le péché se dissout et la maladie s'enfuit lorsque la puissance de Dieu approche !
Et pourtant, nous ergotons et nous nous demandons si Jésus-Christ est assez grand pour répondre à nos besoins.
Abattez les barreaux !
Laissez Dieu entrer dans votre vie.
Au nom de Jésus, votre cœur ne se contentera pas d'une Pentecôte vide. Mais votre âme réclamera la lumière de Dieu et les éclairs de Jésus pour inonder votre vie !
Un jour, en tant que jeune homme, j'avais besoin de la guérison du Ciel, mais il n'y avait personne pour prier pour moi. Je n'étais même pas chrétien dans le meilleur sens d'être chrétien. J'étais membre de l'église méthodiste et j'avais vu Dieu guérir une âme chère qui m'était très chère.
Alors que j'étais assis seul, j'ai dit: "Seigneur, j'en ai fini avec le médecin et le diable. J'en ai fini avec le monde et la chair. A partir d'aujourd'hui, je m'appuie sur le bras de Dieu."

À ce moment-là, je me suis engagé envers Dieu et Dieu Tout-Puissant a accepté ma consécration à Lui bien qu'il n'y ait eu aucun signe de guérison.

La maladie qui a failli me tuer et qui était restée gravée dans ma vie pendant près de neuf ans était partie ! C'était une constipation chronique. Je prendrais trois onces d'huile de ricin à une seule dose trois fois par semaine.

Le lieu de la force et le lieu de la victoire est le lieu de la consécration à

Dieu. Cette victoire viendra quand un homme serre les dents et dit : « Je vais avec Dieu par ici.

Il n'y a aucun homme vivant qui puisse définir les opérations de la foi dans le cœur d'un homme. Mais une chose dont nous pouvons être sûrs : lorsque nous nous coupons de tout autre aide, nous n'avons jamais trouvé le Seigneur Jésus-Christ défaillant. S'il y a des échecs, ce sont les nôtres, pas ceux de Dieu.

Edward Lion était un autochtone qui, jusqu'à il y a quelques années, ne portait même pas de vêtements. Il était analphabète et ne savait absolument rien de notre conception de l'érudition.

Mais Dieu a oint cet homme avec la foi de Dieu et une mesure du Saint-Esprit si intense qu'en une occasion où une multitude de malades avaient été amenés dans une vallée, la puissance de Dieu est venue sur lui et il est allé sur le flanc de la montagne, étendit ses mains sur les malades d'en bas, et répandit son cœur à Dieu.

En une minute, des centaines ont été guéris ! Le pouvoir de guérison tomba sur eux.

Il n'y a pas un tel exemple enregistré dans le Nouveau Testament. Jésus a promis que les Derniers Jours seraient marqués par de plus grandes œuvres que Lui-même n'avait accomplies.

En 1912, j'étais pasteur du tabernacle apostolique, Johannesburg, Afrique du Sud.

L'un des enseignements cardinaux de notre organisation était le ministère de la guérison par la foi en Jésus-Christ, le Fils de Dieu. Les malades étaient amenés de toutes les parties du pays ; et des milliers ont été guéris par la prière de la foi et l'imposition des mains de ceux qui ont cru.

Notre église vivait alors une grande période de bénédiction spirituelle et de puissance. Diverses manifestations remarquables de l'Esprit se produisaient couramment.

Lors d'un service du dimanche matin, avant que la prière publique ne soit offerte, un membre de la congrégation s'est levé et a demandé que les personnes présentes se joignent à la prière au nom de sa cousine au Pays de Galles (à 7 000 milles de l'autre côté de la mer depuis Johannesburg), afin qu'elle puisse être guérie. Il a déclaré que la femme était violemment folle et détenue dans un asile au Pays de Galles.

Je me suis agenouillé sur la plate-forme pour prier ; et un degré inhabituel de l'esprit de prière est venu sur mon âme, me faisant prier avec ferveur et puissance. L'esprit de prière s'empara de l'assistance en même temps.

Les gens s'asseyaient habituellement sur leurs sièges et inclinaient la tête pendant que la prière était offerte, mais à cette occasion, 100 personnes ou plus dans différentes parties de la maison se sont agenouillées pour prier avec moi. Je prononçais la prière audible ; ils priaient en silence. Une grande conscience de la présence de Dieu s'est emparée de moi. Mon esprit s'est élevé dans une grande conscience de domination spirituelle, et j'ai ressenti pour le moment comme si j'étais oint par l'Esprit de Dieu pour chasser les démons.

Mes yeux intérieurs ou spirituels se sont ouverts. Je pouvais voir, dans l'esprit et j'ai observé qu'il y avait un rayon de lumière apparente, accompagné d'une puissance émouvante, venant de beaucoup de ceux qui priaient dans l'assistance.

Au fur et à mesure que la prière se poursuivait, ces rayons de lumière provenant de ceux qui priaient augmentaient en nombre. chacun d'eux a atteint ma propre âme, apportant une impulsion croissante de puissance spirituelle jusqu'à ce que j'en ai semblé presque submergé.

Pendant que cela se passait, je prononçais les mots de la prière avec une grande force et une puissance spirituelle consciente.

Soudain, j'ai semblé hors du corps et, à ma grande surprise, j'ai observé que je passais rapidement au-dessus de la ville de Kimberley, à 300 milles de Johannesburg. J'ai ensuite conscience de la ville de Cape Town sur le littoral, à des milliers de kilomètres. Ma prochaine conscience était de l'île de Sainte-Hélène, où napoléon avait été banni; puis le phare du Cap-Vert sur la côte espagnole.

À ce moment-là, il me semblait que je traversais l'atmosphère agitée en observant tout, mais que je me déplaçais avec une grande rapidité comme un éclair.

Je me souviens du passage le long des côtes de France, à travers le golfe de Gascogne, dans les collines du Pays de Galles. Je n'étais jamais allé au Pays de Galles. C'était un nouveau pays pour moi; et comme je passais rapidement sur ses collines, je me disais : elles sont comme les collines

du Wyoming le long de la frontière du Dakota du Nord.

Soudain, un village est apparu. Il était niché dans une vallée profonde parmi les collines. Ensuite, j'ai vu un bâtiment public que j'ai reconnu instinctivement comme étant l'asile.

Sur la porte, j'ai observé un heurtoir à l'ancienne du 16ème siècle. Son travail a attiré mon attention et cette pensée m'a traversé l'esprit : cela a sans aucun doute été fait par l'un des vieux forgerons qui fabriquaient des armures.

J'étais à l'intérieur de l'institution sans attendre que les portes s'ouvrent et me présentais à côté d'un lit de camp sur lequel gisait une femme. Ses poignets et ses chevilles étaient attachés aux côtés du lit. Une autre sangle avait été passée sur ses jambes au-dessus des genoux, et une seconde sur ses seins. Ceux-ci devaient la retenir.

Elle secouait la tête et marmonnait de façon incohérente.

J'ai posé mes mains sur sa tête et, avec une grande intensité, j'ai ordonné au nom de Jésus-Christ, le Fils de Dieu, que l'esprit démoniaque qui la possédait soit chassé et qu'elle soit guérie par la puissance de Dieu. En un instant ou deux, j'ai observé un changement sur son visage. Il s'est adouci et un regard d'intelligence est apparu.

Puis ses yeux se sont ouverts et elle m'a souri au visage. Je savais qu'elle était guérie.

Je n'avais aucunement conscience de mon retour en Afrique du Sud. Instantanément, j'étais conscient que j'étais toujours agenouillé en prière, et j'étais conscient de tout l'environnement de mon église et du service.

Trois semaines passèrent. Ensuite, mon ami qui avait présenté la demande de prière pour son cousin est venu me voir avec une lettre d'un de ses proches, déclarant qu'une chose inhabituelle s'était produite. Leur cousin, qui avait été enfermé pendant sept ans à l'asile du Pays de Galles, s'était soudainement rétabli. Ils n'avaient aucune explication à proposer. Les médecins ont dit que c'était une de ces choses inexplicables qui se produisent parfois.

Elle allait parfaitement bien et était rentrée chez elle auprès de ses amis.

Après mon retour d'Afrique il y a quelques années, j'ai passé du temps chez mon frère et ma sœur. Alors que nous étions assis ensemble un jour, ma sœur a dit : « John, j'ai des voisins ici qui sont des Allemands âgés et ils traversent une période très difficile.

"D'abord, le vieil homme est mort; puis une des sœurs est morte. Cette chose est arrivée, et cette chose est arrivée. Enfin, le fils, qui est constructeur de navires, est tombé et a été transporté à l'hôpital. Maintenant, la gangrène s'est installée; ils disent sa jambe doit être amputée.

"La vieille mère, une infirme rhumatismale, est assise dans un fauteuil roulant depuis deux ans et demi et ne peut pas bouger."

Mon frère et moi avions eu une discussion à ce sujet. Jim, un type splendide, un professeur et bien éduqué, a dit : « Jack, ne penses-tu pas que ces choses sont toutes psychologiques ?

"Pas grand-chose," dis-je.

Jim a dit : « Je pense que oui. Ne pensez-vous pas que la guérison est une démonstration du pouvoir de l'esprit sur la matière ?

J'ai dit: "Non. Si c'était tout ce que c'était, vous pourriez faire une aussi bonne démonstration que moi."

Au bout d'un moment, notre sœur a dit : « J'ai été de l'autre côté de la rue et j'ai pris des dispositions pour que vous alliez prier pour ces gens.

J'ai dit: "Très bien. Jim, viens."

Quand nous sommes arrivés, j'ai demandé à la vieille dame : « Mère, depuis combien de temps êtes-vous dans ce fauteuil roulant ?

Elle a répondu: "Deux ans et demi. C'est terriblement dur. Pas seulement d'être assise ici tout le temps, mais je souffre nuit et jour, sans aucun moment de relaxation de ma souffrance aiguë pendant tout ce temps."

En l'écoutant, la flamme de Dieu est entrée dans mon âme. J'ai dit: "Espèce de démon rhumatismal, au nom de Jésus-Christ, je vais t'effacer, si c'est la dernière chose que je fais au monde!" En lui imposant les mains, j'ai regardé vers le ciel et j'ai demandé à Dieu de chasser ce démon et de la libérer.

Alors je lui ai dit : « Mère, au nom de Jésus-Christ, lève-toi de ta chaise et marche !

Et elle se leva et marcha !

Mon frère a dit : "Mon Dieu, ça bat le diable." J'ai répondu : "C'est l'intention !"

Nous sommes allés dans une autre pièce pour voir le fils dont la jambe devait être amputée. Je me suis assis pendant quelques minutes et lui ai parlé de la puissance de Dieu. J'ai dit: "Nous sommes venus à vous avec un message de Jésus-Christ, et nous ne sommes pas simplement venus avec le message, mais avec la puissance de Dieu."
Et posant mes mains sur le membre, j'ai dit: "Au nom du Dieu vivant, ils n'amputeront jamais ce membre!"
La jambe était guérie.
Après environ six mois, je me suis de nouveau arrêté chez ma sœur. La jeune femme de l'autre côté de la rue a appelé et a dit : « Vous devez venir voir ma mère et mon frère. Ils vont si bien.
Quand j'ai appelé, j'ai trouvé que la vieille dame était très heureuse. J'ai posé des questions sur son fils. Elle a dit: "Oh, Jake, il n'est pas à la maison. Pourquoi, il va si bien qu'il est descendu au saloon et a dansé toute la nuit!"
J'ai attendu de voir Jake et j'ai essayé de lui dire quelque chose sur le Dieu vivant qu'il avait ressenti dans son corps et qui voulait prendre possession de son âme et révéler la nature de Jésus-Christ en lui.
Cinq années ont passé. Quand je me suis de nouveau arrêté chez ma sœur, elle a dit : « Te souviens-tu des gens pour qui tu as prié de l'autre côté de la route ? Voici Jake maintenant, qui vient du travail.

Nous nous sommes assis sur le porche et avons parlé. J'ai dit: "Eh bien, Jake, comment ça va?"
« Oh, dit-il, je ne comprends pas tout, mais quelque chose s'est passé. C'est en moi. D'abord, je n'ai pas pu aller au bal. Ensuite, je n'ai pas pu boire de bière. bon goût, et alors une joie est venue dans mon cœur. J'ai découvert que c'était Jésus.
Cet homme était né de Dieu, sa nature étant unie à Dieu par le Saint-Esprit. Béni soit Son précieux Nom !

Quelques jours après mon arrivée à Johannesburg, le surintendant d'une des grandes sociétés missionnaires a déclaré : « Notre pasteur indigène, qui a l'église à quelques portes de chez vous, doit partir pour six semaines. Voulez-vous occuper la chaire de l'indigène ? l'Église jusqu'à ce que vous soyez prêt à entreprendre votre propre travail ?" C'était la première porte de Dieu. J'ai tout de suite accepté ! Le dimanche après-midi, j'ai prêché à une congrégation de 500 Zoulous par l'intermédiaire d'un interprète compétent, une femme missionnaire qui avait vécu parmi les Zoulous pendant 30 ans.

Au fur et à mesure que la réunion avançait, une condition spirituelle s'est développée presque semblable au silence redoutable, au silence profond qui imprègne l'atmosphère précédant un cyclone.

Cette condition dans l'Esprit atteignit soudain son apogée lorsque, par une seule impulsion, l'auditoire indigène se mit à prier. Tous priaient, saints et pécheurs, mais personne ne venait à l'autel. Aucune invitation n'a été donnée.

Dieu était venu avec une conviction écrasante pour le péché, et nous avons été impressionnés que ce n'était pas l'esprit de Dieu de commencer à moissonner jusqu'à ce que Dieu lui-même enfonce la faucille.

Je ressens, à partir de l'expérience de la vie en tant que prédicateur du Saint-Esprit, que de grands dommages sont causés en n'attendant pas une réelle maturité de l'œuvre du Saint-Esprit dans l'âme d'un auditoire. Très fréquemment, une invitation est donnée et une pression est exercée sur l'auditoire pour amener les âmes à l'autel avant que la maturité de Dieu de la Conviction à la repentance ne soit complète.

À la fin de la réunion, mon interprète a déclaré : « Dans toute mon expérience missionnaire, je n'ai jamais vu un tel esprit de prière chez un auditoire autochtone.

La réunion suivante a eu lieu à 19 heures ce soir-là. Un silence tranquille a imprégné la réunion. Dieu sondait les cœurs.

J'ai prêché sur la repentance : la vraie repentance, la repentance au centuple, la repentance du Saint-Esprit, la métanoïa du ciel, la séparation complète du monde, son péché et son esprit, comme Jésus s'est séparé pour toute justice au Jourdain. (Mat. 3:13-15.)

Soudain, un homme se leva au fond du public et se dirigea vers l'autel. Lorsqu'il fut à environ dix pieds de l'autel, l'Esprit du Seigneur le frappa et il tomba à plat ventre.

Un autre homme se leva et marcha calmement et régulièrement vers l'avant. Lorsqu'il arriva là où le premier homme était tombé, l'Esprit du Seigneur le frappa et il tomba sur le n° 1 !

L'un après l'autre, ils commencèrent à s'avancer. Chacun tour à tour tomba au même endroit jusqu'à ce que quinze hommes s'entassent les uns sur les autres.

C'était une nuit chaude et étouffante. J'étais troublé parce que tout en bas de la pile se trouvait un petit homme couché sur le visage. L'homme suivant était allongé sur lui, pressant le visage du premier contre le sol, et j'avais peur qu'il s'étouffe.

Je n'avais jamais été témoin d'une telle situation auparavant. J'avais vu de nombreuses manifestations merveilleuses de Dieu, mais aucune comme celle-ci.

Bientôt, ma sympathie humaine pour le petit bonhomme au bas de la pile m'envahit. Je me suis penché et j'ai essayé de lui arracher deux ou trois de ces hommes ; mais ils étaient tellement entassés les uns sur les autres, qu'il semblait impossible de l'atteindre.

L'Esprit du Seigneur a parlé dans mon âme et a dit: "Si Dieu les a tués, ne pouvez-vous pas lui faire confiance pour les empêcher de s'étouffer?"

J'ai répondu : « Excusez-moi, Seigneur », et je suis retourné à ma place sur l'estrade.

Mon interprète était très troublé. Elle a dit: "Dr Lake, qu'allez-vous faire maintenant?"

J'ai répondu: "Le Seigneur fait cela. Nous allons simplement attendre et voir ce que le Saint-Esprit fait et apprendre comment il le fait. Souvenez-vous, sœur, qu'il a fait connaître ses voies à Moïse, ses actes aux enfants d'Israël (Ps. 103:7). Nous avons vu ses actes étranges. Peut-être pouvons-nous maintenant apprendre ses voies." Nous nous sommes assis tranquillement. Au bout d'un quart d'heure environ, l'un des hommes prostrés a commencé à confesser son péché à tue-tête. C'était une confession d'âme sans réserve d'une telle minutie évidente ! Peu de temps après, il se leva avec la lumière de Dieu sur son visage et retourna à son siège.

À ce moment-là, un autre homme confessait, puis un autre et un autre, jusqu'à ce que les quinze hommes aient versé leur âme à Dieu et soient retournés à leurs sièges.

J'ai indiqué à l'interprète que je voulais qu'on m'amène le premier homme (le petit bonhomme pour lequel j'avais été affligé) pour que je puisse l'interroger.

C'était un natif zoulou qui travaillait pour une famille hollandaise. Ils lui avaient donné un nom hollandais, Willum.

J'ai dit : « Willum, dis-moi : que s'est-il passé pendant que tu étais allongé par terre ?

Il m'a dit en néerlandais, "Oh, patron, (c'était la manière dont l'indigène s'adressait toujours à un homme blanc) pendant que j'étais étendu sur le sol, Jésus est venu vers moi, et Jésus a dit, 'Willum, je prends tout ton péchés loin.' Et Jésus s'en alla. Puis Jésus revint. Et Jésus posa Sa main sur mon coeur, L'agita de haut en bas, et dit: 'Willum, je rends ton coeur tout blanc.' "

Willum me regarda en face. Il a été tout glorifié par la lumière du ciel jusqu'à ce que son visage soit comme le visage d'un ange. Il a dit : "Mon cœur tout blanc ! Mon cœur tout blanc !"

Lui et son ami sont restés dans l'église et ont chanté toute la nuit. A 6 heures le lendemain matin, ils se rendirent tous les deux à leur travail.

Mercredi soir, ma femme et moi nous sommes assis ensemble sur l'estrade. Willum et son ami sont arrivés tôt et se sont assis sur le siège avant.

Mme Lake a demandé : « John, qui est le garçon assis sur le siège avant ?

J'ai répondu : "C'est le garçon qui m'a tellement impressionné dimanche soir."

"Jean, Jésus m'a dit tout à l'heure que si j'imposais les mains à ce garçon, Il le baptiserait du Saint-Esprit."

"Alors allez le voir tout de suite."

Elle lui imposa les mains. En trois minutes, il fut rempli du Saint-Esprit, parlant en langues, glorifiant Dieu et prophétisant.

Près d'une ville sud-africaine dans laquelle j'exerçais mon ministère, il y avait des collines avec des affleurements rocheux comme une série de falaises, les unes au-dessus des autres. Je monterais dans ces collines pour être seul et me reposer.

Un jour, j'ai observé une dame amenant un jeune enfant et le plaçant sur l'une des étagères au-dessus d'une petite falaise. Elle a laissé à l'enfant de la nourriture et de l'eau. Cela semblait une chose dangereuse à faire, car l'enfant pourrait tomber et se blesser. Cependant, j'ai observé que l'enfant était infirme et ne pouvait pas se déplacer.

Après le départ de sa mère, je suis allé vers lui, je lui ai imposé les mains et j'ai prié. Immédiatement, l'enfant a dévalé la colline pour rattraper sa mère.

Ne voulant rencontrer personne, je contournai la colline à l'abri des regards.

Un jour, une femme est venue dans les salles de guérison de l'ancien bâtiment Rookery à Spokane. Elle ne pouvait pas lever le bras. Elle a dit qu'elle avait une plaie ouverte sur le côté et qu'elle ne pouvait obtenir aucune aide des médecins. Elle a ajouté qu'elle n'avait aucune foi dans les médecins, dans l'homme, en Dieu ou en Jésus-Christ, mais m'a demandé si je pouvais l'aider.

J'ai prié pour elle trois fois sans résultat. Après la troisième fois, j'ai dit à Dieu : « Dieu, son âme est fermée. Ouvre son âme afin qu'elle puisse recevoir.

Le lendemain matin, alors qu'elle coiffait ses cheveux, elle a soudainement découvert qu'elle utilisait le mauvais bras et l'a fait lever jusqu'à sa tête. Elle sentit son flanc et la plaie ouverte avait disparu.

Immédiatement, elle a téléphoné pour nous en parler.

J'ai dit: "Sœur, descends ici. Il y a des gens qui attendent d'entendre ton témoignage."

Quelle quantité de foi Dieu exige-t-il de la personne qui vient demander ?

Une phrase finale d'une interprétation des langues donnée en juin 1910, à Somerset, East Cape Colony, Afrique du Sud :

"Christ est à la fois la descente sans tache de Dieu dans l'homme et l'ascension sans péché de l'homme en Dieu, et le Saint-Esprit est l'agent par lequel cela s'accomplit."

Un esprit saint ne peut pas répéter une chose vile, ni être le créateur d'une suggestion vile. C'est un esprit impie qui est capable d'un tel acte. Je dis avec Paul, Marquez une telle personne Romains 16:17. Il peut parler, mais il ne connaît pas Dieu. Il ne comprend pas la puissance du salut, et il n'est pas non plus le possesseur du Saint-Esprit.

Greater Exploits 2 - Liens vers les podcasts audio

Vous êtes né pour cela - Guérison, Délivrance et Restauration - Découvrez les plus grands - Liens Podcast Audio

Chapitre 11 Partie 10
https://anchor.fm/otakada.org/episodes/part-10—who-am-i-eucs78

Chapitre 12 Partie 11 -
https://anchor.fm/otakada.org/episodes/Part-11–Enough-is-Enough—How-can-I-do-Gods-work-and-be-hungry-and-thirsty -Témoignages-euka7b

Chapitre 13 Partie 12
https://anchor.fm/otakada.org/episodes/Part-13—Speak-to-it–The-word-works–The-name-of-Jesus-works–Speak-to-yourself- ev2t0s

Chapitre 14 Partie 13 -
https://anchor.fm/otakada.org/episodes/Part-13—Speak-to-it–The-word-works–The-name-of-Jesus-works–Speak-to-yourself -ev2t0s

Chapitre 15 Partie 14 -
https://anchor.fm/otakada.org/episodes/Fifty-50-Nuclear-

Powered-Scriptures-the-Saints-of-Old-Used-to-FLIP-their-WORLD-upside-down -ev5p93

Chapitre 16 Partie 15 -
https://anchor.fm/otakada.org/episodes/Part-15–God-says–I-do-nothing-outside-my-CONTRACTs-with-YOU-and-I-have-EXIT -CLAUSEs-too-evc5va

Chapitre 17 Partie 16 -
https://anchor.fm/otakada.org/episodes/Part-16—The-Power-Resident-in-the-Communion–Stop-Self-Sabotaging-efforts-and-live-in-peace -evf88k

Chapitre 18 Partie 17 -
https://anchor.fm/otakada.org/episodes/Part-17—Enough-is-Enough-to-Captivity-welcome-to-freedom-in-Christ-Jesus—Storms-of-life -evg9k2

Greater Exploits 2 - Liens vidéo

Vous êtes né pour cela - Guérison, Délivrance et Restauration - Découvrez les plus grands - Liens Youtube Vidéo

Chapitre 11 Partie 10 https://youtu.be/tQGtfw-Kg9U

Chapitre 12 Partie 11 - https://youtu.be/Puh7wRu0AQ4

Chapitre 13 Partie 12 - https://youtu.be/ciuHgVsJmvs

Chapitre 14 Partie 13 - https://youtu.be/ciuHgVsJmvs

Chapitre 15 Partie 14 - https://youtu.be/Bc2JWdAfl9A

Chapitre 16 Partie 15 - https://youtu.be/HhmGfpskU04

Chapitre 17 Partie 16 - https://youtu.be/cbAz1f3iz2M

Chapitre 18 Partie 17 - https://youtu.be/EtSbu_9xowQ

Grands Exploits 2 – Chapitre 11

Vous êtes né pour cela - Guérison, délivrance et restauration - Découvrez comment des grands - l'introduction d'assez c'est assez à la captivité et bienvenue à la liberté en Christ

Partie 10 - Assez c'est assez pour la captivité de Satan et bienvenue à la liberté en Jésus-Christ - QUI SUIS-JE ? Qui es-tu en Jésus-Christ ? Que devons-nous faire à ce sujet pour vraiment vivre dans la liberté en Jésus-Christ ? - L'histoire de Jackie Chan + Lester Sumrall affiche qui il est dans trois (3) histoires - Délivrance de Cornelio, Le garçon de douze ans qui disparaît et réapparaît et d'autres histoires pour construire votre foi et la mienne que c'est POSSIBLE, vous êtes né ce!

Prière et jeûne pour l'Église et les dirigeants :

Prière et jeûne pour l'Église et le leadership - Jour 20 sur 40

Colossiens 2:2-3;11-15

Colossiens 2:2-3

La traduction de la passion

² Je lutte pour vous afin que vos cœurs soient enveloppés dans le confort du ciel et tissés ensemble dans le tissu de l'amour. Cela vous donnera accès [a] à toutes les richesses de Dieu alors que vous expérimentez la révélation du grand mystère de Dieu—Christ.

³ Car notre richesse spirituelle est en lui, comme un trésor caché qui attend d'être découvert — la sagesse du ciel et les richesses infinies de la connaissance révélée.

Colossiens 2:11-15

La traduction de la passion

¹¹ Par notre union avec lui, nous avons fait l'expérience de la circoncision de cœur. Toute la culpabilité et la puissance du péché [a] ont été supprimées et sont maintenant éteintes à cause de ce que Christ, l'Oint, a accompli pour nous.

¹² Car nous avons été ensevelis avec lui dans sa mort. Notre « baptême dans la mort » signifie aussi que nous avons été ressuscités avec lui lorsque nous avons cru en la puissance de résurrection de Dieu, la puissance qui l'a ressuscité du royaume de la mort. ¹³ Ce « domaine de la mort » décrit notre état antérieur, car nous étions sous l'emprise du péché. [b] Mais maintenant, nous avons été ressuscités de ce « royaume de la mort » pour ne jamais revenir, car nous sommes à jamais vivants et pardonnés de tous nos péchés !

¹⁴ Il a annulé toutes les violations de la loi que nous avions dans notre dossier et l'ancien mandat d'arrêt qui nous inculpait. Il a tout effacé—nos péchés, notre âme tachée [c] —il a tout effacé et ils ne peuvent pas être récupérés ! Tout ce que nous étions autrefois en Adam [d] a été placé sur sa croix et cloué là de façon permanente comme une manifestation publique d'annulation.

[15] Alors Jésus fit **un spectacle public de toutes les puissances et principautés des ténèbres, leur ôtant toute arme et toute leur autorité spirituelle et leur pouvoir** ^{de} <u>nous accuser</u> . Et par le **pouvoir de la croix,** Jésus les conduisit prisonniers dans une procession de triomphe. *Il n'était pas leur prisonnier ; ils étaient à lui !* [f]

Prière : *Père, quel accomplissement ! – Quel mystère ! – Quelle liberté que tu as accomplie de manière créative à travers ton Fils, Jésus-Christ. Cher Saint-Esprit, aujourd'hui, percez ces rhema dans nos consciences et notre subconscient. Faites en sorte que votre corps de croyants et votre leadership inclus fassent l'expérience de cette liberté dans le travail fini. Pour que le monde sache qu'il y a vraiment guérison, il y a délivrance et il y a restauration dans l'esprit, l'âme et le corps, qui nous a ramenés là où nous étions avant la chute dans le jardin d'Eden afin qu'ils se précipitent pour faire l'expérience de ce que vos enfants vivent à la suite de ce partenariat avec vous au nom de Jésus-Christ, Amen*

Une Parole pour le corps de Christ reçue à cause de ce jeûne *– Le Seigneur dit,*

*"**Quels que soient les problèmes auxquels vous êtes confrontés dans votre chemin de pèlerinage qui ne sont pas alignés sur ma parole, DEVENEZ partenaire (Pacte ou accord) avec moi dans ce domaine spécifique où VOUS avez besoin de mon intervention et veillez à mon SALUT dans ce domaine particulier - je ne rien faire en dehors de mon partenariat avec vous.***

Que ceux qui ont l'oreille, entendent, reçoivent et AGISSENT SUR ce que l'Esprit du Dieu vivant dit aux Églises pour une LIBERTÉ TOTALE au nom de Jésus-Christ, Amen

Chers amis, je vous souhaite à tous un joyeux dimanche de Pâques de la Résurrection ! Puissions-nous, vous et moi, vivre en plénitude l'œuvre achevée que Christ a accomplie sur cette croix au Calvaire au nom de Jésus, Amen

Aujourd'hui, nous vous apportons la partie 10 de notre série sur assez c'est assez pour la captivité et bienvenue à la liberté en Jésus-Christ.

Notre engagement envers soi-même et les autres chez Otakada Cyber Church Ministries :

La foi vient en entendant et en entendant par *(perspicacité, Rhema - parole parlée, profondeur et compréhension de ou par)* la parole de Dieu - Romains 10:17.

Nous continuerons à parler, à montrer et à raconter jusqu'à ce que nous atteignions et engageons à travers le contenu 100 millions d'âmes pour Christ dans le monde d'ici 2040 - si Jésus tarde à venir. Nous ne laisserons aucune pierre non retournée jusqu'à ce que les fervents chercheurs de Dieu et les vrais croyants soient amenés à la nouveauté et à la conscience de tout ce que Jésus a accompli sur cette vieille croix robuste où toutes nos anomalies passées, présentes et futures ont été clouées à cette croix et l'ont rendue sans effet. pouvoir et effet à la fois maintenant et dans le futur de l'éternité. Jusqu'à ce que nous le vivions tous et l'exprimions dans notre esprit, nos âmes, nos corps et tout autour de nous - à l'intérieur et à l'extérieur de notre cercle d'influence en *pleine guérison spirituelle et physique, délivrance et restauration pour sa gloire et son honneur au nom de Jésus, Amen - Marc 16 :15-20*

Nous vous apportons aujourd'hui le titre - *QUI SUIS-JE? Qui es-tu en Jésus-Christ ? Que devons-nous faire à ce sujet pour vraiment vivre dans la liberté en Jésus-Christ ?*

- L'histoire de Jackie Chan + Lester Sumrall affiche qui il est dans trois (3) histoires - Délivrance de Cornelio, le garçon de douze ans qui disparaît et réapparaît et d'autres histoires pour construire votre foi et la mienne que c'est POSSIBLE, vous êtes né pour cela – Partie 10

Cette série est destinée à ceux qui ont faim de TOUT Dieu - Tout le Plein Conseil de Dieu !

Pour mener une campagne réussie dans le domaine spirituel et physique en tant qu'armée du Dieu vivant, nous devons cultiver dans la prière ces attributs en tant que pré-qualifiés. Ceux-ci sont:

A : Disponibilité – Esprit, Âme et Corps ;

B : L'audace d'exercer l'autorité et le pouvoir ;

C : Compassion de s'asseoir là où les gens souffrent ;

D : Détermination à aller jusqu'à la victoire ;

E : Amour sérieux qui n'est pas basé sur le superficiel ;

F : Colère ardente avec satan et

G : Grande soif de la PLENITUDE de DIEU en nous et autour afin que nous puissions toucher le monde pour Lui

Notre écriture directrice aujourd'hui est Colossiens 3:1-17 et Apocalypse 5:12.

Mais avant l'Écriture, parlons de l'histoire de Jackie Chan dans le film – Qui suis-je ? Parce qu'il y a un parallèle dont nous pouvons tirer des leçons.

Dans un film de 2 heures bourré d'action de 1998 - Qui suis-je? réalisé par l'acteur - Jackie Chan et Benny Chan. Jackie a joué le rôle principal dans ce film.

Quelque part dans les jungles d'Afrique du Sud, une unité militaire multinationale, Special Force Unit, tend une embuscade à un convoi et kidnappe plusieurs scientifiques travaillant sur un composé hautement volatil extrait d'une météorite récemment découverte. Parmi les agents se trouve un ressortissant de Hong Kong identifié comme « Jackie Chan ». La CIA charge Morgan d'enquêter sur l'incident, ignorant que lui et le général Sherman nouvellement à la retraite ont orchestré l'enlèvement pour leur profit personnel. Dans le même temps, la CIA affecte un autre agent en Afrique du Sud pour une opération plus secrète.

Jackie se réveille dans un village tribal quelque part dans le veld africain, se remettant encore des blessures subies lors d'un accident dont il ne se souvient pas; en conséquence, lorsqu'on lui demande son nom par les indigènes, il répond en se demandant "Qui suis-je?", et est appelé ainsi par les indigènes. Les membres de la tribu lui montrent les restes d'un hélicoptère écrasé et les tombes de ceux qui ont péri à bord. Il passe des semaines à se remettre de ses blessures et à découvrir la culture de la tribu. Après avoir repéré des voitures de rallye à plusieurs kilomètres de distance, "Qui suis-je?" fait ses adieux au village et entreprend un voyage de retour vers la civilisation. Il se lie d'amitié avec la copilote de rallye japonaise Yuki après avoir sauvé son frère d'une morsure de serpent et proposé de les aider à terminer la course.

Quand ils arrivent à Johannesburg, "Qui suis-je?" rencontre Christine Stark, une journaliste envoyée pour l'interviewer sur son aventure en rallye. Cependant, Morgan entend parler de "Qui suis-je?" et envoie une équipe de tueur à gages pour le tuer. Morgan prétend également être son allié, lui disant de le contacter s'il est en danger. Après avoir échappé aux tueurs à gages, Christine déchiffre un code secret écrit sur un carnet d'allumettes trouvé sur l'un des agents morts, ce qui les conduit à Rotterdam, aux Pays-Bas. "Qui suis je?" et Christine fait ses adieux à Yuki et se dirige vers Rotterdam pour trouver plus de réponses à son identité.

A Rotterdam, « Qui suis-je ? découvre que Christine est en fait un agent infiltré de la CIA qui a écouté ses appels. Ne sachant pas à qui faire confiance, il combat les tueurs à gages de Sherman et se faufile seul dans le gratte-ciel Willemswerf, où il découvre les cerveaux derrière l'enlèvement des scientifiques. Il est révélé que Morgan et le général Sherman sont sur le point de vendre le complexe extraterrestre à un puissant marchand d'armes nommé Armano.

En attendant la fin de la transaction en ligne, les trois hommes quittent la salle de conférence pour une pause-café en donnant "Qui suis-je?" le temps de se faufiler et de voler le disque contenant les informations composées. Il annule également la transaction et envoie l'argent à une association caritative pour enfants, ce qui exaspère le marchand d'armes. Une fois qu'il découvre la trahison de Morgan, "Qui suis-je?" essaie de tuer Morgan, mais est interrompu par les tueurs à gages de Morgan. Après s'être échappé du bâtiment après une bataille avec les tueurs à gages de Morgan, "Qui suis-je?" se regroupe avec Christine, qui appelle à l'exécution d'un "Plan B", pour encercler le pont Erasmus et coincer Morgan en coopération avec le Royal Netherlands Marine Corps. Une fois que Christine a donné un coup de pied à Morgan et l'a mis en garde à vue, "Qui suis-je?" jette le disque du pont et dit à Christine qu'il reviendra en Afrique.

Quel est le parallèle ici? Eh bien, certains d'entre nous, j'aime Jackie dans notre travail chrétien. Nous avons rencontré tant de malheurs dans la vie - des maladies, des maladies qui ont défié la médecine moderne et l'aide des médecins, la mort d'êtres chers, des accidents, des échecs familiaux, des échecs commerciaux, des échecs relationnels, des enchevêtrements démoniaques et ainsi de suite. Tout comme Jackie, nous avons perdu notre identité. Pas seulement dans le domaine physique, mais plus important encore dans le domaine spirituel en tant que chrétiens. Comme Jackie, nous avons reçu un nouveau nom par nous-mêmes et d'autres personnes - parfois plusieurs noms. Nous avons rencontré une amnésie à la suite d'accidents de la vie et oublié qui nous sommes en Jésus-Christ.

Quel est mon message du film "qui suis-je film" ici ?

Je suis ici via ce média pour vous encourager aujourd'hui et avec vous, briser à jamais ce dos de captivité de satan d'où ? Nos esprits parce que c'est là que se trouve vraiment la bataille. Pour que vous puissiez planer comme l'aigle que Dieu vous a créé pour être et pour faire au nom de Jésus, Amen. Vous n'êtes pas l'accident de la vie ou un accident. Ces malheurs de la vie ne vous définissent pas et ne doivent pas vous définir. Votre identité est entièrement chargée et alignée en Jésus-Christ. Vous allez trouver ces vérités qui vous libèrent alors que nous découvrons Colossiens 3: 1-17 et Apocalypse 5: 12 dans ce formidable dimanche de résurrection au nom de Jésus-Christ - La foi se lèvera en vous si vous vous libérez de auto-incarcérations et vous êtes les bienvenus à la liberté en Jésus-Christ, Amen ?

Alors, qui suis-je en Jésus-Christ ?

Colossiens 3:1-17

La traduction de la passion

Je suis un avec Christ dans la gloire - Recevez cela au nom de Jésus, Amen

3 La résurrection de Christ est aussi votre résurrection. C'est pourquoi nous devons aspirer à tout ce qui est d'en haut, car c'est là que Christ siège intronisé à la place de tout pouvoir, honneur et autorité ! [un] 2 Oui, *régalez-vous de tous les trésors du royaume céleste* et remplissez vos pensées de réalités célestes, et non des distractions du royaume naturel.

3 Votre crucifixion [b] avec Christ a rompu le lien avec cette vie, et maintenant votre vraie vie est cachée en Dieu en Christ. 4 Et comme Christ lui-même est vu pour qui il est vraiment, qui tu es vraiment sera également révélé, car tu es maintenant un avec lui dans sa gloire !

Je suis une nouvelle vie de création en Jésus-Christ - Recevez cela au nom de Jésus, Amen

5 Vivez comme quelqu'un qui est mort à toute forme de péché sexuel et d'impureté. Vivez comme celui qui est mort aux désirs des choses interdites, [c] y compris le désir de richesse, qui est l'essence du culte des idoles. 6 Lorsque vous vivez dans ces vices, vous allumez la colère de Dieu contre ces actes de désobéissance. [ré]

[7-8] C'est ainsi que tu te comportais autrefois, caractérisé par tes mauvaises actions. Mais maintenant, il est temps de les éliminer de votre vie une fois pour toutes : la colère, les accès de rage, toutes les formes de haine, [e Lles jurons, [f] les propos grossiers, [9] et le mensonge. [g] Laisse de côté [h] ton vieil Adam-moi avec sa mascarade et son déguisement.

[10] Car tu as acquis une nouvelle vie de création qui se renouvelle continuellement à la ressemblance de Celui qui t'a créé ; vous donnant la pleine révélation de Dieu. [11] Dans cette nouvelle vie de création, votre nationalité ne fait aucune différence, ni votre origine ethnique, ni votre éducation, ni votre statut économique – *ils n'ont aucune importance* . Car c'est le Christ qui signifie tout car il vit en chacun de nous ! [ie]

Je dois aimer Dieu et en aimer un autre - Recevez cela au nom de Jésus, Amen

[12] Tu es toujours et tendrement aimé de Dieu ! Habillez-vous donc *des vertus de Dieu* , puisque vous avez été divinement choisis pour être saints. Soyez miséricordieux lorsque vous vous efforcez de comprendre les autres, et soyez compatissant, montrant de la gentillesse envers tous. Soyez doux et humble, inoffensif dans votre patience avec les autres. [13] Tolérez les faiblesses des membres de la famille de la foi, en vous pardonnant les uns les autres comme vous avez été gracieusement pardonnés par Jésus Christ. Si vous trouvez quelqu'un à redire, libérez-lui ce même don de pardon. [14] Car l'amour est suprême et doit passer par chacune de ces vertus. L'amour devient la marque [i] de la vraie maturité. [k]

[15] Que votre cœur soit toujours guidé [l] par la paix de l'Oint, qui vous a appelés à la paix comme faisant partie de son seul corps. Et soyez toujours reconnaissant.

¹⁶ Que la parole de Christ habite ⁽ᵐ⁾ en vous abondamment, vous inondant de toute sagesse. *Appliquez les Écritures* pendant que vous vous enseignez et instruisez-vous les uns les autres avec les Psaumes, et avec des louanges festives, ⁽ⁿ⁾ et avec des chants prophétiques qui vous sont donnés spontanément par l'Esprit, alors chantez à Dieu de tout votre cœur !

¹⁷ Que chaque activité ⁽ᵒ⁾ de votre vie et chaque parole ⁽ᵖ⁾ qui sort de vos lèvres soient imprégnées de la beauté de notre Seigneur Jésus, l'Oint. Et apportez votre louange constante à Dieu le Père *à cause de ce que Christ a fait pour vous* !

> Quelles sont les bénédictions spirituelles qui doivent se manifester ici et maintenant ?

Apocalypse 5:12

La traduction de la Passion - Tout ce que l'Agneau de Dieu a, je l'ai en Christ Jésus, Amen

¹² Et pendant que je regardais, ils chantaient tous d'une voix tonitruante :

"Digne est le Christ l'Agneau qui a été abattu pour recevoir une GRANDE PUISSANCE et la PUISSANCE, la RICHESSE et la SAGESSE, et l'HONNEUR, la GLOIRE et la LOUANGE !"

Recevez les sept attributs - trésors spirituels de GRANDE PUISSANCE et PUISSANCE, RICHESSE et SAGESSE, HONNEUR, GLOIRE ET LOUANGE au nom puissant de Jésus-Christ en ce dimanche de résurrection au nom de Jésus, Amen - La manifestation se produit en ce moment comme dans le spirituel, donc aussi dans le physique. Votre histoire a changé. Gagnez la manifestation MAINTENANT au nom de Jésus, Amen

Maintenant, lisons les trois histoires de Lester Sumrall pour votre édification dans la foi pour vous édifier pour faire la même chose et même plus, Amen ? Ceci est tiré de son livre - *Les miracles ne se produisent pas par hasard*

Lester Symrall - Miracles et délivrance

Et ces miracles accompagneront ceux qui auront cru; En mon nom ils chasseront les démons. Marc 16:17

Ayant été élevé dans une église du plein évangile, je me souviens avoir vu des malades priés et guéris dès ma plus tendre enfance. Pourtant, pour une raison inconnue, je ne me souviens pas d'avoir vu une personne possédée prier et délivrée lors d'une réunion publique.

Si une personne devenait mentalement incontrôlable, elle était généralement placée dans un asile d'aliénés. D'une manière ou d'une autre, les ministres de cette époque ne voyaient aucune relation avec la guérison divine, la maladie mentale et la possession démoniaque. N'ayant pas entendu de sermon sur la délivrance des dérangés mentaux ni reçu aucune instruction sur ce qu'il faut faire pour une personne possédée par un démon, j'étais complètement non initié à une telle tâche.

Cornelio - Le garçon qui disparaît

L'une des rencontres les plus étranges de mes voyages dans plus de cent pays du monde a eu lieu à l'église méthodiste Knox Memorial à Manille, la plus ancienne église protestante des Philippines. Je conduisais un réveil de salut et de guérison de trois nuits.

Un soir, dans la ligne de prière se tenait un pasteur méthodiste, le révérend Roman Quisol, avec un jeune d'environ douze ans et ses parents. Quand je les ai approchés pour la prière, le pasteur a dit que le garçon, Cornelio Closa, Jr., était un mauvais garçon en ce sens qu'il avait disparu. J'ai pensé qu'il voulait dire que le garçon s'était enfui, alors j'ai suggéré aux parents qu'un bon canotage pourrait remédier au problème.

Le pasteur avait l'air perplexe. « Frère Sumrall, vous ne comprenez pas, dit-il. "Ce garçon disparaît dans les airs et pourrait disparaître maintenant de mes mains."

Soudain, j'ai senti un frisson glacé parcourir tout mon être. En regardant directement dans les yeux du garçon, je pouvais voir qu'il était possédé par un démon. Je lui ai imposé les mains et j'ai demandé à Dieu de briser le circuit du pouvoir maléfique afin que cet esprit démoniaque ne puisse pas réintégrer le garçon.

J'ai prié pour son salut et pour ses parents catholiques en détresse. L'agonie de la prière m'épuisait physiquement, mais je savais que Dieu avait répondu par la délivrance. À partir de ce moment, Cornelio n'a plus jamais disparu.

Peu de temps après, je rendais visite au pasteur Quisol et je me suis enquis davantage de cet étrange garçon. Il a expliqué que le père de l'enfant était un vieil ami qui avait servi avec lui dans la marine américaine. M. Closa avait dit au ministre qu'au cours de l'année écoulée son fils avait mystérieusement disparu et réapparu une centaine de fois. Il a dit que Cornelio serait assis dans la salle à manger avec la famille et se dissoudrait simplement dans l'air sans qu'une fenêtre ou une porte ne bouge. Ou il serait assis dans la pièce de devant avec ses frères et sœurs en train de jouer et tout à coup les enfants crieraient : « Cornelio est parti ! Il était introuvable dans la maison ou dans la rue.

Le révérend Reuben Candelaria, alors surintendant du district de Manille de l'Église méthodiste, a pris rendez-vous avec la famille Closa pour que nous leur rendions visite. C'était un jour de réjouissance. Ils nous ont donné un bel exemple d'hospitalité philippine et, après des rafraîchissements, nous nous sommes installés pour parler à Cornelio de ses étranges disparitions.

Cornelio nous a dit qu'environ un an auparavant, il avait traversé un champ voisin en rentrant de l'école. Il a vu une fille de sa taille. Elle portait une robe blanche et était très jolie avec de beaux longs cheveux flottants autour de ses épaules. En s'approchant de lui, elle a souri et a dit: "S'il te plaît, va te promener avec moi."

Cornelio a naturellement consenti. Puis, lorsque la belle fille le toucha, à son grand étonnement, tous deux devinrent invisibles. Ils pouvaient marcher pendant de nombreuses heures, même toute la nuit et toute la journée, sans se fatiguer. Et quand elle l'embrasserait à nouveau, il reviendrait à son corps normal.

Cornelio disparaîtrait de nombreux endroits. Parfois, il disparaissait de la salle de classe et pouvait réapparaître au même endroit quelques heures plus tard. Cela a tellement bouleversé l'enseignant et les élèves que le directeur a fait renvoyer Cornelio de l'école.

Il disparaissait de chez lui, parfois le soir quand toute la famille était assise derrière des portes verrouillées.

À une occasion, il jouait avec les autres enfants dans le salon.

C'était le soir et les portes et les fenêtres de la maison étaient déjà verrouillées. La porte de la cour avant était également verrouillée. Les enfants crièrent soudain : « Cornelio est parti ! Tout le monde regarda autour de lui dans la pièce et dans le reste de la maison. Ils ont déverrouillé les portes et ont cherché dans la cour et dans la rue, mais n'ont pas pu le trouver.

Deux nuits plus tard, alors que la famille était assise dans le salon, à peu près à la même heure où il avait disparu, il réapparut à l'étage. Lorsque les parents ont entendu quelqu'un à l'étage, ils ont demandé: "Qui est-ce?"

Cornelio répondit : "C'est moi. Je vais me coucher maintenant."

Toute la famille est devenue folle. Non seulement ils avaient peur de ce qui était arrivé à leur petit fils, mais ils avaient peur de le dire à la police. Ils ne voulaient pas que leurs noms paraissent dans les journaux ni ne voulaient que des multitudes de curieux se pressent autour de leur maison pour voir la chose étrange qui se passait.

J'ai demandé à Cornelio s'il avait jamais senti le corps de cette petite fille. Il a dit: "Oui, elle avait toujours froid et n'avait jamais chaud."

Je lui ai demandé plus avant si elle ne l'attirait que d'une manière douce ou si elle était exigeante. Il m'a regardé avec une sorte de regard effrayé et a dit qu'elle allait l'attraper et devenir très en colère, exigeant qu'il obéisse à tous ses souhaits.

Puis je lui ai demandé où ils iraient. Il a dit qu'ils allaient au cinéma et que personne ne pouvait les voir, ils entraient sans payer. Ils allaient aussi parfois au restaurant et il a dit qu'ils avaient visité la Foire internationale des Philippines qui se tenait à Luneta. Mais surtout, ils aimaient voyager à travers les bois et faire de longues promenades dans la campagne.

M. Closa, un homme de la marine américaine avec un record de dix-neuf ans, vérifierait l'histoire de Cornelio. Lorsqu'il réapparaissait et racontait à sa famille qu'il allait dans un certain cinéma, le père se précipitait pour voir si son histoire était correcte. C'était toujours vrai.

J'ai demandé à Cornelio ce que cette petite fille pensait de ses parents et il m'a dit qu'elle ne les aimait pas parce qu'ils étaient contre sa disparition.

Je lui ai demandé si quelqu'un d'autre avait vu la fille. Il a dit qu'il était le seul à pouvoir la voir et qu'elle se tenait près de lui la plupart du temps.

À ce stade, j'ai rapproché ma chaise de Cornelio et j'ai dit: "Quand vous avez regardé directement le visage de cette créature, ne pouviez-vous pas voir qu'elle n'était pas du tout une fille?"

Il a eu l'air surpris parce que j'étais la première personne à avoir jamais remis cela en question. Il a répondu : « Vous avez raison. Ce n'est pas vraiment une fille du tout.

J'ai poursuivi : « Lorsque vous avez regardé de très près le visage de cette créature, ne pouviez-vous pas dire qu'elle n'était même pas jeune ?

De nouveau, il eut l'air surpris et dit : "Oui, elle n'était pas jeune du tout."

"Alors," dis-je, "c'était un esprit maléfique pour tourmenter et ruiner votre vie. Finalement, cela aurait détruit votre âme en enfer.

Cornelio a déclaré: "Oui, plusieurs fois, elle m'a demandé de partir et de ne jamais revenir, mais j'avais peur de donner mon consentement." Puis, avec un sourire radieux, il a ajouté : « Je n'ai jamais pensé que je pourrais être libre et maintenant je suis heureux d'être délivré. Je la voyais tout le temps avant même qu'elle me touche et me demande de partir avec elle. La nuit où tu as prié pour moi, elle se tenait à la porte de l'église, me suppliant de venir la voir. Mais je ne l'ai pas vue depuis que vous avez prié pour moi et je suis heureux que Dieu m'ait libéré.

Cela fait maintenant plusieurs années que Cornelio a été livré. Aujourd'hui, c'est un jeune homme normal. Grâce à cette expérience, beaucoup de membres de sa famille ont connu Jésus-Christ comme Seigneur et Sauveur.

Je me rends compte que partager un incident aussi incroyable que celui-ci, c'est inviter de nombreux sceptiques à douter. J'aurais du mal à me croire si je n'avais pas été là et authentifié à fond les faits à partir de plusieurs sources fiables.

Le révérend HA Baker de Formose, missionnaire vétéran en Chine et auteur de plusieurs livres, s'intéressa intensément à ce miracle. Il avait traité avec le pouvoir démoniaque pendant de nombreuses années en Orient. Lorsque le révérend Baker voyageait des États-Unis à Formose, il s'est arrêté aux Philippines pendant quelques jours afin d'interviewer ce jeune homme. En compagnie de l'évêque méthodiste, il a passé deux jours à enquêter de manière approfondie sur la véracité de cette histoire.

M. Baker a écrit : « Il n'y a aucun doute dans mon esprit quant à la réalité de cette affaire telle que vous l'avez enregistrée. Pour l'esprit pensant, c'est une merveilleuse révélation des réalités du monde invisible et cette guérison montre la réalité des miracles comme aux jours de la Bible. Les faits sont les faits, la vérité établie par des preuves suffisantes. Cornelio Closa, Jr., a pu, par le pouvoir de l'esprit, passer dans un état d'invisibilité consciente, se déplacer indépendamment de la matière matérielle et revenir à nouveau à un état normal.

Apprendre à chasser les démons

En Indonésie, sur l'île de Java, quand j'avais vingt et un ans, j'ai été confronté pour la première fois à une personne possédée par un démon. Je venais d'arriver dans le pays et c'était ma première rencontre à Java. Alors que la congrégation javanaise chantait dans sa langue maternelle, j'ai reconnu la mélodie de certaines des chansons mais je n'ai pas pu comprendre les paroles chantées.

C'est au cours de la toute première chanson que j'ai remarqué une fille de onze ou douze ans glisser du banc avant sur le sol et commencer à se tordre comme un serpent. La congrégation a continué à chanter et le chef du chant n'a même pas regardé vers la fille. Il semblait que j'étais le seul à m'inquiéter pour elle. De la mousse verte a commencé à sortir de sa bouche, recouvrant son menton et sa lèvre supérieure. Toujours personne ne semblait s'en apercevoir.

J'ai supposé que c'était quelque chose qui s'était passé auparavant.

Il y avait cinq ou six cents personnes entassées dans la salle de réunion et je pouvais à peine croire que personne ne semblait prêter attention à la fille par terre qui faisait des mouvements de serpent. Elle levait les yeux vers la plate-forme, souriait d'un sourire idiot, ses yeux dansaient comme des démons et cette écume verte infecte vomissait de sa bouche. Elle reculait de trois ou quatre pieds, se tortillait et remontait vers la plate-forme. Cela a duré environ trente minutes, et la jeune fille a simplement été ignorée par les fidèles alors qu'ils chantaient et priaient. En moi, une urgence divine montait jusqu'au point d'éclatement. Quand j'ai été initié à la prédication, mon interprète et moi nous sommes dirigés vers la chaire. Alors, plutôt que de saluer les gens comme je l'avais prévu, une onction divine jaillit de mon cœur. En regardant la petite créature, j'ai crié: "Lève-toi et assieds-toi!" Mon

L'interprète a été tellement surpris qu'il n'a pas répondu. La jeune fille était analphabète et ne connaissait pas l'anglais. C'est sans doute l'esprit en elle qui m'a compris. Instantanément, elle essuya la mousse verte de sa bouche avec son bras. Elle est montée sur le banc où elle s'est assise comme une momie sans bouger un muscle pendant quarante-cinq minutes pendant que je prêchais. À la fin de mon sermon, et sans préméditation, j'ai regardé la jeune fille et j'ai ordonné aux esprits démoniaques : « Sortez d'elle. Puis, m'adressant à la fille, j'ai dit: "Soyez libre au nom de Jésus."

Pendant que je parlais, ce regard transpercé la quitta. La rigidité de son corps se détendit. Elle a souri. Alors que la fille devenait normale et regardait autour d'elle, une vague de joie a déferlé sur la congrégation. Encore mon interprète stupéfait n'avait pas dit un mot. C'est donc l'esprit qui a compris ce que j'avais dit.

Plus tard, j'ai cherché à évaluer cette nouvelle expérience. Je savais que cela avait donné la délivrance à la réunion parce que lorsque la jeune fille m'a obéi et s'est assise sur le banc, toute la congrégation a été amenée dans un lieu où elle était prête à recevoir la parole de Dieu. Quand je lui ai ordonné d'être libre, cela a apporté une énorme victoire dans la réunion. Ensuite, des dizaines d'âmes s'étaient pressées au front pour recevoir le Christ comme leur Sauveur.

J'ai parlé au révérend Howard Carter de l'incident. Nous voyagions ensemble mais il n'était pas dans cette réunion particulière avec moi. Il raconta d'autres cas où il avait vu des esprits chassés de personnes possédées. C'est devenu notre sujet de discussion pour les prochaines semaines. En Indonésie, il y avait plus de sorciers que de médecins. Les hommes et les femmes apportaient généralement leurs problèmes domestiques ainsi que leurs problèmes de santé à un sorcier. Les malédictions de la magie noire étaient une réalité quotidienne dans chaque village. Presque chaque jour, nous rencontrions de nouvelles situations de puissance démoniaque qui nous étaient inconnues dans les terres chrétiennes.

Une autre expérience en Java

Quelques nuits après cette première expérience, je prêchais dans un autre village de l'île de Java. Encore une fois, la salle des missions était pleine à craquer et des chaises supplémentaires avaient été placées dans les allées. Alors que j'entrais par la porte d'entrée et que je commençais à marcher dans l'allée bondée, j'ai senti un léger tiraillement sur ma manche. Je me suis arrêté et j'ai regardé le visage souriant d'une femme qui a dit: "Monsieur, vous avez un petit ange noir en vous et j'ai un ange blanc en moi." Ma pensée immédiate a été de sourire et de partir, mais quelque chose en moi s'est révolté. Je me tournai rapidement vers elle et lui dis : « C'est un mensonge. J'ai un esprit blanc en moi, l'Esprit de Jésus-Christ, et vous avez le diable en vous qui est noir et ténébreux. Puis, m'adressant à l'esprit démoniaque, je parlai fermement : "Je t'ordonne de sortir d'elle !" En disant cela, j'ai posé mes mains sur la tête de la femme. Ses yeux brillèrent étrangement, son visage se tordit, et soudain elle fut relâchée. Tout le monde dans le bâtiment pouvait sentir la délivrance de la femme en voyant son visage changer.

Plutôt que de continuer vers le devant de l'église, j'ai demandé à la femme, par l'intermédiaire de mon interprète : « Depuis combien de temps êtes-vous lié par le diable ?

Elle a dit: «Il y a quinze ans, je suis allée chez un sorcier et l'esprit maléfique a été en moi depuis ce jour jusqu'à aujourd'hui. Mais je suis libre de ça maintenant.

Cela semblait une étrange confrontation avec le diable. J'étais juste en train de franchir la porte de cette église où je n'étais jamais allée auparavant quand j'ai rencontré cette situation. Pourtant, je sentais que si je l'ignorais, je serais vaincu dans ma prédication. Je savais que cet esprit se dresserait à nouveau contre moi pendant le sermon et que le seul moyen de victoire était de l'affronter et de gagner une bataille spirituelle. Je n'ai pas eu le temps de me demander si j'étais capable d'exorciser le démon. Je n'ai pas eu le temps de réfléchir si c'était la bonne chose à faire. Je n'ai pas eu l'occasion de consulter qui que ce soit pour savoir ce qui n'allait pas chez la femme. Elle ne semblait en aucun cas être hors service. Il semblait simplement qu'il y avait une bataille inévitable à mener sur ce champ de bataille et je savais qu'il ne pouvait y avoir de victoire pour la cause du Christ à moins que je ne sois prêt à livrer bataille. Ce qui est merveilleux, c'est que cela a apporté une énorme libération de bénédictions spirituelles à toute la réunion. Lorsque les gens ont vu que le ministre en visite n'avait pas peur du diable, cela a apporté une grande foi et la victoire à toute l'assemblée. Beaucoup ont été libérés du pouvoir démoniaque avant la fin de la nuit.

Howard Carter et moi avons exercé le ministère pendant trois mois dans toute l'île de Java et nous avons eu plusieurs autres rencontres avec des esprits démoniaques. La plus grande chose que j'ai apprise, c'est que ce n'était pas moi personnellement dans le conflit, mais c'était Christ en moi.

De plus, ce n'était pas la personne possédée avec laquelle je me battais mais les démons en eux.

J'ai découvert qu'il n'y avait aucune raison d'avoir peur parce que Dieu ne perd jamais une bataille. J'ai découvert que même si les possédés pouvaient crier et se déchirer, ils ne cherchaient pas à me faire du mal ou à me toucher. Dans la plupart des cas, les démons voulaient s'enfuir et ne pas m'affronter du tout. Mon autorité pour l'exorcisme se trouvait dans la Parole de Dieu. La grande commission de notre Seigneur et Sauveur a ordonné à ses disciples, y compris ceux de l'église aujourd'hui, de chasser les démons (Marc 16:1517). C'est devenu mon Gibraltar de force spirituelle.

De ces premières expériences en Orient, qui, je crois, sont venues de manière providentielle, j'ai découvert que lorsque je faisais face à un problème profond et que le royaume de Dieu était défié, Dieu passait toujours et accomplissait de puissants miracles pour libérer le captif du pouvoir de Satan.

Courte prière pour l'auto-délivrance

« Seigneur Jésus-Christ, je crois que tu es mort sur la croix pour mes péchés et que tu es ressuscité des morts. Tu m'as racheté par ton sang et je t'appartiens et je veux vivre pour toi. Je confesse tous mes péchés - connus et inconnus - je suis désolé pour eux tous. Je les renie tous. Je pardonne à tous les autres comme je veux que Tu me pardonnes. Pardonne-moi maintenant et purifie-moi avec ton sang. Je te remercie pour le sang de Jésus-Christ qui me purifie maintenant de tout péché. Et je viens à Toi maintenant comme mon libérateur. Vous connaissez mes besoins particuliers - la chose qui lie, qui tourmente, qui souille ; cet esprit mauvais, cet esprit impur, je revendique la promesse de ta parole : « Quiconque invoquera le nom du Seigneur sera délivré. Je T'invoque maintenant. Au nom du Seigneur Jésus-Christ, délivrez-moi et libérez-moi. Satan, je renonce à toi et à toutes tes œuvres. Je me détache de toi, au nom de Jésus, et je t'ordonne de me quitter tout de suite au nom de Jésus. Amen!"

Laissez-le venir de votre cœur et voyez le salut du Seigneur !

Êtes-vous malade ou avez-vous besoin de délivrance et de restauration ?

Pour ceux qui sont malades ou malades sous quelque forme que ce soit, ou qui ont besoin d'être délivrés ? Ou restauration, veuillez toucher le point ci-dessous dans la foi (la foi, c'est voir le résultat positif précis de votre situation actuelle, sachant que Jésus a fait sa part il y a plus de 2000 ans pour assurer votre guérison et votre délivrance, la restauration comme acompte, confiant que cet acompte est à votre disposition, comme un solde positif sur votre compte courant auprès de la banque, aucune question posée car nous sommes d'accord avec vous et prononçons ÊTRE GUÉRI au nom de Jésus-Christ, Amen)

Par l'autorité que vous m'avez accordée ainsi qu'à eux, j'exerce cette autorité maintenant dans la foi avec leur colère contre l'ennemi et leur faim pour obtenir ce que vous leur avez donné gratuitement à tous, je maudis chaque maladie, chaque maladie, que ce soit le cancer, COVID 19, que ce soit l'esprit d'infirmités, que ce soit la possession démoniaque ou l'oppression, que ce soit l'esprit de pauvreté, les revers, l'accomplissement retardé de ce que Dieu a déjà déterminé et libéré. Nous venons contre l'anomalie, je les lie, nous les maudissons jusqu'à leur racine et nous les chassons par autorité au nom de Jésus-Christ. Amen. Nous appelons à une libération de guérison, de délivrance et de restauration dans leur vie au nom puissant de Jésus-Christ. Merci Seigneur pour les témoignages qui respectent ta gloire, ton honneur et ton adoration. Merci pour les âmes qui sont ajoutées à votre royaume à la suite de ce message, les miracles que nous voyons déjà en ce moment et qui se manifestent pour votre gloire au nom de Jésus, Amen. C'est fait! Réjouir!

Touchez cet endroit mis en évidence comme point de contact et confessez avec votre bouche - JE SUIS GUÉRI, JE SUIS DÉLIVRÉ et JE SUIS RESTAURÉ dans mon Esprit, Âme, Corps et tout autour de moi au nom de JÉSUS Christ, Amen !!!

Commencez à faire ce que vous ne pouviez pas faire auparavant et commencez à confesser jusqu'à la guérison complète, la restauration de la délivrance devient un fruit dans votre vie au nom de Jésus, amen. Restez affamé pour tout Dieu, restez en colère et

reprenez tout ce que l'ennemi a retenu au nom de Jésus, amen

Note   :
Témoignez de la guérison pour la gloire de Dieu et de la honte de l'ennemi ! Envoyez-nous un e-mail ou WhatsApp si vous avez encore besoin que nous nous mettions d'accord avec vous sur le problème. Et connectez-vous à la série d'équipements à partir de la semaine prochaine jeudi. Retrouvez le détail prochainement sur notre site internet !

Chalom !

Grands exploits 2 – Chapitre 12

Vous êtes né pour cela - Guérison, délivrance et restauration - Découvrez comment des grands dans la partie 11

Partie 11 - Assez c'est assez pour la captivité de Satan et bienvenue à la liberté en Jésus-Christ - Comment puis-je faire le travail quand j'ai faim et soif ? + Témoignages de Kenneth E. Hagin

Prière et jeûne pour les croyants et les dirigeants - Jour 24 sur 40

Ecriture: Jean 6: 28-29

New International Version

28 Alors ils lui ont demandé : « Que devons-nous faire pour faire les œuvres que Dieu demande ?
29 Jésus répondit : « Voici l'œuvre de Dieu : croire en celui qu'il a envoyé.

Prière: Seigneur, qu'en effet nous te croirons et ferons le travail que tu as mis sur nos épaules en utilisant les dons que tu as généreusement déposés en nous tous par la puissance de ton Saint-Esprit au nom de Jésus, Amen

Amis, dans la cause de cette année, j'ai fait un rêve. Dans le rêve, j'ai vu beaucoup de chrétiens venir me demander de l'eau parce qu'ils avaient soif. J'ai tendu la main et j'ai donné des bouteilles d'eau réfrigérée et j'ai commencé à les remettre. Je les avais empilés sur l'étagère.

Après le rêve, j'ai creusé davantage dans l'Écriture pour rechercher « eau » et « soif »

Voici mes trouvailles :

Esaïe 55:1
Invitation aux assoiffés
« Venez, vous tous qui avez **soif,** venez aux eaux ; et vous qui n'avez pas d'argent, venez acheter et manger ! Venez acheter du vin et du lait sans argent et sans frais.

Matthieu 25:35
Car j'ai eu faim et vous m'avez donné à manger, j'ai eu soif et vous m'avez donné à boire, j'étais un étranger et vous m'avez invité à

Jean 4:13-15
New International Version13 Jésus répondit : « Quiconque boit cette eau aura encore soif, 14 mais celui qui boira l'eau que je lui donne n'aura plus jamais soif. En effet, l'eau que je leur donnerai deviendra en eux une source d'eau jaillissant pour la vie éternelle.

15 La femme lui dit : « Seigneur, donne-moi cette eau pour que je n'aie plus soif et que je n'aie plus à venir puiser de l'eau ici. »

Jean 7:37-39
La traduction de la passionDes rivières d'eau vive

37 Alors, le jour le plus important de la fête, le dernier jour[a], Jésus se leva et cria à la foule : « **Vous tous, assoiffés,** venez à moi ! Viens à moi et bois ! 38 Croyez en moi, afin que jaillissent de vous des fleuves d'eau vive, qui coulent du plus profond de vous-même, comme le dit l'Ecriture !
39 Jésus prophétisait au sujet du Saint-Esprit que les croyants étaient préparés à recevoir. [d] Mais le Saint-Esprit n'avait pas encore été répandu sur eux, car Jésus n'avait pas encore été dévoilé dans toute sa splendeur.

Il y a plus de références mais la dernière référence Jean 7:37-38 est restée avec moi plus longtemps.
Ce que je déduis du rêve/de la vision, c'est que de nombreux croyants n'ont pas ou n'ont pas de conviction concernant la question du Saint-Esprit ou sincèrement, systématiquement en partenariat avec le Saint-Esprit en eux. Nous payons * **du bout des lèvres** * la mission du Saint-Esprit dans nos vies - _ Une théorie et non une application. _ Nous mettons la charrette devant le cheval. C'est un effort d'auto-sabotage - tourner en rond.

Nous jouons avec le Saint-Esprit, d'où la soif. Je prie pour que nous redynamisions le Saint-Esprit en nous pour de plus grands exploits dans notre travail chrétien et que nous marchions avec lui. Si nous ne le faisons pas, la première victime sera nous et personne d'autre. Nous vivrons des vies chrétiennes sèches sans impact sur nous et sur les autres. Ce ne sera pas notre part au nom de Jésus, amen.

Il y a aussi une deuxième partie pour trente pour la vraie parole non diluée de Dieu qui apporte la guérison, la délivrance et la restauration de l'esprit, de l'âme et du corps des croyants.

Ce sont mes deux conclusions. Vous pouvez tirer le vôtre mais par tous les moyens, restez plein de la parole et du Saint-Esprit en vous.

Où que vous soyez, chantez cette chanson avec David dans

Psaume 63:1-8
La Passion TraductionSoif de DieuPour le Pur et BrillantChant du roi David lorsqu'il fut exilé dans le désert de Judée63 Ô Dieu de ma vie, je suis malade d'amour pour toi dans ce désert fatigué. J'ai soif des désirs les plus profonds de t'aimer davantage, avec des envies dans mon cœur qui ne peuvent être décrites. Un tel désir étreint mon âme pour toi, mon Dieu !2 Chaque fois que j'entre dans ton sanctuaire céleste, je ressens de l'énergie pour rechercher plus de ton pouvoir et boire plus de ta gloire.3 Car tes tendres miséricordes signifient plus pour moi que la vie elle-même. Comme je t'aime et te loue, Dieu ! Chaque jour, je t'adorerai passionnément et de tout mon cœur. Mes bras s'agiteront vers toi comme des bannières de louange.5 Je déborde de louanges quand je viens devant toi, car l'onction de ta présence me satisfait comme rien d'autre. Vous êtes un si riche banquet de plaisir pour mon âme.6–7 Je reste éveillé chaque nuit en pensant à vous et en réfléchissant à la façon dont vous m'aidez comme un père. Je chante toute la nuit sous ton ombre de splendeur, t'offrant mes chants de délices et de joie8 ! Avec passion je te poursuis et m'accroche à toi. Parce que je sens ton emprise sur ma vie, je garde mon âme près de ton cœur.

Maintenant les témoignages de Kenneth E. Hagins

Pourquoi avez-vous besoin de lire les témoignages d'autres personnes ?

Pour que votre foi puisse être édifiée et que vous les utilisiez comme point de contact pour la vôtre, car le même Saint-Esprit présent en vous a fait ces miracles et pour que vous puissiez vous y accrocher pour ainsi dire, rappelez-vous le Saint-Esprit, qui est le guérisseur pour qu'ils fassent des miracles dans votre vie, amen ?
Les tests ne montrent aucune trace de cancer !

"J'avais un cancer du sein avec des métastases à la colonne vertébrale, au bassin, aux poumons et aux ganglions lymphatiques autour du cœur. Après avoir fréquenté l'école de guérison, entendu la Parole et reçu l'imposition des mains, je suis maintenant guérie du cancer. Une scintigraphie osseuse et des analyses de sang ne montrent aucune trace de cancer.
—HL, Oklahoma

Finis les problèmes cardiaques !
« J'avais une cardiomyopathie et une insuffisance cardiaque. Mon cœur fonctionnait à seulement 20 %. On dit que la fonction cardiaque normale est de 55 %. J'ai fréquenté l'école de guérison. J'ai étudié la Parole qui a été enseignée et on m'a imposé les mains pour la guérison. Je suis parti et je suis retourné chez moi et j'ai continué à écouter les bandes des écritures de guérison. Je suis retourné voir mon médecin pour refaire ce test et les résultats ont été merveilleux. Ils ont montré que mon cœur fonctionnait à 50 %. Je me sens tellement mieux !"—EG, Ohio

D'un fauteuil roulant à la marche !
« J'avais reçu un diagnostic de SP et j'avais fréquenté
l'école de guérison pendant un certain temps. J'étais
confiné dans un fauteuil roulant. Je suis également tombé
et me suis cassé un os à la jambe. Après m'être assis sous
l'enseignement de la Parole de Dieu, j'ai tellement appris. .
. par l'imposition des mains, j'ai reçu la force de marcher et
je peux me tenir debout sans douleur. Je ne suis plus en
fauteuil roulant et mes réflexes se sont améliorés en
marchant. L'os cassé a été guéri et je suis maintenant
capable de monter les escaliers et de faire du vélo
d'exercice.
—WF, Oklahoma

« Quand je suis allée à l'école de guérison pour la première
fois, je ne pouvais même pas marcher. J'ai littéralement dû
utiliser un déambulateur, car ma thyroïde était
complètement détraquée et les médecins ne savaient pas
quoi faire. Pendant plusieurs mois, j'ai continué à
fréquenter l'école de guérison et je suis passé d'une
marchette à une canne à rien. Ma thyroïde est maintenant
tout à fait normale.
—Robin, Flèche brisée, OK

Diagnostic : lupus
«Je suis venu à l'école de guérison tous les jours pendant
deux semaines. Je suis rentré chez moi et j'ai eu un examen
et le médecin était confus quand elle ne pouvait pas le
trouver. Je lui ai dit que Dieu m'avait guéri ! Les éruptions
cutanées, l'enflure et les articulations douloureuses ont
disparu.
—Chameka, Cleveland, Ohio

« Je suis tombé et j'ai endommagé ma coiffe des rotateurs.
Après que les mains m'aient été imposées, je pouvais lever
mon bras droit. J'ai également pu lire les Écritures dans ma

Bible pour la première fois en cinq ou six ans. Et j'ai été rempli du Saint-Esprit.

—Mary (89 ans), Crosby, Texas

"J'ai eu une blessure au nerf sciatique et un remplacement partiel de la hanche qui m'ont causé beaucoup d'inconfort et de douleur. Après la prière, ma jambe droite s'est redressée et ma hanche droite a sauté. La douleur dans ma hanche et la faiblesse dans mon pied ont disparu. Je bouge mieux qu'avant.

—Nate, Tulsa, d'accord

"En raison d'une lésion du tronc cérébral, j'ai eu des lésions nerveuses. J'éprouvais une faiblesse du côté gauche et j'étais confinée dans un fauteuil roulant à cause de mon incapacité à marcher. Après avoir fréquenté l'école de guérison, à la fin de la semaine, je marchais. J'étais hors du fauteuil roulant le premier jour de l'école de guérison, et aujourd'hui j'ai couru pour la première fois en sept mois ! Gloire à son saint Nom !

—JP, Alabama

« J'ai été hospitalisé en février 2005 pour des problèmes cardiaques. Les médecins ont dit que j'avais un dépôt de tissu cicatriciel dans mon cœur et aussi une myopathie ventriculaire gauche et que mon cœur s'était épaissi en conséquence. J'ai commencé à assister aux séances du matin de l'école de guérison. Il y a trois semaines, j'ai subi un électrocardiogramme et une échographie du cœur. Hier, mon médecin m'a dit que mon cœur était en parfaite santé et que je n'avais pas de myopathie ventriculaire gauche. Mes ventricules sont en bonne santé ! Mon corps est guéri !

—JR, Tulsa, Oklahoma

« Je suis allé à l'hôpital avec une hémorragie pulmonaire et une pneumonie. Un scanner récent a montré des bosses sur mon poumon droit. Je suis allé à l'école de guérison du matin, et pendant ce temps, on m'a imposé les mains en prière. Je suis allé hier pour une bronchoscopie, et le médecin qui a fait la procédure m'a dit qu'il n'avait rien trouvé dans mes poumons. Il a dit que les grosseurs avaient rétréci et qu'il n'y avait rien à montrer pour les saignements passés.
—DA, Broken Arrow, Oklahoma

«Lorsque je suis venu à l'école de guérison du matin lundi, je suis venu avec des douleurs lombaires atroces. C'était très douloureux de rester assis pendant l'enseignement, mais j'ai continué du lundi au mercredi. Quand je suis revenu le lundi suivant, je suis entré sans douleur ! je suis guérie ! À Dieu soit la gloire!"
—EM, Tulsa, Oklahoma

« Je souffrais d'enflures et de spasmes à la main gauche et de douleurs articulaires qui m'empêchaient d'ouvrir la main ou de bouger les épaules. Je me suis récemment réveillé un matin à 4h30 lorsqu'un ami m'a appelé en rentrant du travail pour savoir si j'avais pris mes médicaments. Ma main gauche était enflée à l'articulation de l'index et je ne pouvais pas l'ouvrir. Alors que je commençais à raconter à mon ami ce que j'avais appris à l'école de guérison du matin et à lui citer des Écritures, j'ai essayé de masser la douleur de mon articulation. (Dans le passé, il me fallait jusqu'à une demi-journée pour masser la douleur.) J'ai dit : « J'ai appris par les meurtrissures de Jésus que j'étais guéri. Pendant que je parlais, la douleur a soudainement disparu et j'ai pu ouvrir ma main sans problème. Le gonflement a encore disparu. Merci pour tous les soins affectueux et la prédication. Je suis venu me sentir vide après quatre ans de

douleur extrême. Je pars avec joie et guérison !
—SG, Frisco, Texas

"On m'a diagnostiqué une tumeur à l'utérus. Après m'être assis sous l'enseignement de la Parole et m'être imposé les mains, il n'y a plus de tumeur. Louez le Seigneur !
—MD, Oklahoma

"J'ai reçu un diagnostic d'ATM et j'avais des douleurs des deux côtés de la mâchoire. Je ne pouvais mordre aucun type de nourriture. Je loue Dieu de m'avoir guéri à l'école de guérison. Plus de douleur de l'ATM !"
—SB, Oklahoma

« Je n'ai plus besoin d'utiliser la canne. Mon corps n'est pas faible et il n'y a pas de douleur.
—DH, Texas

"J'avais un rythme cardiaque irrégulier. Après que les mains m'aient été imposées, j'ai senti une pression se retirer sous mes côtes. Merci Jésus!"
—JL, Oklahoma

Courte prière pour l'auto-délivrance

« Seigneur Jésus-Christ, je crois que tu es mort sur la croix pour mes péchés et que tu es ressuscité des morts. Tu m'as racheté par ton sang et je t'appartiens et je veux vivre pour toi. Je confesse tous mes péchés - connus et inconnus - je suis désolé pour eux tous. Je les renie tous. Je pardonne à tous les autres comme je veux que Tu me pardonnes. Pardonne-moi maintenant et purifie-moi avec ton sang. Je te remercie pour le sang de Jésus-Christ qui me purifie maintenant de tout péché. Et je viens à Toi maintenant comme mon libérateur. Vous connaissez mes besoins particuliers - la chose qui lie, qui tourmente, qui souille ; cet esprit mauvais, cet esprit impur, je revendique la promesse de ta parole : « Quiconque invoquera le nom du Seigneur sera délivré. Je T'invoque maintenant. Au nom du Seigneur Jésus-Christ, délivrez-moi et libérez-moi. Satan, je renonce à toi et à toutes tes œuvres. Je me détache de toi, au nom de Jésus, et je t'ordonne de me quitter tout de suite au nom de Jésus. Amen!"

Laissez-le venir de votre cœur et voyez le salut du Seigneur !

Êtes-vous malade ou avez-vous besoin de délivrance et de restauration ?

Pour ceux qui sont malades ou malades sous quelque forme que ce soit, ou qui ont besoin d'être délivrés ? Ou restauration, veuillez toucher le point ci-dessous dans la foi (la foi, c'est voir le résultat positif précis de votre situation actuelle, sachant que Jésus a fait sa part il y a plus de 2000 ans pour assurer votre guérison et votre délivrance, la restauration comme acompte, confiant que cet acompte est à votre disposition, comme un solde positif sur votre compte courant auprès de la banque, aucune question posée car nous sommes d'accord avec vous et prononçons ÊTRE GUÉRI au nom de Jésus-Christ, Amen)

Par l'autorité que vous m'avez accordée ainsi qu'à eux, j'exerce cette autorité maintenant dans la foi avec leur colère contre l'ennemi et leur faim pour obtenir ce que vous leur avez donné gratuitement à tous, je maudis chaque maladie, chaque maladie, que ce soit le cancer , COVID 19, que ce soit l'esprit d'infirmités, que ce soit la possession démoniaque ou l'oppression, que ce soit l'esprit de pauvreté, les revers, l'accomplissement retardé de ce que Dieu a déjà déterminé et libéré. Nous venons contre l'anomalie, je les lie, nous les maudissons jusqu'à leur racine et nous les chassons par autorité au nom de Jésus-Christ. Amen. Nous appelons à une libération de guérison, de délivrance et de restauration dans leur vie au nom puissant de Jésus-Christ. Merci Seigneur pour les témoignages qui respectent ta gloire, ton honneur et ton adoration. Merci pour les âmes qui sont ajoutées à votre royaume à la suite de ce message, les miracles que nous voyons déjà en ce moment et qui se manifestent pour votre gloire au nom de Jésus, Amen. C'est fait! Réjouir!

Touchez cet endroit mis en évidence comme point de contact et confessez avec votre bouche - JE SUIS GUÉRI, JE SUIS DÉLIVRÉ et JE SUIS RESTAURÉ dans mon Esprit, Âme, Corps et tout autour de moi au nom de JÉSUS Christ, Amen !!!

Commencez à faire ce que vous ne pouviez pas faire auparavant et commencez à confesser jusqu'à la guérison complète, la restauration de la délivrance devient un fruit dans votre vie au nom de Jésus, amen. Restez affamé pour tout Dieu, restez en colère et reprenez tout ce que l'ennemi a retenu au nom de Jésus, amen

Note :
Témoignez de la guérison pour la gloire de Dieu et de la honte de l'ennemi ! Envoyez-nous un e-mail ou WhatsApp si vous avez encore besoin que nous nous mettions d'accord avec vous sur le problème. Et connectez-vous à la série d'équipements à partir de la semaine prochaine jeudi. Retrouvez le détail prochainement sur notre site internet ! Chalom !

Grands exploits 2 – Chapitre 13

Vous êtes né pour cela - Guérison, délivrance et restauration - Découvrez comment des grands dans la partie 12

Partie 12 - Assez c'est assez pour la captivité de Satan et la bienvenue à la liberté en Jésus-Christ - MAIS dans cette UNE chose, nous avons tous ÉCHOUÉ LARGEMENT et donné à Satan un pied dans le voyage de notre vie, sapant notre efficacité en tant que véritables ambassadeurs du Christ sur ce royaume terrestre – Aujourd'hui c'est la JOURNEE DE LA PAIX ! + The Awesome 490 Story+ Combien coûte une tasse de haine par Gbile Akanni

In this one thing we have FAILEDWOEfully!

+ The awesome story of 490 - Find out on otakada.org

Prière et jeûne pour l'Église et le leadership - Jour 30 sur 40

Philippiens 2:1-5

La traduction de la passion
Réunis dans une parfaite unité
2 Regarde combien d'encouragement [a] tu as trouvé dans ta relation avec l'Oint ! Vous êtes rempli à déborder de son amour réconfortant. Vous avez fait l'expérience d'une amitié qui s'approfondit avec le Saint-Esprit et vous avez ressenti sa tendre affection et sa miséricorde. [b]
2 Je vous demande donc, mes amis, que vous soyez réunis dans une parfaite unité - avec un seul cœur, une seule

passion, et unis dans un seul amour. Marchez ensemble [c]
avec un but harmonieux et vous remplirez mon cœur d'une
joie sans bornes.
[3] Sois libre des opinions remplies d'orgueil, *car elles ne
feront que nuire à ton unité chérie* . Ne laissez pas
l'autopromotion se cacher dans vos cœurs, mais dans une
humilité authentique, mettez les autres en premier et
considérez les autres comme plus importants que vous-
mêmes. [4] Abandonnez toute démonstration d'égoïsme. Ayez
une plus grande préoccupation pour ce qui compte pour les
autres plutôt que pour vos propres intérêts. [5] Et considérez
l'exemple que Jésus, l'Oint, a mis devant nous. Laissez son
état d'esprit devenir votre motivation.

Prière: *Oh Dieu, aide-nous, ton corps de croyants, à
t'immoler partout. Accorde-nous la grâce, où Tu trouves la
volonté du plus profond de nos cœurs de fuir l'orgueil et de
nous revêtir d'humilité avec un cœur désintéressé alors que
nous tendons la main à tous les frères qui fuient les
affiliations confessionnelles, des doctrines qui trouvent leur
origine dans la tradition des hommes afin que nous pouvons
embrasser l'unité de cœur et d'esprit, perfectionnant la
sainteté au nom de Jésus, amen*
Chers amis, nous souhaitons à nouveau la bienvenue à notre
série sur Assez c'est assez pour la captivité de Satan et
Bienvenue à la liberté en Jésus-Christ. Aujourd'hui, nous
vous apportons le titre "Mais dans cette seule chose, nous
avons tous ÉCHOUÉ LARGEMENT et donné à Satan un
pied dans le voyage de notre vie, sapant notre efficacité en
tant que véritables ambassadeurs du Christ sur ce royaume
terrestre.

Mais cette seule chose est "l'offense" - l'offense qui trouve
sa racine dans l'orgueil et alimentée par l'amour de soi au
détriment du genre d'amour de Dieu. C'est là que nous, les
croyants, faiblissons en permanence. C'est la raison pour

laquelle toutes les sales douzaines de diables trouvent leur origine et sont transportées sur nous aussi facilement que le vent souffle. C'est de là que proviennent les prières sans réponse concernant la guérison, la délivrance et la restauration.

Dans nos 7 attributs de mener une campagne réussie contre le royaume de la méchanceté concernant assez est un assez pour la captivité de satan, qui sont *A : Disponibilité – Esprit, Âme et Corps ;*
B : L'audace d'exercer l'autorité et le pouvoir ; C : Compassion de s'asseoir là où les gens souffrent ;
D : Détermination à aller jusqu'à la victoire ; E : Amour sérieux qui n'est pas basé sur le superficiel ; F : Colère ardente avec satan et
G : Grande faim de la PLEINITÉ de DIEU en nous et autour afin que nous puissions toucher le monde pour lui
, ce titre se présente aujourd'hui sous la forme E : **Amour sérieux pour Dieu, pour soi et les autres**
Jésus, en soulevant cette question d'offense particulière, l'a abordée de cette manière dans :

Luc 17:1-5
Bible amplifiée, édition classique
17 Et [Jésus] dit à ses disciples : Les tentations (pièges, pièges tendus pour inciter au péché) viendront certainement, mais malheur à celui par *ou* à travers qui elles viennent !
² Il serait plus profitable pour lui qu'on lui pendît une meule autour du cou et qu'on le jetât à la mer que de faire pécher *ou* de servir de piège à l'un de ces petits [[un] humble de rang ou d'influence] .
³ [b] Faites attention *et* soyez toujours sur vos gardes [veillez les uns sur les autres]. Si ton frère pèche (manque la cible), dis-le-lui solennellement *et* reprends-le, et s'il se repent (se sent désolé d'avoir péché), pardonne-lui.

⁴ Et même s'il pèche contre toi sept fois en un jour, et se tourne vers toi sept fois et dit : Je me repens [je suis désolé], tu dois lui pardonner (abandonne le ressentiment et considère l'offense comme rappelée et annulée).
⁵ Les apôtres dirent au Seigneur : Augmente notre foi (cette confiance qui découle de notre croyance en Dieu).

Le fond du problème est dans les versets 3 et 4. La conséquence est dans le verset 2. Veuillez le relire.
Laissez-moi vous expliquer davantage. Nous sommes connectés spirituellement parlant - Cela est déjà établi par notre salut. Cet aspect d'être unis est si fort que, spirituellement parlant, quand une personne souffre, les autres souffrent aussi. S'il y a une infraction, peu importe qui est l'offenseur, cela pollue le corps, rendant le corps moins efficace pour accomplir ce que le corps dans son ensemble est censé accomplir.

Laisse-moi expliquer. Si un membre du RCCG blesse ou commet une infraction quelconque avec un autre membre du corps de Christ, par exemple dans la Montagne de feu, cette infraction entrave l'efficacité globale de l'œuvre de Dieu, par exemple dans la maison de Porter au Texas. C'est ainsi que le corps de Christ est connecté. Dieu ne voit pas nos dénominations maquillées. Il voit Jésus-Christ en chacun de nous.
Paul est allé plus loin pour clarifier cette question d'orgueil dans Philippiens 2 : 1-15
Je ferai un commentaire entre les versets comme suit en italique :

Philippiens 2:1-16
Bible amplifiée, édition classique
appel à vous qu'il y a dans notre habitation mutuelle en Christ, par tout ce qui fortifie, *console* et *encourage* [notre relation] en Lui [permet], par tout stimulant persuasif qu'il y a dans l'amour,

par toute participation dans le [Saint] Esprit [que nous partageons], et par quelque profondeur d'affection et de sympathie compatissante,

² Remplissez *et* complétez ma joie en vivant en harmonie *et* en étant du même esprit *et* un dans le but, en ayant le même amour, en étant en plein accord et d'un esprit *et d'une* intention harmonieux.

COMMENTAIRE:

Paul fait appel à l'harmonie, à l'unité d'esprit, au but, à l'amour, au plein accord et aux intentions. Il dit que cela compléterait sa joie.

³ Ne rien faire pour des motifs de faction [par la querelle, les conflits, l'égoïsme ou à des fins indignes] ou motivé par la vanité *et* l'arrogance vide. Au lieu de cela, dans le véritable esprit d'humilité (humilité d'esprit), laissez chacun considérer les autres comme meilleurs *et* supérieurs à lui-même [pensant plus les uns aux autres que vous ne le faites à vous-mêmes].

⁴ Que chacun de vous estime , regarde *et* se préoccupe non [seulement] de ses propres intérêts, mais aussi chacun des intérêts des autres.

COMMENTAIRES:

Paul dit qu'il ne devrait pas y avoir de factions ou de motifs factionnels - l'égoïsme, les querelles, les fins infructueuses, l'arrogance, l'orgueil mais plutôt l'humilité.

⁵ Que la même attitude , *le même* dessein *et* le même esprit [humble] soient en vous qui étaient en Jésus-Christ : [Qu'il soit votre exemple d'humilité :]

[6] Qui, bien qu'essentiellement un avec Dieu *et* sous la forme de Dieu [[b] possédant la plénitude des attributs qui font de Dieu Dieu], n'a pas [c] pensé que cette égalité avec Dieu était une chose à saisir avec avidité [d] *ou* conservé,

[7] Mais il s'est dépouillé [de tous les privilèges et [e] dignité légitime], afin de prendre l'apparence d'un serviteur (esclave), en ce qu'il est devenu comme les hommes *et* est né un être humain.

[8] Et après être apparu sous une forme humaine, Il s'est abaissé *et* s'est humilié [encore plus loin] et a poussé Son obéissance jusqu'à l'extrême de la mort, même la mort de la croix !

COMMENTAIRES:

Paul nous dit d'avoir l'humilité que Christ avait et l'a démontré en allant à la croix pour nous. Nous devons tous aller à la croix les uns pour les autres. Comment? En montrant le genre d'amour de Dieu, en pardonnant le cœur même lorsqu'il n'y a aucun signe de remords, en priant pour qu'ils changent de cœur. Rappelez-vous ce que Jésus a dit: "Père, pardonne-leur, car ils ne savent pas ce qu'ils font." - Luc 23:34

9 C'est pourquoi [parce qu'il s'est abaissé si bas] Dieu l'a souverainement élevé et lui a librement donné le nom qui est au-dessus de tout nom,

[10] Qu'au (au) nom de Jésus tout genou [g] fléchisse (doit) fléchir, dans les cieux, sur la terre et sous la terre,

[11] Et que toute langue [[h] franchement et ouvertement] confesse *et* reconnaisse que Jésus-Christ est Seigneur, à la gloire de Dieu le Père.

COMMENTAIRES:

Paul dit, à cause de cette humilité, à cause de l'abaissement, Dieu a élevé Jésus et lui a donné une place d'honneur et de gloire et des principautés, des puissances se prosternent devant lui. Si satan et toute sa sale douzaine ne s'inclinent pas - si la maladie ne s'incline pas, s'il n'y a pas de délivrance, s'il n'y a pas de restauration, alors nous devons radiographier nos vies - Pourrait-il y avoir une offense ? Le problème n'est pas avec Dieu mais en nous-mêmes. Nous devrions demander au Saint-Esprit, et s'Il montre quoi que ce soit, nous devrions être assez humbles en tant qu'enfants obéissants de Dieu pour faire des pas obéissants parce que ce sont les obéissants qui sont les disciples du Christ.

[12] C'est pourquoi, mes bien-aimés, comme vous avez toujours obéi [à mes suggestions], ainsi maintenant, non seulement [avec l'enthousiasme dont vous feriez preuve] en ma présence, mais bien plus encore parce que je suis absent, travaillez but, et pleinement accompli) votre propre salut avec révérence , crainte et tremblement (méfiance envers soi-même, [i] avec une sérieuse prudence, tendresse de conscience, vigilance contre la tentation, recul timide devant tout ce qui pourrait offenser Dieu et discréditer le nom du Christ).

[13] [Pas dans votre propre force] car c'est Dieu qui est tout le temps [i] effectivement à l'œuvre en vous [énergisant et créant en vous la puissance et le désir], à la fois pour vouloir et pour travailler pour son bon plaisir *et* sa satisfaction *et* [k]plaisir.

[14] Faites toutes choses sans murmures , *sans reproches et* sans plaintes [[l] contre Dieu] et [m] interrogez *et* doutez [entre vous],

[15] Afin que vous vous montriez irréprochables *et* irréprochables, innocents *et* intègres, enfants de Dieu irréprochables (irréprochables, irréprochables) au milieu d'une génération perverse *et* méchante [spirituellement

pervertie et perverse], parmi laquelle vous êtes considérés comme des lumières brillantes (étoiles ou balises qui brillent clairement) dans le monde [sombre],

[16] Tenant [celui-ci] *et* offrant [à tous les hommes] la Parole de Vie, afin qu'au jour de Christ j'aie quelque chose dont je puisse me réjouir avec exaltation *et* me glorifier de ce que je n'ai pas couru ma course en vain ni dépensé mon temps. travail sans but.

COMMENTAIRE:

Paul conclut que notre salut doit être accompli avec crainte et tremblement. Je n'ai pas entendu Paul dire : « avoue ou crois en ton salut ». Paul dit : « TRAVAILLEZ VOTRE
SALUT avec peur et tremblement. Sans se plaindre contre Dieu et sans douter entre nous. En même temps, demeurez irréprochable devant les méchants. Il n'a pas dit devant les justes. Pourquoi donc? Pour qu'ils désirent notre soi-disant salut. Ils doivent voir notre salut comme des fruits dans nos vies avant de pouvoir acheter notre salut. L'un des moyens est de savoir comment nous gérons l'offense d'eux et d'entre nous.
Je conclus ainsi la section en disant que si nous nous accrochons à l'offense envers qui que ce soit, cela ne suffit pas pour la captivité de satan. Même si satan dort. Tenir à l'offense est la captivité en soi.

Aujourd'hui c'est la Journée de la Paix !

Tendez la main aujourd'hui et faites la paix avec TOUS, en vous délivrant ainsi que les autres avec qui il y a une offense. Vous vous ferez le plus grand bien de la liberté que seuls les principes du Christ peuvent procurer.

Rappelez-vous ceci : L'Autorité Spirituelle pour les Grands Exploits commence à se manifester lorsque vous et moi commençons à lâcher prise et à laisser Dieu avec chaque géant d'offense dans votre vie et dans la mienne. La plus grande guérison, délivrance et restauration commence à l'intérieur de vous - dans votre cœur. Lorsque vous êtes offensé, Jésus ne peut pas occuper ce cœur car la lumière et les ténèbres ne peuvent pas rester ensemble. Cette obscurité est un point d'entrée élevé vers l'activité démoniaque dans votre vie et la mienne par notre participation volontaire. Le ministère du démoniaque est de tuer, d'immobiliser et de détruire

L'incroyable histoire 490
Matthieu 18:21-35
Bible amplifiée, édition classique

[21] Alors Pierre s'approcha de lui et dit : Seigneur, combien de fois mon frère pourra-t-il pécher contre moi et je lui pardonnerai *et* [a] laisser tomber ? [Autant que] jusqu'à sept fois ?

[22] Jésus lui répondit, je te le dis, pas jusqu'à sept fois, mais soixante-dix fois sept !

[23] C'est pourquoi le royaume des cieux ressemble à un roi humain qui voulait régler ses comptes avec ses serviteurs.

[24] Lorsqu'il commença le décompte, on lui en amena un qui lui devait 10 000 talents [probablement environ 10 000 000 de dollars],

[25] Et parce qu'il ne pouvait pas payer, son maître ordonna qu'on le vende, avec sa femme et ses enfants et tout ce qu'il possédait, et qu'on payât.

[26] Alors le serviteur tomba à genoux, le suppliant : Aie patience envers moi et je te paierai tout.

[27] Et le cœur de son maître fut ému de compassion, et il le relâcha et lui remit [l'annulation] de la dette.

[28] Mais ce même serviteur, en sortant, trouva un de ses compagnons de service qui lui devait cent deniers [environ

vingt dollars]; et il le prit à la gorge et dit : Paye ce que tu dois !

[29] Alors son compagnon de service tomba à terre et le pria instamment : Donnez-moi du temps, et je vous paierai *tout* !

[30] Mais il ne voulut pas, et il sortit et le fit mettre en prison jusqu'à ce qu'il ait payé la dette.

[31] Quand ses compagnons de service virent ce qui était arrivé, ils furent très affligés, et ils allèrent raconter tout ce qui s'était passé à leur maître.

[32] Alors son maître l'appela et lui dit : serviteur méprisable *et* méchant ! J'ai pardonné *et* annulé toute votre dette [grande] parce que vous m'avez supplié de le faire.

[33] Et n'aurais-tu pas dû avoir pitié *et* pitié de ton compagnon, comme j'ai eu pitié *et* pitié de toi ?

[34] Et dans sa colère, son maître le livra aux bourreaux (les geôliers), jusqu'à ce qu'il ait payé tout ce qu'il devait.

[35] De même aussi mon Père céleste traitera chacun de vous si vous ne pardonnez pas librement à votre frère de tout votre cœur *ses offenses* .

Dieu et faites de même AUJOURD'HUI !

COMBIEN COÛTE UNE TASSE DE HAINE ?
Par frère. Gbile Akanni.

Je ne savais pas que c'était si cher. Je voulais connaître le coût de la HAINE, alors j'ai décidé de créer une succursale où elle est vendue.

En bon homme d'affaires qui cherchait un acheteur, le vendeur s'est précipité pour me demander ce que je voulais.

Je lui ai dit que je voulais juste une tasse de haine, puis il a souri et m'a demandé si je pouvais me le permettre ?

« Combien coûte une tasse ? » J'ai demandé?!

Hummmm ! Il prit une profonde inspiration, puis commença…

Tout d'abord, cela vous enlèvera votre paix intérieure.

Cela vous coûtera des soucis incurables.

Cela vous dévorera le cœur.

Vous serez profondément amer chaque fois que vous poserez les yeux sur la personne que vous détestez.

Lorsque d'autres le célèbrent, vous chercherez des raisons pour lesquelles il ne le mérite pas.

Vous deviendrez si faible et fatigué de voir la personne.

Chaque fois qu'il ou elle rit, vous pleurez.

Pendant que d'autres sont occupés à planifier leur avenir, vous serez occupé à chercher comment le tirer vers le bas.

L'Esprit de Dieu vous quittera et vous deviendrez le temple des démons où résident les démons.

Vous commencerez à avoir différents problèmes de santé comme l'hypertension artérielle, le diabète, les accidents vasculaires cérébraux, le cancer, les maladies du foie, les maladies rénales, etc.
Tant que vous buvez à la coupe de la haine, de l'amertume, de la rancune, du manque de pardon, de la méchanceté, de la colère, de la jalousie, de l'envie, du ressentiment..... .
Pire encore, les prières ou les médicaments ne peuvent pas beaucoup aider parce que vous avez désobéi aux lois naturelles et surnaturelles.

Vous mourrez avant votre temps et irez en enfer.

Le vendeur comptait encore ce qu'une tasse de haine me coûterait, quand je l'ai évité, réalisant à quel point la haine est CHER.
Je suis parti parce que je savais au fond de moi que je ne pouvais pas me le permettre.
J'ai refusé de payer une telle somme alors que je peux AIMER si facilement et à moindre coût.
Bien-aimés, ne laissez personne vous enlever votre joie et vous vendre ou vous donner de la haine.
Évitez les commérages, l'amertume, la colère, etc., car souvent, c'est ce que vous entendez à propos de quelqu'un qui engendre la haine.
Par la grâce spéciale de Dieu Tout-Puissant... nous ne mourrons pas tous avant notre temps.
Bonjour chers ministres dans le Seigneur, et je vous

souhaite de rester en sécurité

Courte prière pour l'auto-délivrance.

« Seigneur Jésus-Christ, je crois que tu es mort sur la croix pour mes péchés et que tu es ressuscité des morts. Tu m'as racheté par ton sang et je t'appartiens et je veux vivre pour toi. Je confesse tous mes péchés - connus et inconnus - je suis désolé pour eux tous. Je les renie tous. Je pardonne à tous les autres comme je veux que Tu me pardonnes. Pardonne-moi maintenant et purifie-moi avec ton sang. Je te remercie pour le sang de Jésus-Christ qui me purifie maintenant de tout péché. Et je viens à Toi maintenant comme mon libérateur. Vous connaissez mes besoins particuliers - la chose qui lie, qui tourmente, qui souille ; cet esprit mauvais, cet esprit impur, je revendique la promesse de ta parole : « Quiconque invoquera le nom du Seigneur sera délivré. Je T'invoque maintenant. Au nom du Seigneur Jésus-Christ, délivrez-moi et libérez-moi. Satan, je renonce à toi et à toutes tes œuvres. Je me détache

de toi, au nom de Jésus, et je t'ordonne de me quitter tout de suite au nom de Jésus. Amen!"

Laissez-le venir de votre cœur et voyez le salut du Seigneur !

Êtes-vous malade ou avez-vous besoin de délivrance et de restauration ?

Pour ceux qui sont malades ou malades sous quelque forme que ce soit, ou qui ont besoin d'être délivrés ? Ou restauration, veuillez toucher le point ci-dessous dans la foi (la foi, c'est voir le résultat positif précis de votre situation actuelle, sachant que Jésus a fait sa part il y a plus de 2000 ans pour assurer votre guérison et votre délivrance, la restauration comme acompte, confiant que cet acompte est à votre disposition, comme un solde positif sur votre compte courant auprès de la banque, aucune question posée car nous sommes d'accord avec vous et prononçons ÊTRE GUÉRI au nom de Jésus-Christ, Amen)

Par l'autorité que vous m'avez accordée ainsi qu'à eux, j'exerce cette autorité maintenant dans la foi avec leur colère contre l'ennemi et leur faim pour obtenir ce que vous leur avez donné gratuitement à tous, je maudis chaque maladie, chaque maladie, que ce soit le cancer, COVID 19, que ce soit l'esprit d'infirmités, que ce soit la possession démoniaque ou l'oppression, que ce soit l'esprit de pauvreté, les revers, l'accomplissement retardé de ce que Dieu a déjà déterminé et libéré. Nous venons contre l'anomalie, je les lie, nous les maudissons jusqu'à leur racine et nous les chassons par autorité au nom de Jésus-Christ. Amen. Nous appelons à une libération de guérison, de délivrance et de restauration dans leur vie au nom puissant de Jésus-Christ. Merci Seigneur pour les témoignages qui respectent ta gloire, ton honneur et ton adoration. Merci pour les âmes qui sont ajoutées à votre royaume à la suite de ce message, les miracles que nous voyons déjà en ce moment et qui se manifestent pour votre gloire au nom de Jésus, Amen. C'est fait! Réjouir!

Touchez cet endroit mis en évidence comme point de contact et confessez avec votre bouche - JE SUIS GUÉRI, JE SUIS DÉLIVRÉ et JE SUIS RESTAURÉ dans mon Esprit, Âme, Corps et tout autour de moi au nom de JÉSUS Christ, Amen !!!

Commencez à faire ce que vous ne pouviez pas faire auparavant et commencez à confesser jusqu'à la guérison complète, la restauration de la délivrance devient un fruit dans votre vie au nom de Jésus, amen. Restez affamé pour tout Dieu, restez en colère et reprenez tout ce que l'ennemi a retenu au nom de Jésus, amen

Note   :
Témoignez de la guérison pour la gloire de Dieu et de la honte de l'ennemi ! Envoyez-nous un e-mail ou WhatsApp si vous avez encore besoin que nous nous mettions d'accord avec vous sur le problème. Et connectez-vous à la série d'équipements à partir de la semaine prochaine jeudi. Retrouvez le détail prochainement sur notre site internet !
Chalom !

Grands exploits 2 – Chapitre 14

Vous êtes né pour cela - Guérison, délivrance et restauration - Découvrez comment des grands - partie 13

Partie 13 - Assez c'est assez pour la captivité de Satan et bienvenue à la liberté en Jésus-Christ - La Parole agit ! Le nom de Jésus fonctionne ! Parlez-lui ! Parlez-vous! Parlez des circonstances et des Situations à la lumière des Paroles de Jésus. Activez le pouvoir dans Sa Parole par votre voix + série d'histoires édifiantes de Smith Wigglesworth sur le nom génial de Jésus quand tout le reste échoue et restez guéri, délivré et restauré à travers eux.

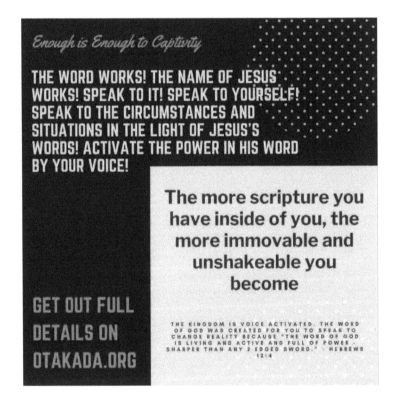

Enough is Enough to Captivity

THE WORD WORKS! THE NAME OF JESUS WORKS! SPEAK TO IT! SPEAK TO YOURSELF! SPEAK TO THE CIRCUMSTANCES AND SITUATIONS IN THE LIGHT OF JESUS'S WORDS! ACTIVATE THE POWER IN HIS WORD BY YOUR VOICE!

The more scripture you have inside of you, the more immovable and unshakeable you become

GET OUT FULL DETAILS ON OTAKADA.ORG

THE KINGDOM IS VOICE ACTIVATED. THE WORD OF GOD WAS CREATED FOR YOU TO SPEAK TO CHANGE REALITY BECAUSE "THE WORD OF GOD IS LIVING AND ACTIVE AND FULL OF POWER - SHARPER THAN ANY 2 EDGED SWORD." - HEBREWS 12:4

Jeûne et prière pour le jour de l'Église et du leadership 31 sur 40

Psaume 82:1-7
La traduction de la passion
82 Levez-vous tous ! Car Dieu vient maintenant pour juger alors qu'il convoque la salle d'audience du ciel.[a]
   Il juge tout juge et gouverne au milieu des dieux, en disant :
2 « Jusques à quand, juges, refuserez-vous d'écouter la voix de la vraie justice et continuerez-vous à corrompre le bien en jugeant en faveur du mal ?
Faites une pause en sa présence
3 « Défendez les sans défense, les orphelins et les oubliés, les privés de leurs droits et les démunis. 4 Votre devoir est de délivrer les pauvres et les impuissants ; libérez-les de l'emprise des méchants.5 Mais vous continuez dans vos ténèbres et votre ignorance alors que les fondements de la société sont ébranlés jusqu'à la moelle !
6 Ne vous ai-je pas nommés juges, en disant : Vous êtes tous comme des dieux, puisque vous jugez à ma place ?
_ *Vous êtes tous comme des fils du Très-Haut, mes représentants.* _
7 Néanmoins, dans la mort, vous n'êtes que des hommes ! Tu seras enterré comme n'importe quel prince et tu mourras.

Prière : Ô Dieu, que nous nous lèverons tous comme juges, dieux, prêtres et rois que Tu as fait de nous grâce à l'œuvre achevée sur la croix et la commission que Tu nous as accordée par Ton Fils dans Marc 16 :14-20. Que nous nous lèverons dans la puissance et la puissance du Tout-Puissant résidant en nous, au nom de Jésus et exercerons l'autorité et le pouvoir et * **libérerons les captifs qui sont opprimés par le malin, que nous défendrons les sans défense, les orphelins et les oubliés, les démunis et les démunis. ***

Faites en sorte que cela soit évident en nous tous Vos enfants – **à effet immédiat.** Ne nous donne pas la paix jusqu'à ce que nous fassions le nécessaire en tant que tes ambassadeurs ici sur terre au nom de Jésus, amen

Chers amis, je vous souhaite la bienvenue à la partie 13 de trop c'est trop pour la captivité alors que nous vous accueillons dans la liberté en Christ grâce à l'activation de la parole de Dieu sur votre vie, les circonstances et les situations.

Hébreux 4:12 nous fait comprendre les paroles de Dieu ! Il dit: * " **Car la parole de Dieu est vivante et active, et plus tranchante qu'aucune épée à deux tranchants, pénétrant même jusqu'à la division de l'âme et de l'esprit, des jointures et de la moelle, et capable de juger les pensées et les intentions du coeur"**

Nous ne devrions pas **jouer** avec nos propres mots, moins parler de la parole de Dieu.
Comme nos esprits sont joints à l'Esprit de Dieu. Nos mots deviennent des bombes à triple laser lorsqu'ils sont prononcés depuis le fond de notre esprit - bons, mauvais ou laids. Nous devons filtrer, double filtrer et triple filtrer nos mots avant de les relâcher dans des situations et des circonstances car ils deviendront une expression visible dans nos expériences !

Vous activez la parole de Dieu sur votre vie, les circonstances et la situation en parlant aux circonstances et à la situation. Dites-lui ce que vous voulez qu'il fasse. Laissez-le attirer toute votre attention. Attribut **A –** **Disponibilité, esprit, âme et corps** **Et D : Détermination - Restez déterminé** , peu importe le temps que cela prendra

Tout comme Jésus a parlé au figuier, je veux que vous parliez à votre corps, que vous parliez à votre esprit, que vous parliez à votre âme et à votre esprit. Parlez à la maladie, à l'esprit des infirmités et parlez à la zone qui a besoin de restauration. Dites-leur de s'aligner sur l'ordre de Dieu. Ils ont des oreilles. Le vent a des oreilles. La tempête a des oreilles. Les morts ont des oreilles. Tout ce que Dieu a créé a des oreilles. Ce sont des oreilles invisibles et elles répondent aux mots qui viennent sincèrement de notre cœur, alimentés par une force invisible de sérieux.

Lisez ceci – la parole de Dieu ne peut pas être brisée.
Jacques 5:16 Confessez vos péchés les uns aux autres et priez les uns pour les autres afin que vous soyez guéris. La prière fervente d'une personne juste a un grand pouvoir et produit des résultats merveilleux. _

Les mots qui sont **liés à notre esprit et à la ligne avec les Écritures ne peuvent pas être brisés.**
Les mots qui s'accordent avec l'Écriture ne peuvent pas être brisés.

Comment savez-vous que la situation ou les circonstances ont changé ?

Ne regardez pas vers l'extérieur. Regardez à l'intérieur. Il y aura un témoin dans votre cœur, au plus profond de votre esprit, homme ou femme. Vous en aurez la paix. Ensuite, commencez à faire attention aux manifestations extérieures. Dieu parle d'abord à votre esprit. Il donne d'abord à votre esprit avant que vous ne voyiez la manifestation dans le physique.

Vous demandez : « Comment puis-je connaître la volonté de Dieu sur n'importe quel sujet ?

Si vous voulez connaître la volonté de Dieu sur n'importe quel sujet, consultez les Écritures. Tout est là en noir sur blanc sur les questions générales.

Vous demandez : « Comment entendez-vous Dieu ? Je vous le dis, plongez-vous dans l'Écriture. Méditez dessus jour et nuit et faites-le.
Je le répète encore. Fais-le!
Pour plus de détails sur les conseils, il vous servira avec des mots de connaissance, de sagesse, de rêves, de voix audibles, de visions, etc.

David a parlé à son âme

David, un homme selon le cœur de Dieu, était déprimé MAIS il a appris à parler de la situation et l'a fait s'aligner sur **la parole de Dieu - la norme de Dieu - la volonté de Dieu.**
Il a parlé à son âme et lui a demandé de s'aligner avec les dieux - Vous devez faire de même

Notre esprit le blocage pour le surnaturel
Votre esprit fait fermement partie de Mr Flesh. Il est toujours en opposition (en guerre) avec et contre les choses de l'esprit.
Lisez ce Gal 5:17

Car la chair désire ce qui est contraire à l'Esprit, et l'Esprit ce qui est contraire à la chair. Ils sont en conflit les uns avec les autres, de sorte que vous ne devez pas faire ce que vous voulez. _
Notre plus grande lutte ou blocage ou blocage du flux divin se situe au niveau de l'âme (esprit conscient et subconscient) où le doute, les douleurs passées, les échecs passés, la colère, la jalousie et tout ce qui se trouve entre

les deux se logent et entravent le flux de la puissance de Dieu alors que nous apprendra des **témoignages de Smith Wigglesworth** aujourd'hui.

Nos esprits ont besoin d'être renouvelés. Leur âme a besoin d'être d'accord avec la parole de Dieu pour que le miraculeux ait lieu parce que le miraculeux est dans le domaine de l'esprit. Doutes cachés, haine cachée, amertume cachée, colère cachée quant à sortir au nom de Jésus-Christ, Amen

Lisons ceci de David - Comment il l'a abordé.

Psaume 42
La Passion Traduction
Psaumes de souffrance et de rédemption A Cry for Revival *
42 J'ai envie de boire de toi, ô Dieu,
de boire abondamment aux flots de plaisir qui coulent de ta présence. Mes désirs me submergent pour plus de toi ![c]2 Mon âme a soif, halète et aspire au Dieu vivant. Je veux venir voir le visage de Dieu3. Jour et nuit, mes larmes continuent de couler et mon cœur continue de crier pour ton aide, tandis que mes ennemis se moquent de moi sans cesse en disant : « Où est ton Dieu ? Pourquoi ne t'aide-t-il pas ? »4 Alors je parle au-dessus de mon âme brisée : « Prends courage. Vous souvenez-vous de l'époque où vous étiez juste devant, menant la procession de louanges lorsque la grande foule d'adorateurs se rassemblait pour entrer dans la présence du Seigneur ? Tu as poussé des cris de joie tandis que le bruit d'une célébration passionnée emplissait l'air et que la multitude joyeuse des amants honorait la fête du Seigneur5 ! » Alors, mon âme, pourquoi serais-tu déprimée ? Pourquoi sombreriez-vous dans le désespoir ? Continuez simplement à espérer et à vous attendre à Dieu, votre Sauveur. Quoi qu'il arrive, je

continuerai à chanter de louanges, car tu es ma grâce salvatrice6 ! Ici, je suis déprimé et abattu. Pourtant, je me souviendrai encore de toi alors que je réfléchis à l'endroit où ta gloire coule des sommets puissants, élevés et majestueux - les montagnes de ta présence impressionnante. [d] 7 Mon profond besoin appelle la profonde bonté de ton amour. Ta cascade de pleurs a envoyé des vagues de douleur sur mon âme, m'emportant, tombant sur moi comme une cataracte tonitruante.8 Tout au long de la journée, Yahweh a ordonné à son amour infini de se déverser sur moi. Toute la nuit, je chante ses cantiques et mes louanges au Dieu vivant.9 Je dirai à Dieu : « Tu es ma montagne de force ; comment as-tu pu m'oublier ? Pourquoi dois-je subir cette vile oppression de mes ennemis,

ces bourreaux sans cœur qui veulent me tuer ? »

10 Leurs paroles blessantes me transpercent le cœur, tandis qu'ils disent : « Où est ton Dieu ? » 11 Alors je dis à mon âme : « Ne te décourage pas. Ne soyez pas dérangé. Car je sais que mon Dieu percera pour moi. Alors j'aurai plein de raisons de le féliciter encore une fois. Oui, il est ma grâce salvatrice !

Témoignages de Smith Wigglesworth

Laissez-nous dynamiser aujourd'hui par les témoignages impressionnants de Smith Wigglesworth pour édifier votre foi afin que vous puissiez vous ouvrir à * la **guérison divine, la délivrance et la restauration** * au nom de Jésus, amen

La puissance du nom de Jésus-Christ

Lecture des Ecritures - Actes 3:1-16

Philippiens 2 : 9-10
Passi sur la traduction

9 A cause de cette obéissance, Dieu l'a élevé et a multiplié sa grandeur ! Il a maintenant reçu le plus grand de tous les noms!
10 L'autorité du nom de Jésus fait fléchir tout genou en révérence ! Tout et tout le monde se soumettra un jour à ce nom – dans le royaume céleste, dans le royaume terrestre et dans le royaume démoniaque.[a]

Tout est possible par le nom de Jésus. Dieu l'a hautement exalté et lui a donné le nom qui est au-dessus de tout nom, afin qu'au nom de Jésus tout genou fléchisse. Il y a le pouvoir de tout vaincre dans le monde par le nom de Jésus. J'attends avec impatience une merveilleuse union par le nom de Jésus. Il n'y a sous le ciel aucun autre nom donné parmi les hommes, par lequel nous devions être sauvés.

Je veux vous inculquer le sens de la puissance, de la vertu et de la gloire de ce nom. Six personnes sont entrées dans la maison d'un malade pour prier pour lui. Il était un vicaire épiscopalien, et gisait dans son lit complètement impuissant, sans même la force de s'aider lui-même. Il avait lu un petit tract sur la guérison et avait entendu parler de personnes priant pour les malades, et avait fait venir ces amis qui, pensait-il, pouvaient prier la prière de la foi. Il a été oint selon Jacques 5:14, mais, parce qu'il n'avait aucune manifestation immédiate de guérison, il a pleuré amèrement. Les six personnes sortirent de la pièce, un peu découragées de voir l'homme allongé dans un état inchangé.
Quand ils furent dehors, l'un des six dit : « Il y a une chose que nous aurions pu faire. Je souhaite que vous reveniez tous avec moi et que vous essayiez. Ils sont revenus et se sont tous réunis en groupe. Ce frère a dit : « Chuchotons le nom de Jésus. Au début, lorsqu'ils chuchotèrent ce digne nom,

rien ne sembla se produire. Mais alors qu'ils continuaient à chuchoter : « Jésus ! Jésus! Jésus!" le pouvoir a commencé à tomber. Quand ils virent que Dieu commençait à travailler, leur foi et leur joie augmentèrent ; et ils murmuraient le nom de plus en plus fort. Pendant qu'ils le faisaient, l'homme se leva de son lit et s'habilla. Le secret était juste ainsi, ces six personnes avaient détourné leurs yeux du malade, et ils étaient juste pris avec le Seigneur Jésus Lui-même, et leur foi a saisi la puissance qu'il y a en Son nom. O, si les gens appréciaient seulement le pouvoir qu'il y a dans ce nom, on ne sait pas ce qui se passerait.

Je sais que par son nom et par la puissance de son nom, nous avons accès à Dieu. Le visage même de Jésus remplit toute la place de gloire. Partout dans le monde, il y a des gens qui magnifient ce nom. et O, quelle joie c'est pour moi de le dire. Un jour, je suis monté dans la montagne pour prier. J'ai passé une merveilleuse journée. C'était l'une des hautes montagnes du Pays de Galles. J'ai entendu parler d'un homme montant sur cette montagne pour prier, et l'Esprit du Seigneur l'a rencontré si merveilleusement que son visage a brillé comme celui d'un ange quand il est revenu. Tout le monde au village en parlait. Alors que je montais sur cette montagne et que je passais la journée en présence du Seigneur, sa merveilleuse puissance semblait m'envelopper, me saturer et me remplir.
Deux ans auparavant, deux garçons du Pays de Galles étaient venus chez nous. Ce n'étaient que des garçons ordinaires, mais ils sont devenus très zélés pour Dieu. Ils sont venus à notre mission et ont vu certaines des œuvres de Dieu. Ils m'ont dit : « Nous ne serions pas surpris si le Seigneur t'amenait au Pays de Galles pour ressusciter notre Lazare. Ils ont expliqué que le chef de leur assemblée était un homme qui avait passé ses journées à travailler dans une mine d'étain et ses nuits à prêcher, et le résultat était qu'il s'était effondré, était devenu phtisique, et pendant quatre

ans, il avait été un invalide sans défense, être nourri à la cuillère.

Pendant que j'étais au sommet de la montagne, je me suis souvenu de la scène de la transfiguration, et j'ai senti que le seul but du Seigneur en nous emmenant dans la gloire était de nous préparer pour une plus grande utilité dans la vallée.

langues et interprétation ; "Le Dieu vivant nous a choisis pour son héritage divin, et c'est lui qui nous prépare à notre ministère, afin qu'il soit de Dieu et non de l'homme."
Comme j'étais au sommet de la montagne ce jour-là, le Seigneur m'a dit : « Je veux que tu ailles ressusciter Lazare. J'en ai parlé au frère qui m'accompagnait, et quand nous sommes descendus dans la vallée, j'ai écrit une carte postale : "Quand j'étais sur la montagne en train de prier aujourd'hui, Dieu m'a dit que je devais aller ressusciter Lazare." J'adressai la carte postale à l'homme du lieu dont le nom m'avait été donné par les deux garçons. Arrivés sur place, nous nous rendîmes chez l'homme à qui j'avais adressé la carte. Il m'a regardé et m'a dit: "Avez-vous envoyé ceci?" J'ai dit oui." Il a dit: «Pensez-vous que nous croyons en cela? Tiens, prends-le. Et il me l'a lancé.

L'homme appela un serviteur et lui dit : « Prends cet homme et montre-lui Lazare. Puis il m'a dit : « Dès que tu le verras, tu seras prêt à rentrer chez toi. Rien ne vous retiendra. Tout ce qu'il disait était vrai du point de vue naturel. L'homme était impuissant. Il n'était rien d'autre qu'une masse d'os avec de la peau tendue dessus. Il n'y avait pas de vie à voir. Tout en lui parlait de décadence.
Je lui ai dit : « Vas-tu crier ? Vous vous rappelez qu'à Jéricho les gens criaient alors que les murs étaient encore debout. Dieu a comme victoire pour vous si seulement vous croyez. Mais je n'arrivais pas à lui faire croire. Il n'y avait pas un atome de foi là-bas. Il avait décidé de ne rien avoir.

C'est une chose bénie d'apprendre que la parole de Dieu ne peut jamais faillir. Ne jamais écouter les plans humains. Dieu peut travailler puissamment lorsque vous persistez à croire en lui malgré les découragements du point de vue humain. Quand je suis revenu vers l'homme à qui j'avais envoyé la carte postale, il m'a demandé : « Êtes-vous prêt à partir maintenant ?

Je ne suis pas ému par ce que je vois. Je ne suis ému que par ce que je crois. Je sais que personne ne regarde les apparences s'il croit. Aucun homme ne considère ce qu'il ressent s'il croit. L'homme qui croit Dieu l'a. Tout homme qui entre dans la condition pentecôtiste peut rire de toutes choses et croire Dieu. Il y a quelque chose dans l'œuvre pentecôtiste qui est différente de toute autre chose dans le monde. D'une manière ou d'une autre, à la Pentecôte, vous savez que Dieu est une réalité. Partout où le Saint-Esprit a le droit de passage, les dons de l'Esprit seront en manifestation ; et là où ces dons ne se manifestent jamais, je me demande s'il est présent. Les pentecôtistes sont gâtés pour autre chose que les réunions pentecôtistes. Nous ne voulons aucun des divertissements qu'offrent les églises. Quand Dieu entre, Il nous divertit Lui-même. Amusé par le Roi des rois et le Seigneur des seigneurs ! Oh, c'est merveilleux.

Il y avait des conditions difficiles dans ce village gallois, et il semblait impossible de faire croire aux gens. "Prêt à rentrer à la maison?" Quelqu'un m'a demandé. Mais un homme et une femme là-bas nous ont demandé de venir et de rester avec eux. J'ai dit: "Je veux savoir combien d'entre vous peuvent prier." Personne ne voulait prier. J'ai demandé si je pouvais amener sept personnes à prier avec moi pour la délivrance du pauvre homme. J'ai dit aux deux personnes qui allaient nous divertir : "Je compte sur vous deux, et il y a mon ami et moi, et il nous en faut trois autres." J'ai dit aux gens en qui j'avais confiance que certains d'entre eux prendraient conscience de leur privilège et viendraient le matin se joindre à nous dans la prière pour la résurrection de Lazare. Il ne suffira jamais de céder aux opinions humaines. Si Dieu dit une chose, vous devez la croire.

J'ai dit aux gens que je ne mangerais rien cette nuit-là. Quand je suis arrivé au lit, il me semblait que le diable essayait de placer sur moi tout ce qu'il avait placé sur ce pauvre homme dans le lit. A mon réveil, j'avais de la toux et toute la faiblesse d'un tuberculeux. Je me suis roulé hors du lit sur le sol et j'ai crié à Dieu de me délivrer du pouvoir du diable. J'ai crié assez fort pour réveiller tout le monde dans la maison, mais personne n'a été dérangé. Dieu a donné la victoire et je me suis remis au lit aussi libre que je l'ai jamais été dans ma vie. A 5 heures, le Seigneur m'a réveillé et m'a dit : « Ne romps pas le pain avant de le rompre autour de ma table. À 6 heures, Il m'a donné ces mots : « Et je le ressusciterai. J'ai mis mon coude dans le type qui couchait avec moi. Il a dit : "Euh !" J'ai remis mon coude en lui et j'ai dit: «Entendez-vous? Le Seigneur dit qu'il le ressuscitera.

À 8 heures, ils m'ont dit : « Prends un petit rafraîchissement. Mais j'ai trouvé la prière et le jeûne la plus grande joie, et vous le trouverez toujours lorsque vous êtes conduit par Dieu. Quand nous sommes allés à la maison où habitait Lazare, nous étions huit en tout. Personne ne peut me prouver que Dieu ne répond pas toujours à la prière. Il fait toujours plus que ça. Il donne toujours l'extrêmement abondant au-delà de tout ce que nous demandons ou pensons.

Je n'oublierai jamais comment la puissance de Dieu est tombée sur nous lorsque nous sommes entrés dans la chambre de ce malade. Oh, c'était charmant ! Pendant que nous faisions le tour du lit, j'ai demandé à un frère de tenir l'une des mains du malade et j'ai tenu l'autre ; et nous tenions chacun la main de la personne à côté de nous. J'ai dit: "Nous n'allons pas prier, nous allons simplement utiliser le nom de Jésus." Nous nous sommes tous agenouillés et avons murmuré ce seul mot : « Jésus ! Jésus! Jésus!" La puissance de Dieu est tombée, puis elle s'est relevée. Cinq fois la puissance de Dieu est tombée, puis elle est restée. Mais la personne qui était dans le lit était impassible. Deux ans auparavant, quelqu'un était venu et avait essayé de le relever, et le diable avait utilisé son échec comme un moyen de décourager Lazare. J'ai dit : « Peu m'importe ce que dit le diable ; si Dieu dit qu'il vous ressuscitera, il doit en être ainsi. Oubliez tout le reste sauf ce que Dieu dit à propos de Jésus.

La sixième fois, le courant est tombé et les lèvres du malade ont commencé à bouger et les larmes ont commencé à couler. Je lui ai dit : « La puissance de Dieu est ici ; c'est à vous de l'accepter. Il dit : « J'ai été amer dans mon cœur et je sais que j'ai attristé l'Esprit de Dieu. Ici, je suis impuissant. Je ne peux pas lever les mains, ni même porter une cuillère à ma bouche. J'ai dit: "Repentez-vous, et Dieu vous exaucera." Il s'est repenti et s'est écrié : « Ô Dieu, que cela soit pour ta gloire. Alors qu'il disait cela, la vertu du Seigneur le traversait.

J'ai demandé au Seigneur de ne jamais me laisser raconter cette histoire autrement que telle qu'elle était, car je me rends compte que Dieu ne peut pas bénir les exagérations. Comme nous l'avons encore dit, * « **Jésus ! Jésus! Jésus!"** * le lit a tremblé et l'homme a tremblé. J'ai dit aux gens qui étaient avec moi : « Vous pouvez tous descendre les escaliers tout de suite. Tout cela est Dieu. Je ne vais pas l'aider. Je me suis assis et j'ai regardé cet homme se lever et s'habiller. Nous avons chanté la doxologie pendant qu'il descendait les marches. Je lui ai dit: "Maintenant, raconte ce qui s'est passé."

Bientôt, le bruit courut que Lazare avait été ressuscité et le peuple vint de Llanelly et de tout le district pour le voir et entendre son témoignage. Et Dieu a apporté le salut à beaucoup. Cet homme a dit en plein air ce que Dieu avait fait, et en conséquence beaucoup ont été condamnés et convertis. Tout cela est venu par le nom de Jésus, par la foi en Son nom, oui, la foi qui est par Lui a donné à cet homme malade une santé parfaite en présence de tous.

Peter et John étaient impuissants, analphabètes, ils n'avaient pas fait d'études collégiales. Ils avaient été avec Jésus. Pour eux était venue une merveilleuse révélation de la puissance du nom de Jésus. Ils avaient distribué le pain et le poisson après que Jésus les eut multipliés. Ils s'étaient assis à table avec lui et Jean avait souvent regardé son visage. Pierre a souvent dû être réprimandé, mais Jésus a manifesté son amour à Pierre à travers tout cela. Oui, Il aimait Pierre, l'égaré. Oh, c'est un amant merveilleux ! J'ai été capricieux, j'ai été têtu, j'ai eu un tempérament incontrôlable à un moment donné, mais comme Il a été patient. Je suis ici pour vous dire qu'il y a en Jésus et en Son nom merveilleux le pouvoir de transformer n'importe qui, de guérir n'importe qui.

Si vous le voyez comme l'Agneau de Dieu, comme le Fils bien-aimé de Dieu qui a fait retomber sur lui l'iniquité de nous tous, si seulement vous voyez que Jésus a payé tout le prix de notre rédemption afin que nous soyons libres, vous pouvez entrer dans votre héritage de salut, de vie et de puissance.

Pauvre Pierre et pauvre Jean ! Ils n'avaient pas d'argent ! Mais ils avaient la foi, ils avaient la puissance du Saint-Esprit, ils avaient Dieu. Vous pouvez avoir Dieu même si vous n'avez rien d'autre. Même si vous avez perdu votre caractère, vous pouvez avoir Dieu. J'ai vu les pires hommes sauvés par la puissance de Dieu.

Un jour, j'étais en train de prêcher au sujet du nom de Jésus et il y avait un homme appuyé contre un lampadaire qui écoutait. Il a fallu un réverbère pour lui permettre de tenir debout. Nous avions terminé notre réunion en plein air, et l'homme était toujours appuyé contre le poteau. Je lui ai demandé : « Es-tu malade ? Il m'a montré sa main et j'ai vu sous son manteau, il avait un poignard à manche d'argent. Il m'a dit qu'il était en route pour tuer sa femme infidèle, mais qu'il m'avait entendu parler de la puissance du nom de Jésus et qu'il ne pouvait pas s'en aller. Il a dit qu'il se sentait tout simplement impuissant. J'ai dit: "Descends-toi." Et là, sur la place, avec les gens qui passaient de long en large, il a été sauvé.

Je l'ai emmené chez moi et lui ai mis un nouveau costume. J'ai vu qu'il y avait quelque chose dans cet homme que Dieu pouvait utiliser. Il me dit le lendemain matin : « Dieu m'a révélé Jésus ; Je vois que tout a été mis sur Jésus. Je lui ai prêté de l'argent et il s'est rapidement constitué une merveilleuse petite maison. Sa femme infidèle vivait avec un autre homme, mais il l'a invitée à retourner dans la maison qu'il avait préparée pour elle. Elle est venue : et, là où l'inimitié et la haine étaient auparavant, toute la situation a été transformée par l'amour. Dieu a fait de cet homme un ministre partout où il allait. Il y a de la puissance au nom de Jésus partout. Dieu peut sauver au maximum.

Il se présente à moi une réunion que nous avons eue à Stockholm et que je garderai toujours à l'esprit. Il y avait là un foyer pour incurables et l'un des détenus fut amené à la réunion. Il était paralysé et tremblait de tout son corps. Il s'est levé devant 3 000 personnes et est venu à l'estrade, soutenu par deux autres. La puissance de Dieu est tombée sur lui lorsque je l'ai oint au nom de Jésus. Au moment où je l'ai touché, il a laissé tomber sa béquille et a commencé à marcher au nom de Jésus. Il descendit les marches et fit le tour de ce grand bâtiment à la vue de tout le monde. Il n'y a rien que notre Dieu ne puisse faire. Il fera tout si vous osez croire.

Quelqu'un m'a dit : « Veux-tu aller dans cette maison pour incurables ? Ils m'ont emmené là-bas pendant mon jour de repos. Ils firent sortir les malades dans un grand corridor et en une heure le Seigneur en libéra une vingtaine.

Le nom de Jésus est si merveilleux. Pierre et Jean n'avaient aucune idée de tout ce qui était dans ce nom ; ni l'homme, boiteux depuis le sein de sa mère, qui était couché chaque jour à la porte; mais ils avaient la foi pour dire : « Au nom de Jésus-Christ de Nazareth, lève-toi et marche. Et comme Pierre le prenait par la main droite et le relevait, aussitôt ses pieds et ses chevilles reçurent de la force, et il entra avec eux dans le temple, marchant et sautant et louant Dieu. Dieu veut que vous voyiez plus de choses de ce genre se faire. Comment ceci peut être fait? Par son nom, par la foi en son nom, par la foi qui est par lui.

REVEILS EN SCANDINAVIE

L'écrivain a eu le privilège pendant trois mois et un an d'être au centre des réunions de M. Smith Wigglesworth en Suède et au Danemark. C'était un temps de visitation d'en haut. J'ose dire que des centaines de personnes ont reçu Jésus comme leur Sauveur, des milliers ont été guéries de toutes sortes de maladies, aussi des milliers de croyants se sont réveillés à une nouvelle vie, et beaucoup, beaucoup ont reçu le baptême du Saint-Esprit comme le jour de la Pentecôte . Pour tous ainsi nous rendons gloire à Jésus. Voici quelques exemples de miracles que mes yeux ont vus.

C'était à Orebro (Suède) où se tenait alors une convention pentecôtiste. Je suis venu moi-même chercher de l'aide, épuisé par un service long et ininterrompu dans l'œuvre du Seigneur. Le lendemain, il y avait une réunion pour la guérison. Après le service de prédication, je suis allé dans l'autre salle et j'ai été surpris de trouver en quelques minutes une foule qui suivait. La salle fut bientôt pleine de centaines d'hommes et de femmes attendant patiemment une touche de Dieu à travers Son serviteur, et, gloire à Dieu, nous n'avons pas été déçus. Lorsque les mains m'ont été imposées, la puissance de Dieu m'a traversé d'une manière puissante. J'ai été tout de suite bien.

C'était merveilleux de remarquer, alors que le ministère se poursuivait, l'effet sur les gens alors que la puissance du Seigneur venait sur eux. Certains ont levé la main en criant : « Je suis guéri ! Je suis guéri ! Certains sont tombés sur l'estrade sous la puissance de l'Esprit, ayant dû être secourus. D'autres s'éloignaient comme dans un rêve ; d'autres comme ivres de vin nouveau, perdus pour tout sauf pour Dieu ; mais tous avaient des visages comme transfigurés de la gloire du Seigneur et magnifiant Jésus. Une jeune fille aveugle, alors qu'elle était soignée, s'écria : « Oh, combien de fenêtres il y a dans cette salle ! Pendant les trois semaines où la réunion se poursuivit, la grande chapelle était bondée quotidiennement, des multitudes étant guéries et beaucoup sauvées. Les réunions de témoignage étaient merveilleuses. L'un d'eux a dit: "J'étais sourd, ils ont prié et Jésus m'a guéri." Un autre, "J'ai eu la consommation, et je suis libre." Et ainsi de suite.

A Skofde, dans la salle plus petite, mise à part pour ceux qui recherchent le Baptême du Saint-Esprit, je n'oublierai jamais la vue, comment les gens avec les yeux fermés et le cœur élevé vers Dieu attendaient. Le Saint-Esprit est-il descendu sur eux ? Bien sûr qu'Il l'a fait. Ici aussi, beaucoup ont été guéris. A un autre endroit, il y avait un jeune homme dont le corps avait été gâté à cause du péché, mais le Seigneur est miséricordieux envers les pécheurs. Il a été oint, et quand les mains ont été imposées, la puissance de Dieu est allée puissamment sur lui. Il a dit: «Je suis guéri», mais étant brisé, il a pleuré comme un petit enfant, confessant son péché; au même moment, le Seigneur le sauva. Gloire à Dieu! Il entra dans la grande salle et témoigna du salut et de la guérison.

À Stockholm, de longues files d'attente attendaient pendant des heures pour entrer. La salle contenait 1 800 personnes. À presque toutes les réunions, les foules n'ont pas pu entrer dans le bâtiment, mais elles ont attendu, souvent des heures et des heures, la chance, s'il y en avait, de sortir du bâtiment pour entrer dans la place. Ici, un homme avec deux béquilles, tout son corps tremblant de paralysie, est soulevé sur la plate-forme. (Derrière lui, cinq ou six cents autres attendent de l'aide.) Cet homme est oint et les mains lui sont imposées au Nom de Jésus. Il tremble encore. Puis il laisse tomber une béquille, et peu de temps après, l'autre. Son corps tremble encore, mais il fait le premier pas DANS LA FOI. Qu'il sera? Il lève un pied puis l'autre, fait le tour de la plate-forme. Les spectateurs se réjouissent avec lui. Maintenant, il se promène dans l'auditorium. Alléluia!

Au cours de cette réunion, une femme a commencé à crier et à crier. Le prédicateur lui a dit de se taire, mais au lieu de cela, elle a sauté sur une chaise, agitant ses bras et criant : « Je suis guérie ! je suis guérie ! J'avais un cancer dans la bouche et je n'étais pas sauvé ; mais pendant la réunion, alors que j'écoutais la Parole de Dieu, le Seigneur m'a sauvé et m'a guéri d'un cancer de la bouche. Elle crie à nouveau : « Je suis sauvée ! je suis sauvé ! Je suis guérie d'un cancer ! » Elle était hors d'elle. Les gens riaient et pleuraient ensemble.

Voici une autre femme incapable de marcher, assise sur une chaise pendant qu'on la servait. Son expérience était la même que des centaines d'autres. Elle se leva, regardant autour d'elle, se demandant si après tout c'était un rêve. Soudain, elle a ri et a dit : « Ma jambe est guérie. Ensuite, elle a dit : « Je ne suis pas sauvée », et des torrents de larmes ont coulé sur son visage. Ils ont prié pour elle, et plus tard elle a quitté la réunion guérie et sauvée et pleine de joie. Nous avons un merveilleux Sauveur; gloire à Son Saint Nom !

Parmi les nombreux miracles en Norvège, je cite deux extraits de l'article du pasteur Barratt, "Korsets Seir" (la Victoire de la Croix). Un homme et son fils sont venus en taxi à la réunion. Tous deux avaient des béquilles. Le père était alité depuis deux ans et était incapable de poser sa jambe au sol. Il a été servi. Il laissa tomber ses deux béquilles, marchant et louant Dieu. Quand le fils a vu cela, il a crié : « Aidez-moi aussi », et peu de temps après, le père et le fils, sans béquilles et sans taxi, sont sortis ensemble de la salle. Ce mot est à nouveau manifesté; le même Jésus, le Jésus thaumaturge est toujours le même aujourd'hui.

Maintenant Copenhague, ma patrie ! Pendant trois semaines, des milliers de personnes assistaient chaque jour aux réunions. Chaque matin, deux ou trois cents personnes étaient soignées pour la guérison. Chaque soir, la plate-forme était encerclée. Encore et encore, alors que chaque foule se retirait, une autre compagnie s'avançait pour chercher le salut. Ici, beaucoup ont été baptisés du Saint-Esprit. Les réunions de témoignage étaient merveilleuses. Maintenant, je vais terminer avec une vision qu'a eue un frère qui assistait à ces réunions. Il s'est perdu dans l'intercession pour les centaines de malades attendant d'être soignés pour la guérison. Il a vu une ouverture depuis l'estrade, là où se trouvaient les malades, droit dans la gloire. Il a vu des êtres merveilleux sous la forme d'hommes se reposant qui, avec intérêt, regardaient. De nouveau, il regarda la plate-forme et vit un Être céleste vêtu de blanc, qui était tout le temps plus actif que tout autre pour aider les malades, et quand IL les touchait, l'effet était merveilleux. Les formes courbées se sont redressées, leurs yeux ont brillé, ils ont commencé à glorifier et à louer le Seigneur. Une Voix a dit : « Les guérisons sont le plus petit des dons ; ce n'est qu'une goutte d'eau dans le seau en vue de ce que Dieu a en réserve pour ses enfants. Vous ferez de plus grandes œuvres que celles-ci. » Anna Lewini dans « Confidence ».

Courte prière pour l'auto-délivrance.

« Seigneur Jésus-Christ, je crois que tu es mort sur la croix pour mes péchés et que tu es ressuscité des morts. Tu m'as racheté par ton sang et je t'appartiens et je veux vivre pour toi. Je confesse tous mes péchés - connus et inconnus - je suis désolé pour eux tous. Je les renie tous. Je pardonne à tous les autres comme je veux que Tu me pardonnes. Pardonne-moi maintenant et purifie-moi avec ton sang. Je te remercie pour le sang de Jésus-Christ qui me purifie maintenant de tout péché. Et je viens à Toi maintenant comme mon libérateur. Vous connaissez mes besoins particuliers - la chose qui lie, qui tourmente, qui souille ; cet esprit mauvais, cet esprit impur, je revendique la promesse de ta parole : « Quiconque invoquera le nom du Seigneur sera délivré. Je T'invoque maintenant. Au nom du Seigneur Jésus-Christ, délivrez-moi et libérez-moi. Satan, je renonce à toi et à toutes tes œuvres. Je me détache de toi, au nom de Jésus, et je t'ordonne de me quitter tout de suite au nom de Jésus. Amen!"
Laissez-le venir de votre cœur et voyez le salut du Seigneur !

Êtes-vous malade ou avez-vous besoin de délivrance et de restauration ?

Pour ceux qui sont malades ou malades sous quelque forme que ce soit, ou qui ont besoin d'être délivrés ? Ou restauration, veuillez toucher le point ci-dessous dans la foi (la foi, c'est voir le résultat positif précis de votre situation actuelle, sachant que Jésus a fait sa part il y a plus de 2000 ans pour assurer votre guérison et votre délivrance, la restauration comme acompte, confiant que cet acompte est à votre disposition, comme un solde positif sur votre compte courant auprès de la banque, aucune question posée car nous sommes d'accord avec vous et prononçons ÊTRE GUÉRI au nom de Jésus-Christ, Amen)

Par l'autorité que vous m'avez accordée ainsi qu'à eux, j'exerce cette autorité maintenant dans la foi avec leur colère contre l'ennemi et leur faim pour obtenir ce que vous leur avez donné gratuitement à tous, je maudis chaque maladie, chaque maladie, que ce soit le cancer , COVID 19, que ce soit l'esprit d'infirmités, que ce soit la possession démoniaque ou l'oppression, que ce soit l'esprit de pauvreté, les revers, l'accomplissement retardé de ce que Dieu a déjà déterminé et libéré. Nous venons contre l'anomalie, je les lie, nous les maudissons jusqu'à leur racine et nous les chassons par autorité au nom de Jésus-Christ. Amen. Nous appelons à une libération de guérison, de délivrance et de restauration dans leur vie au nom puissant de Jésus-Christ. Merci Seigneur pour les témoignages qui respectent ta gloire, ton honneur et ton adoration. Merci pour les âmes qui sont ajoutées à votre royaume à la suite de ce message, les miracles que nous voyons déjà en ce moment et qui se manifestent pour votre gloire au nom de Jésus, Amen. C'est fait! Réjouir!

Touchez cet endroit mis en évidence comme point de contact et confessez avec votre bouche - JE SUIS GUÉRI, JE SUIS DÉLIVRÉ et JE SUIS RESTAURÉ dans mon Esprit, Âme, Corps et tout autour de moi au nom de JÉSUS Christ, Amen !!!

Commencez à faire ce que vous ne pouviez pas faire auparavant et commencez à confesser jusqu'à la guérison complète, la restauration de la délivrance devient un fruit dans votre vie au nom de Jésus, amen. Restez affamé pour tout Dieu, restez en colère et reprenez tout ce que l'ennemi a retenu au nom de Jésus, amen

Note   :
Témoignez de la guérison pour la gloire de Dieu et de la honte de l'ennemi ! Envoyez-nous un e-mail ou WhatsApp si vous avez encore besoin que nous nous mettions d'accord avec vous sur le problème. Et connectez-vous à la série d'équipements à partir de la semaine prochaine jeudi. Retrouvez le détail prochainement sur notre site internet !

Chalom !

Grands exploits 2 – Chapitre 15

Vous êtes né pour cela - Guérison, délivrance et restauration - Découvrez comment des grands dans la partie 14

Partie 14 - Assez c'est assez pour la captivité de satan et bienvenue dans la liberté en Jésus-Christ - Cinquante (50) Écritures à énergie nucléaire que les saints d'autrefois utilisaient pour retourner leur MONDE à l'envers, téléchargées pour vous en audio en 30 minutes - Découvrez sur Otakada .org pour que vous puissiez faire la MÊME !

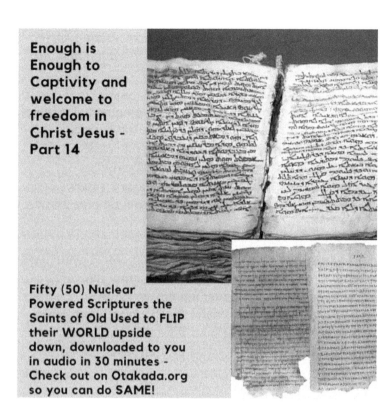

Enough is Enough to Captivity and welcome to freedom in Christ Jesus - Part 14

Fifty (50) Nuclear Powered Scriptures the Saints of Old Used to FLIP their WORLD upside down, downloaded to you in audio in 30 minutes - Check out on Otakada.org so you can do SAME!

Prière et jeûne pour l'Église et journée de leadership 33 sur 40

Ecriture: **Josué 1:8 Ce livre de la loi ne s'éloignera pas de ta bouche, mais tu le méditeras jour et nuit, afin que tu aies soin de faire selon tout ce qui y est écrit. Car alors vous ferez votre chemin prospère, et alors vous aurez un bon succès.**

Revelation 12:11 et ils l'ont vaincu à cause du sang de l'Agneau et à cause de la parole de leur témoignage, et ils n'ont pas aimé leur vie — jusqu'à la mort;

Prière: _ *Seigneur, là où tu trouves de la volonté parmi tes enfants, libère-leur la grâce afin qu'ils puissent demeurer* *et déborder dans ta parole en tant que vie et ton Esprit suinte d'eux pour de plus grands exploits en ton nom au nom de Jésus, amen _*

Amis, vous sont présentés aujourd'hui cinquante Écritures que les saints de l'Ancien au cours des 100 dernières années ont largement exploitées pour l'œuvre de servir Christ aux autres avec des signes et des prodiges d'accompagnement. Ce sont les pépites d'or, répétées encore et encore pour édifier leur foi pour de plus grands exploits au nom de Jésus-Christ.

Je les ai distillés à partir de divers volumes d'écriture dans un enregistrement audio de 30 minutes pour que vous puissiez méditer et appliquer à votre situation et circonstances spécifiques alors que le Saint-Esprit les conduit et les suralimente pour faire des merveilles impressionnantes dans notre monde en Jésus-Christ, profitez-en !

Le mot fait des merveilles (WWW)

Crois seulement.

Tout comme vous avez cru pour votre salut et le salut des autres par la confession. C'est un package complet, ne vous contentez pas de moins. Allez avec le plein conseil de Dieu !

1) **Hébreux 2:14-15**

Bible amplifiée, édition classique

[14] Puisque donc [ces] enfants ont part en chair et en os [à la nature physique des êtres humains], il [lui-même] a participé de la même manière à la même [nature], afin

qu'en [traversant] la mort, il puisse anéantir *et* anéantir celui qui avait le pouvoir de la mort, c'est-à-dire le diable,

[15] Et aussi afin qu'il délivre *et* libère complètement tous ceux qui, par la peur [obsédante] de la mort, ont été retenus en servitude tout au long de leur vie.

2) **Actes 10:38**

Bible amplifiée, édition classique

[38] Comment Dieu a oint *et* consacré Jésus de Nazareth avec le [Saint] Esprit et avec force *et* capacité *et* puissance; comment Il allait de lieu en lieu faisant le bien et, [a] en particulier, guérissant tous ceux qui étaient harcelés *et* opprimés par [la puissance du] diable, car Dieu était avec Lui.

3) **Luc 3:16**

Bible amplifiée, édition classique

[16] Jean leur répondit à tous : Je vous baptise d'eau ; mais celui qui est plus puissant que moi vient, dont je ne suis pas apte à détacher la courroie des sandales. Il vous baptisera du Saint-Esprit et de feu.

4) **Matthieu 8:14-17**

Bible amplifiée, édition classique

[14] Et lorsque Jésus entra dans la maison de Pierre, il vit sa belle-mère étendue malade et ayant de la fièvre.

[15] Il lui toucha la main et la fièvre la quitta ; et elle se leva et se mit à l'attendre.

[16] Le soir venu, ils lui amenèrent beaucoup de ceux qui étaient sous l' emprise des démons, et il chassa les esprits par une parole et rendit la santé à tous les malades.

[17] Et ainsi il accomplit ce qui avait été dit par le prophète Isaïe, il prit lui-même [[b] afin d'emporter] nos faiblesses *et nos* infirmités et emporta [[c] nos maladies.

5) Actes 8:8

Bible amplifiée, édition classique

[8] Et il y eut une grande joie dans cette ville.

6) Luc 10:8-9

Bible amplifiée, édition classique

[8] Chaque fois que tu entres dans une ville et qu'ils te reçoivent, t'acceptent *et t'accueillent* , mange ce qui est mis devant toi;

[9] Et guérissez les malades qui s'y trouvent et dites-leur : Le royaume de Dieu s'est approché de vous.

7) Matthieu 19:26

Bible amplifiée, édition classique

[26] Mais Jésus les regarda et dit : Aux hommes cela est impossible, mais tout est possible à Dieu.

8) Luc 11:13

Bible amplifiée, édition classique

¹³ Si donc vous, méchants comme vous êtes, savez donner de bons dons <u>à </u>vos enfants, combien plus votre Père céleste donnera-t-il le Saint-Esprit à ceux ^{qui demandent} *et* [b] continuez à Lui demander !

9) Jean 4:13-14

Bible amplifiée, édition classique

¹³ Jésus lui répondit : Tous ceux qui boiront de cette eau auront encore soif.

¹⁴ Mais celui qui boira de l'eau que je lui donnerai n'aura plus jamais soif. Mais l'eau que je lui donnerai deviendra une source d'eau jaillissant (coulant, bouillonnant) [continuellement] en lui pour (dans, pour) la vie éternelle.

10) Jean 4:23-24

Bible amplifiée, édition classique

²³ Un temps viendra, cependant, en effet il est déjà là, où les vrais (authentiques) adorateurs adoreront le Père en esprit et en vérité (réalité) ; car le Père cherche précisément de telles personnes comme ses adorateurs.

²⁴ Dieu est un Esprit (un Être spirituel) et ceux qui L'adorent doivent *L' adorer* en esprit et en vérité (réalité).

11) Luc 11:24-26

Bible amplifiée, édition classique

²⁴ Lorsque l'esprit impur est sorti d'une personne, il erre dans des lieux sans eau à la recherche [d'un lieu] de repos (libération, rafraîchissement, confort) ; et n'en trouvant

aucun, dit-il, je retournerai dans ma maison d'où je suis sorti.

25 Et quand il arrive, il trouve [l'endroit] balayé *et* mis en ordre et meublé *et* décoré.

26 Et il va et amène d'autres esprits, sept [d'entre eux], plus mauvais que lui, et ils entrent, s'installent *et* habitent là; et le dernier état de cette personne est pire que le premier.

12) Luc 12:4-9

Bible amplifiée, édition classique

4 Je vous le dis, Mes amis, ne craignez pas *et* n'ayez pas peur de ceux qui tuent le corps et après cela n'ont plus rien à faire.

5 Mais je vous avertirai de qui vous devez avoir peur : craignez celui qui, après avoir tué, a le pouvoir de précipiter dans la géhenne ; oui, je vous le dis, craignez-le !

6 Ne vend-on pas cinq moineaux pour deux sous ? Et [pourtant] pas un seul d'entre eux n'est oublié *ou* négligé en présence de Dieu.

7 Mais [même] les cheveux de votre tête sont tous comptés. Ne soyez pas frappé de peur *ou* saisi d'alarme ; vous valez plus que beaucoup [de troupeaux] de moineaux.

8 Et je vous le dis, quiconque déclare ouvertement [parlant librement] *et* confesse qu'il est mon adorateur *et* me reconnaît devant les hommes, le Fils de l'homme aussi le déclarera , *le* confessera *et* le reconnaîtra devant les anges de Dieu.

⁹ Mais celui qui me renie *et* nie *et* rejette *et* refuse de me reconnaître devant les hommes sera désavoué *et* renié *et* rejeté *et* refusé de reconnaissance en présence des anges de Dieu.

13) **Luc 12:35-37**

Bible amplifiée, édition classique

³⁵ Gardez vos reins ceints et vos lampes allumées,

³⁶ Et soyez comme des hommes qui attendent le retour de leur maître après les noces, afin que, lorsqu'il reviendra des noces et qu'il vienne frapper à la porte, on lui ouvre aussitôt.

³⁷ Bienheureux (heureux, chanceux et [a] à envier) ces serviteurs que le maître trouve éveillés *et* alertes *et* veillant quand il vient. En vérité, je vous le dis, il se ceindra, les fera mettre à table et viendra les servir !

14) **Philippiens 2:9-10**

Bible amplifiée, édition classique

⁹ C'est pourquoi [parce qu'il s'est abaissé si bas] Dieu l'a hautement élevé et lui a [a] accordé gratuitement le nom qui est au-dessus de tout nom,

¹⁰ Qu'au (au) nom de Jésus tout genou [b] fléchisse (doit) fléchir, dans les cieux, sur la terre et sous la terre,

15) **Actes 4:12**

Bible amplifiée, édition classique

^{12} Et il n'y a de salut en *personne et* par personne d'autre, car il n'y a sous le ciel aucun autre nom donné parmi les hommes par *et* en qui nous devions être sauvés.

16) Jacques 5:14-16

Bible amplifiée, édition classique

^{14} Quelqu'un parmi vous est-il malade ? Il devrait appeler les anciens de l'église (les guides spirituels). Et qu'ils prient sur lui, en l'oignant d'huile au nom du Seigneur.

^{15} Et la prière [qui est] de la foi sauvera celui qui est malade, et le Seigneur le rétablira ; et s'il a commis des péchés, il sera pardonné.

^{16} Confessez-vous donc les uns aux autres vos fautes (vos manquements, vos faux pas, vos offenses, vos péchés) et priez [aussi] les uns pour les autres, afin que vous soyez guéris *et* rétablis [à un ton spirituel d'esprit et de cœur]. La prière fervente (sincère, continue) d'un homme juste rend un pouvoir énorme disponible [dynamique dans son fonctionnement].

17) Ephésiens 3:20-21

Bible amplifiée, édition classique

^{20} Maintenant à celui qui, par (en conséquence de) la [action de sa] puissance qui est à l'œuvre en nous, est capable de [réaliser son dessein et] de faire surabondamment, bien au-delà de tout ce que nous [osons *]* demander ou penser [infiniment au-delà de nos plus hautes prières, désirs, pensées, espoirs ou rêves]—

²¹ A lui soit la gloire dans l'Eglise et en Jésus-Christ dans toutes les générations, pour toujours et à jamais. Amen (qu'il en soit ainsi).

18) **Matthieu 5:21-26**

Bible amplifiée, édition classique

^{21 Vous avez appris qu'il} a été dit aux hommes d'autrefois : Vous ne tuerez pas, et quiconque tuera sera passible ^{et} ne pourra échapper *au* châtiment imposé par le tribunal.

²² Mais je vous dis que quiconque continue à être [b] en colère contre son frère *ou* nourrit de la méchanceté (hostilité de cœur) contre lui sera [c] passible *et* ne pourra échapper à la peine prononcée par le tribunal ; et quiconque parle avec mépris et *injure* à son frère sera ^{passible} ^{et} *ne* pourra échapper au châtiment imposé par le Sanhédrin, et quiconque dira : ^{maudit sot} ! [Espèce d'idiot à la tête vide !] sera [f] susceptible *et* incapable d'échapper à l'enfer (Géhenne) du feu.

²³ Si donc, lorsque vous offrez votre offrande à l'autel, vous vous souvenez que votre frère a quelque chose contre vous,

²⁴ Laissez votre offrande à l'autel et partez. Faites d'abord la paix avec votre frère, puis revenez *présenter* votre cadeau.

²⁵ Accordez-vous promptement avec votre accusateur pendant que vous voyagez avec lui, de peur que votre accusateur ne vous livre au juge, et le juge au garde, et que vous ne soyez mis en prison.

²⁶ En vérité, je vous le dis, vous ne serez pas relâchés avant d'avoir payé la dernière fraction d'un denier.

19) Hébreux 7:25

Bible amplifiée, édition classique

²⁵ C'est pourquoi il peut aussi sauver parfaitement (complètement, parfaitement, définitivement et pour toujours et pour l'éternité) ceux qui s'approchent de Dieu par lui, puisqu'il est toujours vivant pour adresser une requête à Dieu, intercéder auprès de *lui* et *intervenir* pour eux.

20) Romains 5:17

Bible amplifiée, édition classique

¹⁷ Car si, à cause de la faute d'un homme (faute, offense), la mort a régné sur celui-là, à plus forte raison ceux qui reçoivent la grâce abondante [de Dieu] (faveur imméritée) et le don gratuit de la justice [les mettant en règle avec lui] régner comme rois dans la vie par le seul Homme Jésus-Christ (le Messie, l'Oint).

21) 1 Jean 4:17

Bible amplifiée, édition classique

¹⁷ En cela [l'union et la communion avec lui] l'amour est amené à son achèvement *et* atteint la perfection avec nous, afin que nous ayons confiance pour le jour du jugement [avec assurance et hardiesse pour lui faire face], car tel qu'il est, tels nous sommes dans ce monde.

22) Hébreux 13:8

Bible amplifiée, édition classique

⁸ Jésus-Christ (le Messie) est [toujours] le même, hier, aujourd'hui, [oui] et éternellement (dans les siècles).

23) Marc 9:23

Bible amplifiée, édition classique

²³ Et Jésus dit : [Me dis-tu] : Si tu peux quelque chose ? [Pourquoi,] toutes choses peuvent être (sont possibles) à celui qui croit !

24) Matthieu 7:8

Bible amplifiée, édition classique

⁸ Car quiconque demande sans cesse reçoit; et celui qui continue à chercher trouve ; et à celui qui continue de frapper, [la porte] sera ouverte.

25) Matthieu 8:7

Bible amplifiée, édition classique

⁷ Et Jésus lui dit : Je viendrai le restaurer.

26) Actes 19:11-12

Bible amplifiée, édition classique

¹¹ Et Dieu fit des miracles insolites *et* extraordinaires par les mains de Paul,

¹² De sorte que des mouchoirs *ou* des serviettes ou des tabliers qui avaient touché sa peau étaient emportés *et* mis sur les malades, et leurs maladies les quittaient et les mauvais esprits sortaient d'eux.

27) **Marc 11:24**

Bible amplifiée, édition classique

[24] C'est pourquoi je vous le dis, tout ce que vous demanderez dans la prière, croyez (faites confiance et soyez confiants) qu'il vous est accordé, et vous l'obtiendrez.

28) **1 Jean 4:4**

Bible amplifiée, édition classique

[4] Petits enfants, vous êtes de Dieu [vous Lui appartenez] et vous les avez [déjà] vaincus *et* vaincus [les agents de l'antéchrist], car Celui qui vit en vous est plus grand (plus puissant) que celui qui est dans le monde.

29) **Romains 8:37**

Bible amplifiée, édition classique

[37] Pourtant, au milieu de toutes ces choses, nous sommes plus que vainqueurs [a] *et* remportons une victoire sans pareille par celui qui nous a aimés.

30) **1 Jean 5:14-15**

Bible amplifiée, édition classique

[14] Et voici la confiance (l'assurance, le privilège de l'audace) que nous avons en Lui : [nous sommes sûrs] que si nous demandons quelque chose (faites une requête) selon Sa volonté (en accord avec Son propre plan), Il nous écoute *et* nous entend.

¹⁵ Et si (puisque) nous savons [positivement] qu'il nous écoute dans tout ce que nous demandons, nous savons aussi [avec une connaissance établie et absolue] que nous avons [nous accordé comme nos possessions actuelles] les demandes qui lui sont faites.

31) **Romains 10:17**

Bible amplifiée, édition classique

¹⁷ Ainsi, la foi vient de ce qu'on entend [ce qui est dit], et ce qui est entendu vient de la prédication [du message sorti des lèvres] de Christ (le Messie lui-même).

32) **Hébreux 4:12**

Bible amplifiée, édition classique

¹² Car la Parole que Dieu prononce est vivante et pleine de puissance [la rendant active, opérante, énergisante et efficace] ; il est plus tranchant que n'importe quelle épée à deux tranchants, pénétrant jusqu'à la ligne de démarcation du souffle de vie (l'âme) et de l'esprit [immortel], et des articulations et de la moelle [des parties les plus profondes de notre nature] ⋅ᵉˣᵖᵒˢᵃⁿᵗ *et* passer au crible , analyser *et* juger les pensées et les objectifs mêmes du cœur.

Remarques

* La provision de Dieu ne peut pas être épuisée

* Nous devons avoir confiance et être fidèles à Dieu

* Lors de la guérison, de la délivrance et de la restauration, il n'y a qu'un seul endroit où regarder. Regarde Jésus

* Prière de foi : Oh, bien-aimés, que Dieu nous aide à détourner nos yeux des conditions et des symptômes, aussi graves soient-ils, et à les attacher à Lui. Ensuite, nous pourrons réciter la prière de la foi

33) **Luc 4:18-19**

Bible amplifiée, édition classique

[18] L'Esprit du Seigneur [est] sur moi, parce qu'il m'a oint [l'Oint, le Messie] pour annoncer la bonne nouvelle (l'Evangile) aux pauvres ; Il m'a envoyé pour annoncer la libération aux captifs et le recouvrement de la vue aux aveugles, pour envoyer comme délivrés ceux qui sont opprimés [qui sont opprimés, meurtris, écrasés et brisés par la calamité],

[19] Proclamer l'année acceptée *et* agréable du Seigneur [le jour [a] où le salut et les faveurs gratuites de Dieu abondent en profusion].

34) **Actes 1:8**

Bible amplifiée, édition classique

[8] Mais vous recevrez une puissance (capacité, efficacité et puissance) lorsque le Saint-Esprit descendra sur vous, et vous serez mes témoins à Jérusalem et dans toute la Judée et la Samarie et jusqu'aux extrémités (les limites mêmes) de la terre.

35) **Actes 2:39**

Bible amplifiée, édition classique

³⁹ Car la promesse [du Saint-Esprit] est pour *et* pour vous et vos enfants, et pour *et* pour tous ceux qui sont au loin, [même] pour *et* pour tous ceux que le Seigneur notre Dieu invite *et* ordonne de venir à lui.

36) **Marc 16:15-18**

Bible amplifiée, édition classique

¹⁵ Et il leur dit : Allez par tout le monde, prêchez *et* publiez ouvertement la bonne nouvelle (l'Evangile) à toute créature [de tout le genre humain].

¹⁶ Celui qui croit [qui adhère et se confie à l'Evangile et à celui qu'il annonce] et qui est baptisé sera sauvé [[b ⌐du châtiment de la mort éternelle]; mais celui qui ne croit pas [qui n'adhère pas, ne se fie pas à l'Evangile et à celui qu'il présente] sera condamné.

¹⁷ Et ces signes attestant accompagneront ceux qui auront cru : en mon nom, ils chasseront les démons ; ils parleront de nouvelles langues ;

¹⁸ Ils ramasseront des serpents; et [même] s'ils boivent quelque chose de mortel, cela ne leur fera pas de mal; ils imposeront les mains aux malades, et ils seront guéris.

37) **Actes 26:16-18**

Bible amplifiée, édition classique

¹⁶ Mais lève-toi et tiens-toi sur tes pieds; car je vous suis apparu dans ce but, afin de vous nommer pour servir [mon] ministre et pour témoigner à la fois de ce que vous avez vu de moi et de ce en quoi je vous apparaîtrai,

[17] [a] Te choisir [te choisir pour Moi] *et* [b] vous délivrant du milieu de ce peuple [juif] et des Gentils vers lesquels je vous envoie —

[18] Pour leur ouvrir les yeux afin qu'ils passent des ténèbres à la lumière et de la puissance de Satan à Dieu, afin qu'ils reçoivent ainsi le pardon *et* la délivrance de leurs péchés et une place *et* une part parmi ceux qui sont consacrés *et* purifiés par la foi en moi. .

38) Psaume 107:20

Bible amplifiée, édition classique

[20] Il envoie sa parole et les guérit et les délivre de la fosse *et* de la destruction.

L'ANTIDOTE CONTRE L'INCROYANCE

Le diable sait que s'il peut capturer votre vie mentale, il a remporté une puissante victoire sur vous. Sa grande affaire est d'injecter des pensées, mais si vous êtes pur et saint, vous vous en éloignerez instantanément. Dieu veut que nous laissions l'esprit qui était en Christ, cet esprit pur, saint et humble de Christ être en nous (Phil 2:5)

Le sang de Jésus et son nom puissant sont un antidote à toutes les graines d'incrédulité que satan sèmerait dans votre esprit

39) 2 Corinthiens 10:4-6

Bible amplifiée, édition classique

⁴ Car les armes de notre guerre ne sont pas physiques [des armes de chair et de sang], mais elles sont puissantes devant Dieu pour renverser *et* détruire des forteresses,

⁵ [Dans la mesure où nous] réfutons les arguments , les théories , les raisonnements et toute chose orgueilleuse *et* élevée qui s'élève contre la [véritable] connaissance de Dieu ; et nous emmenons toute pensée *et* tout dessein captifs dans l'obéissance de Christ (le Messie, l'Oint),

⁶ Être prêt à punir tout [insubordonné pour sa] désobéissance, lorsque votre propre soumission *et* obéissance [en tant qu'église] sont pleinement assurées *et* complètes.

40) **Apocalypse 12:10-11**

Bible amplifiée, édition classique

¹⁰ Alors j'entendis une voix forte dans le ciel, disant : Maintenant c'est venu, le salut et la puissance et le royaume (la domination, le règne) de notre Dieu, et la puissance (la souveraineté, l'autorité) de Son Christ (le Messie); car l'accusateur de nos frères, celui qui porte devant notre Dieu des accusations jour et nuit contre eux, a été chassé !

¹¹ Et ils l'ont vaincu (vaincu) au moyen du sang de l'Agneau et par la prononciation de leur témoignage, car ils n'aimaient pas *et* ne s'accrochaient pas à la vie même face à la mort [tenant leur vie bon marché jusqu'à ce qu'ils aient dû mourir pour leur témoignage].

41) **Actes 2:21**

Bible amplifiée, édition classique

²¹ Et il arrivera que quiconque invoquera le nom du Seigneur [[ᵃ ᴸinvoquant , adorant et adorant le Seigneur — Christ] sera sauvé.

42) Esaïe 55:6

Bible amplifiée, édition classique

⁶ Cherchez, interrogez *et* requérez le Seigneur pendant qu'il se trouve [le réclamant par nécessité et de droit]; invoquez-le pendant qu'il est proche.

43) Jean 14:12-14

Bible amplifiée, édition classique

¹² Je vous assure, je vous le dis très solennellement, si quelqu'un croit fermement en moi, il pourra lui-même faire les choses que je fais ; et il fera des choses encore plus grandes que celles-ci, parce que je vais au Père.

¹³ Et je ferai [j'accorderai moi-même] tout ce que vous demanderez en mon nom [comme ⁽ᵃ⁾ présentant tout ce que je suis], afin que le Père soit glorifié *et* glorifié dans (par) le Fils.

¹⁴ [Oui] J'accorderai [Je ferai Moi-même pour vous] tout ce que vous demanderez en Mon Nom [comme ⁽ᵇ⁾ présentant tout ce que Je Suis].

44) Romains 4:16

Bible amplifiée, édition classique

¹⁶ Par conséquent, [l'héritage] de la promesse est le résultat de la foi *et* dépend [entièrement] de la foi, afin qu'elle

puisse être donnée comme un acte de grâce (faveur imméritée), pour la rendre stable *et* valide *et* garantie à tous ses descendants. — non seulement aux dévots *et* aux adhérents de la Loi, mais aussi à ceux qui partagent la foi d'Abraham, qui est [ainsi] notre père à tous.

REMARQUES

* La grâce est la bénédiction de Dieu qui descend sur vous. Vous ouvrez la porte à Dieu comme un acte de foi, et Dieu fait tout ce que vous voulez.

* Celui qui croit en moi - L'essence de la vie divine est dans "Comme par la foi"

* Pour celui qui croit, cela arrivera. Nous devenons surnaturels par la puissance de Dieu.

* Si vous croyez, la puissance de l'ennemi ne peut subsister, car la parole de Dieu est contre lui

* Jésus nous donne sa parole pour rendre la foi efficace !

* Si vous pouvez croire en votre cœur, vous commencez à dire ce que vous désirez, et tout ce que vous osez dire est fait.

* Vous aurez tout ce que vous direz après avoir cru en votre cœur.

* Osez croire, puis osez parler car vous aurez tout ce que vous direz si vous ne doutez pas

45) **Matthieu 18:8-10**

Bible amplifiée, édition classique

⁸ Et si ta main ou ton pied te fait trébucher *et* pécher, coupe-le et jette-le loin de toi ; il vaut mieux (plus profitable et plus sain) pour vous d'entrer dans la vie mutilé ou boiteux que d'avoir deux mains ou deux pieds et d'être jeté dans le feu éternel.

⁹ Et si ton œil te fait trébucher *et* pécher, arrache-le et jette-le loin de toi ; il est préférable (plus profitable et plus sain) pour vous d'entrer dans la vie avec un seul œil que d'avoir deux yeux et d'être jeté dans l'enfer (Géhenne) de feu.

¹⁰ Gardez-vous de mépriser *ou* de mépriser *ou* de mépriser l'un de ces petits, car je vous dis que dans les cieux leurs anges sont toujours en présence *et* regardent la face de mon Père qui est dans les cieux.

NOTE

* Gardez-vous à l'esprit à quel point Dieu a été miséricordieux dans le passé ? Dieu a fait des choses merveilleuses pour nous tous. Si nous gardons ces choses à l'esprit, nous deviendrons "forts dans la foi"

46) **Romains 4:20-25**

Bible amplifiée, édition classique

²⁰ Aucune incrédulité *ou* méfiance ne l'a fait vaciller (question douteuse) concernant la promesse de Dieu, mais il s'est fortifié *et* a été renforcé par la foi alors qu'il rendait louange *et* gloire à Dieu,

²¹ Pleinement satisfait *et* assuré que Dieu était capable *et* puissant de tenir sa parole *et* de faire ce qu'il avait promis.

²² C'est pourquoi sa foi lui a été imputée à justice.

²³ Mais [les mots], Cela lui a été crédité, n'ont pas été écrits à cause de lui seul,

²⁴ Mais [elles ont été écrites] aussi à cause de nous. [La justice, acceptable pour Dieu] nous sera également accordée *et créditée à nous qui croyons en (faites confiance en, adhérez à et comptez sur) Dieu, qui a ressuscité Jésus notre Seigneur d'entre les morts,*

²⁵ Qui a été trahi *et* mis à mort à cause de nos méfaits et a été ressuscité pour assurer notre justification (notre [a] acquittement), [pour équilibrer notre compte et nous absoudre de toute culpabilité devant Dieu].

47) **Jean 6:63**

Bible amplifiée, édition classique

⁶³ C'est l'Esprit qui donne la vie [Il est le Donneur de vie] ; la chair ne procure aucun avantage [il n'y a aucun profit en elle]. Les paroles (vérités) que je vous ai dites sont esprit et vie. **Jean 6:44**

Bible amplifiée, édition classique

⁴⁴ Nul ne peut venir à moi, si le Père qui m'a envoyé ne l'attire , ne l'attire *et* ne lui donne le désir de venir à moi, et [alors] je le ressusciterai [d'entre les morts] au dernier jour.

48) **1 Jean 3:8**

Bible amplifiée, édition classique

⁸ [Mais] celui qui commet le péché [qui pratique le mal] est du diable [prend son caractère du malin], car le diable a péché (violé la loi divine) dès le commencement. La raison

pour laquelle le Fils de Dieu a été rendu manifeste (visible) était de défaire (détruire, desserrer et dissoudre) les œuvres que le diable [a faites].

49) **1 Pierre 2:24**

Bible amplifiée, édition classique

[24] Il a personnellement porté nos péchés dans son [propre] corps sur le bois [a] [comme sur un autel et s'est offert dessus], afin que nous puissions mourir (cesser d'exister) au péché et vivre pour la justice. Par ses blessures, vous avez été guéri. **Esaïe 53:3-5**

Bible amplifiée, édition classique

[3] Il a été méprisé et rejeté *et* abandonné des hommes, Homme de douleurs *et* de douleurs, et habitué à la douleur *et* à la maladie ; et comme celui à qui les hommes cachent leur visage, il était méprisé, et nous n'avons pas apprécié sa valeur *ni* eu d'estime pour lui.

[4] Certes, il a porté nos chagrins (maladies, faiblesses et détresses) et a porté nos peines *et* nos peines [de châtiment], mais nous [ignorant] le considérions comme frappé, frappé et affligé par Dieu [comme de la lèpre].

[5] Mais il a été blessé pour nos transgressions, il a été meurtri pour nos fautes *et* nos iniquités ; le châtiment [nécessaire pour obtenir] la paix *et* le bien-être pour nous était sur lui, et avec les meurtrissures [qui l'ont blessé], nous sommes guéris *et* guéris.

50) **Matthieu 16:15-17**

Bible amplifiée, édition classique

¹⁵ Il leur dit : Mais qui dites-vous que je suis ?

¹⁶ Simon Pierre répondit : Tu es le Christ, le Fils du Dieu vivant.

¹⁷ Alors Jésus lui répondit : Béni (heureux, fortuné et [a] à envier) es-tu, Simon Bar-Jonas. Car ce ne sont pas la chair et le sang qui vous l'ont révélé, mais mon Père qui est dans les cieux.

REMARQUES

*Comment pouvez-vous le savoir ? Il doit vous être révélé. La chair et le sang ne révèlent pas son identité. C'est une révélation intérieure. Dieu veut révéler Son Fils *en nous* et nous faire prendre conscience d'une présence intérieure.

* Ensuite, vous pouvez crier : « Je sais qu'il est à moi.

*Cherchez Dieu jusqu'à ce que vous obteniez de Lui une puissante révélation du Fils, jusqu'à ce que cette révélation intérieure vous amène à l'endroit où vous êtes toujours "inébranlable, inébranlable, toujours abondant dans l'œuvre du Seigneur" - 1 Corinthiens **15:58**

Bible amplifiée, édition classique

⁵⁸ C'est pourquoi, mes frères bien-aimés, soyez fermes (inébranlables), inébranlables, abondant toujours dans l'œuvre du Seigneur [étant toujours supérieurs, excellant, faisant plus qu'assez au service du Seigneur], sachant et étant continuellement conscients que *votre* travail dans le Seigneur n'est pas futile [ce n'est jamais gaspillé ou inutile].

Courte prière pour l'auto-délivrance.

« Seigneur Jésus-Christ, je crois que tu es mort sur la croix pour mes péchés et que tu es ressuscité des morts. Tu m'as racheté par ton sang et je t'appartiens et je veux vivre pour toi. Je confesse tous mes péchés - connus et inconnus - je suis désolé pour eux tous. Je les renie tous. Je pardonne à tous les autres comme je veux que Tu me pardonnes. Pardonne-moi maintenant et purifie-moi avec ton sang. Je te remercie pour le sang de Jésus-Christ qui me purifie maintenant de tout péché. Et je viens à Toi maintenant comme mon libérateur. Vous connaissez mes besoins particuliers - la chose qui lie, qui tourmente, qui souille ; cet esprit mauvais, cet esprit impur, je revendique la promesse de ta parole : « Quiconque invoquera le nom du Seigneur sera délivré. Je T'invoque maintenant. Au nom du Seigneur Jésus-Christ, délivrez-moi et libérez-moi. Satan, je renonce à toi et à toutes tes œuvres. Je me détache de toi, au nom de Jésus, et je t'ordonne de me quitter tout de suite au nom de Jésus. Amen!"

Laissez-le venir de votre cœur et voyez le salut du Seigneur !

Êtes-vous malade ou avez-vous besoin de délivrance et de restauration ?

Pour ceux qui sont malades ou malades sous quelque forme que ce soit, ou qui ont besoin d'être délivrés ? Ou restauration, veuillez toucher le point ci-dessous dans la foi (la foi, c'est voir le résultat positif précis de votre situation actuelle, sachant que Jésus a fait sa part il y a plus de 2000 ans pour assurer votre guérison et votre délivrance, la restauration comme acompte, confiant que cet acompte est à votre disposition, comme un solde positif sur votre compte courant auprès de la banque, aucune question posée car nous sommes d'accord avec vous et prononçons ÊTRE GUÉRI au nom de Jésus-Christ, Amen)

Par l'autorité que vous m'avez accordée ainsi qu'à eux, j'exerce cette autorité maintenant dans la foi avec leur colère contre l'ennemi et leur faim pour obtenir ce que vous leur avez donné gratuitement à tous, je maudis chaque maladie, chaque maladie, que ce soit le cancer , COVID 19, que ce soit l'esprit d'infirmités, que ce soit la possession démoniaque ou l'oppression, que ce soit l'esprit de pauvreté, les revers, l'accomplissement retardé de ce que Dieu a déjà déterminé et libéré. Nous venons contre l'anomalie, je les lie, nous les maudissons jusqu'à leur racine et nous les chassons par autorité au nom de Jésus-Christ. Amen. Nous appelons à une libération de guérison, de délivrance et de restauration dans leur vie au nom puissant de Jésus-Christ. Merci Seigneur pour les témoignages qui respectent ta gloire, ton honneur et ton adoration. Merci pour les âmes qui sont ajoutées à votre royaume à la suite de ce message, les miracles que nous voyons déjà en ce moment et qui se manifestent pour votre gloire au nom de Jésus, Amen. C'est fait! Réjouir!

Touchez cet endroit mis en évidence comme point de contact et confessez avec votre bouche - JE SUIS GUÉRI, JE SUIS DÉLIVRÉ et JE SUIS RESTAURÉ dans mon Esprit, Âme, Corps et tout autour de moi au nom de JÉSUS Christ, Amen !!!

Commencez à faire ce que vous ne pouviez pas faire auparavant et commencez à confesser jusqu'à la guérison complète, la restauration de la délivrance devient un fruit dans votre vie au nom de Jésus, amen. Restez affamé pour tout Dieu, restez en colère et reprenez tout ce que l'ennemi a retenu au nom de Jésus, amen

Note :
Témoignez de la guérison pour la gloire de Dieu et de la honte de l'ennemi ! Envoyez-nous un e-mail ou WhatsApp si vous avez encore besoin que nous nous mettions d'accord avec vous sur le problème. Et connectez-vous à la série d'équipements à partir de la semaine prochaine jeudi. Retrouvez le détail prochainement sur notre site internet !

Grands exploits 2 – Chapitre 16

Vous êtes né pour cela - Guérison, délivrance et restauration - Découvrez comment des grands dans la partie 15

Partie 15 Assez c'est assez pour la captivité de Satan et bienvenue à la liberté en Jésus-Christ - Voici ceci : - Dieu dit : "Je ne fais rien en dehors de mon (mes) CONTRAT(s) avec VOUS et j'ai aussi une (des) CLAUSE(S) DE SORTIE !" + Comment DÉVELOPPER et APPROPRIER le type de FOI de Dieu + C'est fini, VOUS n'avez pas besoin de PRIER à ce sujet, vous devez être D'ACCORD avec Sa parole dans la FOI par Kenneth E. Hagin

Prière et jeûne pour l'Église et le leadership - Jour 35 sur 40

Ephésiens 4:29-32
Traduction Passion

29Et ne laisse jamais sortir de ta bouche des paroles laides ou haineuses, mais laisse plutôt tes paroles devenir de beaux cadeaux qui encouragent les autres : fais cela en prononçant des paroles de grâce pour les aider. 30 Le Saint-Esprit de Dieu vous a scellés en Jésus-Christ jusqu'à

ce que vous fassiez l'expérience de votre salut complet.
Donc, n'attristez jamais l'Esprit de Dieu et ne tenez pas
pour acquise sa sainte influence dans votre vie. 31 Mettez
de côté les mots amers, les crises de colère, la vengeance,
les grossièretés et les insultes. 32 Mais soyez plutôt bons et
affectueux les uns envers les autres. Dieu vous a-t-il
gracieusement pardonné ? Alors pardonnez-vous
gracieusement les uns les autres dans les profondeurs de
l'amour du Christ

Prière : Seigneur Jésus, où Tu trouves en nous de la bonne
volonté - Ton corps de croyants, fais que nos PAROLES et
CONDUITE les uns envers les autres deviennent et restent
de beaux cadeaux qui les encouragent, pleins de grâce,
d'amour et non de paroles qui affligent Ton Saint-Esprit en
nous et en eux afin que votre amour puisse être vu et vécu
comme des fruits qui demeurent pour tous comme un témoin
de notre relation avec vous au nom de Jésus-Christ, Amen

Mes amis, au cours de ce jeûne, le Seigneur n'a cessé
d'apporter les mots qu'il m'a parlé plus tôt d'un accord avec
Lui sur toute question en dehors de laquelle Il ne fait rien.
Cela m'a encore été impressionné aujourd'hui, alors j'ai
décidé de passer au peigne fin les Écritures de la Genèse à
l'Apocalypse, en demandant au Saint-Esprit de la
profondeur et de la perspicacité aux mots «contrats; les
accords; pactes ; aveux"

J'ai pu sécuriser douze endroits où l'accord a joué un rôle
déterminant dans l'œuvre de Dieu parmi Son peuple et
également intégrés dans ces contrats ou alliances, il y a aussi
des clauses de sortie. Cela informe le titre du message
d'aujourd'hui. **Voici ceci : - Dieu dit : "Je ne fais rien en
dehors de mon (mes) CONTRAT(s) avec VOUS et j'ai
aussi une (des) CLAUSE(S) DE SORTIE !" + Comment
DÉVELOPPER et APPROPRIER le type de FOI de**

Dieu + C'est fini, VOUS n'avez pas besoin de PRIER à ce sujet, vous devez être D'ACCORD avec Sa parole dans la FOI par Kenneth E. Hagin

La nouvelle version du cavalier de notre premier livre sur Assez, c'est assez pour la captivité - **"Greater Exploits"** s'appelle **"Greater Exploits 2"** et sortira avant l'expiration de ce mois-ci en livres de poche, e-books et autres formats, alors attendez !

L'arc-en-ciel que j'ai vu aujourd'hui !

Quand je suis descendu de la montagne Sanderson pour aller chercher de l'eau aujourd'hui, le 20 ^{avril} 2021, j'ai placé un arc-en-ciel - le premier de cette année comme si Dieu me confirmait les paroles sur l'alliance. Je suis allé chercher de l'eau et aussi récupérer mon appareil photo, au moment où je suis revenu, l'arc-en-ciel a disparu. J'ai pris la liberté de vous montrer l'emplacement de l'arc-en-ciel où il était situé dans cette image ci-dessous, juste pour souligner, et que lorsque Dieu parle à un, Il parle à tous parce que ce sont des principes divins qui s'appliquent à tous Ses enfants ou création:

Voir Genèse 8 :20-Genèse 9 :1-17 reproduit aujourd'hui avec cet arc-en-ciel !

Voici les idées que j'ai reçues et comment vous et moi pouvons nous les approprier dans nos vies, travailler et marcher avec le Seigneur.

Voici quelques points que j'ai obtenus avant de détailler ces découvertes pour notre profit :

- **La Parole de Dieu est notre contrat pour aujourd'hui** . Cette Parole est Jésus-Christ qui s'est fait chair et tout ce que Jésus a dit et démontré pour nous était la Parole en mouvement afin que nous puissions l'expérimenter parce que Dieu veut entrer en relation avec nous comme il l'a fait avant la chute et démontrer son cœur d'amour à son création. Genèse 1:26 ; Jean 1 : 1-14 ; Jean 6 :

- **Jésus est cette Parole avec laquelle nous concluons un accord** , en croyant en Lui par la foi en Lui et l'œuvre achevée à la Croix parce que nous avons rompu l'alliance dans le Jardin d'Eden avec des conséquences audacieuses - la mort spirituelle et la séparation d'avec Dieu. Jean 3:1-21 ; Genèse 3:1-24 ; Jean 6:38-51
- **Accord principal avec la Parole, fondement du sous-accord** : cet accord principal avec Jésus-Christ devient le fondement sur lequel d'autres sous-accords peuvent être promulgués et consommés par notre foi en Christ et en ses paroles ou promesses. Jean 6:35; Matthieu 11:28-29 ; Luc 4:18-19
- **Dieu est tout au sujet de la LIBERTE et non de la SERVITUDE** : Ainsi, pour chaque contrat ou sous-contrat avec la PAROLE, il y a une clause de sortie avec des conséquences bien sûr. Nous avons la liberté de dire à Dieu : « Je veux sortir ! ». Le diable est celui qui tient les gens en servitude. La clause de sortie est la désobéissance aux termes du contrat - le WORD. Dt 28 :1-68 Apocalypse 2 :1-29 ; 3:1-22 ; Jean 6:60-71
- **Le royaume spirituel fonctionne sur la base d'un accord** manifesté dans la parole écrite et scellé par la foi ou la confiance dans le Père et le Saint-Esprit 1 Jean 5: 7
- **Chaque accord contractuel monte et tombe avec la foi ou la confiance en la personne** qui a rédigé ce contrat. Dans le physique, donc aussi dans le spirituel.

ÉTABLISSEMENT sur l'accord et la foi :

Pourquoi la foi est-elle si importante dans chacun de nos accords contractuels avec Dieu ?

Car, nous dit-on dans *Hébreux 11:6 (traduction de la passion) Et sans la foi vivant en nous, il serait impossible de plaire à Dieu. Car nous venons à Dieu avec foi, sachant qu'il est réel et qu'il récompense la foi de ceux qui le recherchent passionnément.*

Abraham, le père de la foi, nous l'a démontré et Dieu a compté cela comme justice.

Genèse 15:6 Et Abram crut à l'Éternel, et l'Éternel le considéra comme juste à cause de sa foi.

La foi est si importante dans le royaume de Dieu que tout ce que Dieu vous a donné par votre foi en lui ou la foi d'un autre peut être perdu par le doute. Peu m'importe qu'il s'agisse de guérison, de délivrance ou de restauration. La foi est le canal par lequel tout ce que Dieu a pour vous doit passer. Comme un tunnel. Une fois que cette foi disparaît, le tunnel commence à disparaître.

Le doute est comme l'eau qui a éteint le feu de la foi et tout ce qui est venu à la suite de la foi qui l'a facilité en premier lieu :

Lis ça

Jacques 1:5-8

La traduction de la passion

[5] Et si quelqu'un aspire à être sage, demandez la sagesse à Dieu et il vous la donnera ! Il ne verra pas votre manque de sagesse comme une occasion de vous gronder pour vos échecs, mais il submergera vos échecs de sa grâce généreuse. [un] [6] Assurez-vous simplement de demander avec une foi confiante, sans douter que vous recevrez. Car la personne ambivalente croit une minute et doute la suivante. Être indécis vous fait devenir comme les mers agitées poussées et ballottées par le vent. Vous êtes debout une minute et jeté la suivante. [7-8] Lorsque vous êtes tiède et hésitant, cela vous rend instable. [b] Pouvez-vous vraiment vous attendre à recevoir quelque chose du Seigneur quand vous êtes dans cet état ?

Et ça

Matthieu 14:28-31

La traduction de la passion

28 Pierre s'écria : « Seigneur, si c'est vraiment toi, fais que je te rejoigne sur l'eau !
29 " Viens et rejoins-moi " , répondit Jésus .
Alors Pierre est sorti sur l'eau et a commencé à marcher vers Jésus. 30 Mais lorsqu'il se rendit compte de la hauteur des vagues, il prit peur et se mit à couler. « Sauve-moi, Seigneur ! cria-t-il.
31 Aussitôt Jésus étendit la main, le releva et dit : « Quel peu de foi tu as ! Pourquoi laisserais-tu le doute l'emporter ?

L'esprit de Dieu est clair sur ou dans tout Son contrat avec Ses enfants que vous avez tous les termes de l'accord. Vous conservez tous les avantages que vous avez reçus à la suite de la consommation dans la foi. Mais votre vie de pensée peut vous miner tout le temps.

Alors, comment vous et moi surmontons-nous le doute et édifions-nous notre foi ?

Premièrement, nous disons : « Seigneur, je suis désolé pour tous mes doutes concernant les promesses de Ta parole ou concernant les termes de l'accord ou du sous-accord avec Toi, Seigneur Dieu. Pardonne-moi. Je me repens de ne pas te faire confiance par mes pensées, mes émotions et mes actions infidèles. Je reçois Ton pardon que Tu m'as déjà fourni avant que je ne T'échoue. Je reçois maintenant le POUVOIR, l'AMOUR et le SON de l'esprit et du cœur concernant ce sujet ou cet ensemble de sujets (2 Timothée 1:7)
Je reçois votre type de foi divine et je parle des situations et des circonstances qui me tourmentent. Tout comme Tu as parlé à la lumière ÊTRE dans la création. Je parle de ma

situation maintenant : je dis : « Les yeux voient au nom de Jésus-Christ, Amen. "Maladie, tu es réprimandé, va maintenant au nom de Jésus, Amen" Femme viens maintenant, Mari viens maintenant, Les fonds viennent maintenant au nom de Jésus-Christ, Amen.

Nourrissez-vous et régalez-vous quotidiennement de la parole. Particulièrement dans le domaine que vous voulez qu'il traverse pour vous

Dans votre accord avec Dieu, faites un vœu comme ceux-ci ci-dessous pour édifier la foi et incliner les problèmes entre ses mains.

Mettez-vous d'accord avec Dieu. Appelez-le des sous-accords comme ceux-ci : -

Seigneur, je reçois ma guérison maintenant. Merci car ma santé est rétablie et je peux mieux Te servir dans ce domaine et dans ce domaine. Merci Seigneur pour ce contrat que j'ai maintenant reçu. Avec ces fonds, je peux maintenant soutenir votre travail dans ceci et dans ce domaine au nom de Jésus, amen. Merci Seigneur d'avoir restauré mon Fils capricieux. En faisant cela, je le dédie à votre service. Seigneur, merci pour le mari ou la femme que tu m'as conduit dans le partenariat conjugal, Seigneur alors que je reçois cet homme ou cette femme, je ferai tout ce qui est en mon pouvoir car ta grâce me soutient pour l'encourager à mieux te servir et accomplissez son but de vie en vous que vous avez déterminé pour lui avant la fondation du monde, au nom de Jésus, amen.

Ce type de prières fait monter la foi car ce sont des prières désintéressées car vous avez fait de Dieu la priorité dans votre demande. Vous recevrez la confiance en lui afin qu'il puisse faire sa part. Nous voyons ce principe avec Hannah. Écoutez-la dans

1 Samuel 1:11-13
Version standard internationale
[11] Anne [a] a fait un vœu : « Seigneur des armées célestes, si tu regardes seulement la misère de ta servante, souviens-toi de moi et n'oublie pas ta servante. Si tu donnes un fils à ta servante, [b] alors je le donnerai au Seigneur [c] pour tous les jours de sa vie, [d] et un rasoir ne doit jamais toucher [e] sa tête.
[12] Tandis qu'elle continuait à prier en présence du Seigneur, Éli regardait sa bouche. [13] Hannah [f] priait intérieurement. [g] Ses lèvres tremblaient et sa voix ne se faisait pas entendre. Alors Eli a pensé qu'elle était ivre.

Revenant à la foi, une sorte de foi divine, écoutons un peu plus de profondeur de la part de Kenneth Hagin et restons bénis alors que vous appliquez les principes à votre vie au nom de Jésus, Amen

Dieu genre de foi par Kenneth Hagin

Il y a deux choses à remarquer au sujet du genre de foi en Dieu. Premièrement, un homme croit avec son cœur. Deuxièmement, il croit avec ses paroles. Il ne suffit pas de croire en son cœur. Afin que Dieu travaille pour vous, vous devez aussi croire avec vos paroles. Jésus a dit : « Quiconque dira… et ne doutera pas dans son cœur, mais croira que les choses qu'il dit arriveront ; il aura tout ce qu'il dira » (Marc 11:23). C'est la loi inaltérable de la foi.

Et le lendemain, quand ils furent venus de Béthanie, il eut faim. Et voyant de loin un figuier ayant des feuilles, il vint, s'il pouvait y trouver quelque chose ; et quand il y arriva, il ne trouva que des feuilles ; car le temps des figues n'était pas encore. Et Jésus répondit et lui dit: Personne ne mangera de toi désormais à jamais. Et ses disciples l'entendirent.

Et le matin, en passant, ils virent le figuier desséché jusqu'aux racines. Et Pierre, appelant au souvenir, lui dit :

Maître, voici, le figuier que tu as maudit est desséché. Et Jésus, répondant, leur dit: Ayez foi en Dieu. Car en vérité, je vous le dis, quiconque dira à cette montagne : éloigne-toi, et sois jeté dans la mer ; et ne doutera pas dans son coeur, mais croira que les choses qu'il dit arriveront; il aura tout ce qu'il dira. C'est pourquoi je vous dis : Tout ce que vous désirez, quand vous priez, croyez que vous le recevez, et vous le recevrez. Marc 11:12-14, 20-24

Concentrons notre attention sur la déclaration « Ayez foi en Dieu » ou, comme le dit la marge, « Ayez la foi en Dieu ». Les érudits grecs nous disent que cela devrait être traduit par "Ayez le genre de foi de Dieu". Jésus a démontré qu'il avait le genre de foi de Dieu. De loin, il vit que le figuier avait des feuilles. Mais alors qu'il s'en approchait, cherchant des fruits, il vit qu'elle était stérile. Certains se sont demandé pourquoi Jésus cherchait des figues sur cet arbre alors qu'il n'était pas temps qu'elles soient mûres ; ce n'était pas leur saison. Cependant, dans ce pays, les arbres qui conservaient leurs feuilles avaient généralement aussi des figues.
Ne trouvant aucun fruit sur l'arbre, Jésus a dit : "Personne ne mangera de ton fruit dans l'au-delà."
Le lendemain, lorsque Jésus et ses disciples passèrent à nouveau, ils trouvèrent l'arbre desséché jusqu'aux racines. Stupéfait, Pierre dit : « Maître, voici, le figuier que tu as maudit est desséché.
C'est alors que Jésus a fait la déclaration : « Ayez foi en Dieu (ayez la foi de Dieu, ou le genre de foi de Dieu). Car en vérité, je vous le dis, quiconque dira à cette montagne : éloigne-toi, et sois jeté dans la mer ; et ne doutera pas dans son coeur, mais croira que les choses qu'il dit arriveront; il aura tout ce qu'il dira.

Après avoir dit à ses disciples au verset 22 d'avoir la foi en Dieu, Jésus a expliqué au verset 23 ce que cela signifiait : La foi en Dieu est le genre de foi en laquelle un homme croit avec son cœur et dit avec sa bouche. ce qu'il croit dans son cœur, et cela s'accomplit.

Jésus a montré qu'il avait ce genre de foi, car il croyait que ce qu'il avait dit s'accomplirait. Il dit à l'arbre : "Personne ne mangera de toi à jamais."

C'est le genre de foi qui a donné vie au monde. « Par la foi, nous comprenons que les mondes ont été formés par la parole de Dieu, de sorte que les choses qui se voient n'ont pas été faites de choses qui paraissent » (Hébreux 11 :3). Comment a-t-il fait? Dieu croyait que ce qu'il avait dit arriverait. Il prononça la parole et il y eut une terre. Il a parlé à l'existence du règne végétal. Il a parlé à l'existence du règne animal. Il a créé les cieux ainsi que la terre, la lune, le soleil, les étoiles et l'univers. Il l'a dit et c'était ainsi. C'est le genre de foi de Dieu. Il croyait que ce qu'Il avait dit arriverait et cela s'est produit.

La mesure de la foi

Jésus a démontré le genre de foi de Dieu à ses disciples, puis il leur a dit qu'eux aussi avaient ce genre de foi - la foi qu'un homme croit avec son cœur, dit avec sa bouche ce qu'il croit, et cela arrive.

Quelqu'un pourrait dire : « Je veux ce genre de foi. Je vais prier pour que Dieu me le donne. Cependant, vous n'avez pas besoin de prier pour cela – vous l'avez déjà. « Car je dis, par la grâce qui m'a été donnée, à tout homme qui est parmi vous, de ne pas s'estimer plus haut qu'il ne devrait l'être ; mais de penser sobrement, selon que Dieu a donné à chacun la mesure de la foi » (Romains 12 : 3). Remarquez que Paul a écrit cela aux croyants, car il dit : « à tout homme qui est parmi vous ». L'épître aux Romains n'a pas été écrite pour les pécheurs du monde ; c'était une lettre aux chrétiens. Il adresse cette lettre « à tous ceux qui sont à Rome, bien-aimés de Dieu, appelés à être saints… » (Romains 1 :7). Et il y dit que Dieu a donné à « chacun la mesure de la foi ».

Paul a également dit : « Car c'est par la grâce que vous êtes sauvés, par la foi ; et cela ne vient pas de vous : c'est le don de Dieu » (Éphésiens 2 :8). Paul dit ici que cette foi ne vient pas de vous-même. Il ne faisait pas référence à la grâce, car tout le monde sait que la grâce est de Dieu. Il dit que la foi par laquelle nous sommes sauvés n'est pas de nous-mêmes. Ce n'est pas une foi humaine naturelle. Il a été donné aux pécheurs par Dieu. Et comment Dieu a-t-il donné au pécheur la foi pour être sauvé ? Romains 10:17 dit : « Ainsi donc, la foi vient de ce qu'on entend, et ce qu'on entend vient de la parole de Dieu. Dans ces versets, Paul a dit que la foi (1) est donné, (2) est distribué et (3) vient.

Romains 10 : 8 dit : « Mais que dit-il ? La parole est près de toi, dans ta bouche et dans ton cœur, c'est-à-dire la parole de la foi que nous prêchons. La Bible, ce message de Dieu, est appelée la parole de la foi. Pourquoi l'appelle-t-on la parole de la foi ? Parce que cela fait entrer la foi même dans le cœur des non-sauvés. Cela fait que le genre de foi qui a donné naissance à l'univers est transmis à nos cœurs. La foi nous est donnée par la Parole.

Croire et dire - la clé de la foi

Remarquez à nouveau les paroles de Romains 10 :8 : « Mais que dit-il ? La parole est près de toi, dans ta bouche et dans ton cœur, c'est-à-dire la parole de la foi que nous prêchons. Comment cela se compare-t-il aux paroles de Jésus dans Marc 11 :23 ? Les écrits de Paul aux Romains concordent exactement avec ce que Jésus a dit à Ses disciples quand Il a dit : « Quiconque dira… et ne doutera pas dans son cœur, mais croira… aura tout ce qu'il dit. Nous voyons ici le principe de base inhérent au type de foi en Dieu : croire avec le cœur et le dire avec la bouche. Jésus l'a cru et Il l'a dit. Dieu l'a cru et Il l'a dit, parlant à la terre pour qu'elle existe.

Les versets 9 et 10 de ce même dixième chapitre de Romains disent : « Si tu confesses de ta bouche le Seigneur Jésus, et si tu crois dans ton cœur que Dieu l'a ressuscité des morts, tu seras sauvé. Car c'est du coeur que l'homme croit à la justice; et de la bouche on confesse pour le salut. Une mesure de foi est donnée au pécheur en entendant la Parole. Puis il l'utilise pour créer la réalité du salut dans sa propre vie.

Quand on demande aux chrétiens : « Quand avez-vous été sauvé ? Ils répondent souvent en disant quelque chose comme : « Vers neuf heures du soir du 10 juillet. Ils se trompent cependant, car Dieu les a sauvés il y a près de deux mille ans. Cela n'est devenu une réalité pour eux que lorsqu'ils y ont cru et l'ont avoué. Le salut appartient à tous. Chaque homme et chaque femme dans ce monde a un droit légal au salut. Jésus est mort pour le monde entier, pas seulement pour vous et moi.

Lorsque la vérité est prêchée au pécheur, elle fait venir la foi. Quand il croit et confesse, il en crée la réalité dans sa propre vie par sa foi.

Romains 10:13, 14, 17
13 Car quiconque invoquera le nom du Seigneur sera sauvé.
14 Comment donc invoqueront-ils celui en qui ils n'ont pas cru ? Et comment croiront-ils en celui dont ils n'ont pas entendu parler ? et comment entendront-ils sans prédicateur ?
17 Ainsi donc, la foi vient de ce qu'on entend, et ce qu'on entend vient de la parole de Dieu.

Tout comme la foi vient de l'écoute de la Parole de Dieu, il en va de même pour tout ce que nous recevons de Dieu. Le genre de foi divine vient en entendant la Parole de Dieu. En d'autres termes, Dieu fait venir le genre de foi de Dieu dans le cœur de ceux qui écoutent. Pas étonnant que Jésus ait dit : « Prenez donc garde à la façon dont vous écoutez » (Luc 8 :18). Vous ne pouvez pas le laisser entrer par une oreille et ressortir par l'autre car cela ne servira à rien. La foi ne viendra pas. Si vous agissez comme si la Parole de Dieu était un conte de fées, la foi ne viendra pas. Mais quand vous l'acceptez avec respect et sincérité, quand vous agissez en conséquence, la foi vient.

Paul a écrit à l'église de Corinthe : « Nous ayant le même esprit de foi, selon qu'il est écrit, j'ai cru, et c'est pourquoi j'ai parlé ; nous aussi nous croyons, et c'est pourquoi nous parlons » (II Corinthiens 4 :13). Paul a dit que nous avons le même esprit de foi. Et ce qui appartenait à l'église de Corinthe appartient à l'église d'aujourd'hui. En aucune occasion Paul ou aucun des apôtres n'a jamais écrit pour encourager le peuple à croire ; jamais ils ne leur ont dit d'avoir la foi. Notre devoir d'encourager les croyants à croire ou à avoir la foi est le résultat du fait que la Parole de Dieu a perdu sa réalité pour nous. Nous sommes croyants ! Lorsque nos enfants sont absents, nous n'avons pas besoin de leur écrire et de leur dire : « Assurez-vous de continuer à respirer. Ils continueront à respirer tant qu'ils seront en vie. Nous n'avons pas non plus à encourager les croyants à croire parce que c'est ce qu'ils sont – des croyants.

Combien d'entre nous réalisent que nos paroles nous dominent ? "Tu es pris au piège par les paroles de ta bouche..." (Proverbes 6:2). Une autre version dit : « Tu es fait prisonnier avec les paroles de ta bouche. Un jeune homme m'a dit un jour qu'il n'avait jamais été fouetté jusqu'à ce qu'il avoue qu'il avait été fouetté. Un écrivain l'a dit de cette façon: "Vous avez dit que vous ne pouviez pas, et au moment où vous l'avez dit, vous avez été fouetté." Tu as dit que tu n'avais pas la foi et le doute s'est élevé comme un géant et t'a lié. Vous êtes emprisonné avec vos propres mots. Vous parlez d'échec et l'échec vous tient en servitude.

La défaite et l'échec n'appartiennent pas à l'enfant de Dieu. Dieu n'a jamais fait d'échec. Dieu a fait de nous de nouvelles créatures. Nous ne sommes pas nés de la volonté de la chair ou de la volonté de l'homme, mais de la volonté de Dieu. Nous sommes créés en Jésus-Christ. Les échecs sont causés par l'homme. Ils sont faits par de fausses croyances et de mauvaises pensées. I John 4: 4 dit: "... Celui qui est en vous est plus grand que celui qui est dans le monde." Apprenez à faire confiance au Grand qui est en vous. Il est plus puissant que tout au monde.
Dieu a créé l'univers avec des mots. Les paroles remplies de foi sont les choses les plus puissantes au monde.

La clé du genre de foi en Dieu est de croire avec le cœur et de confesser de la bouche. Nos lèvres peuvent faire de nous des millionnaires ou nous garder pauvres. Nos lèvres peuvent faire de nous des vainqueurs ou nous garder captifs. Nous pouvons remplir nos paroles de foi ou nous pouvons remplir nos paroles de doute. Nous pouvons remplir nos mots d'amour qui feront fondre le cœur le plus froid, ou nous pouvons remplir nos mots de haine et de poison. Nous pouvons remplir nos paroles d'amour qui aidera les personnes découragées et au cœur brisé, avec une foi qui remuera le ciel. Nous pouvons faire en sorte que nos paroles respirent l'atmosphère même du ciel.

Notre foi ne s'élèvera jamais au-dessus des paroles de nos lèvres. Jésus a dit à la femme qui perdait du sang que sa foi l'avait guérie. Des pensées peuvent venir et elles peuvent persister à rester. Mais si nous refusons de mettre ces pensées en mots, elles meurent sans naître. Cultivez l'habitude de penser à de grandes choses. Apprenez à utiliser des mots qui réagiront sur votre propre esprit. Les confessions de foi créent des réalités. La réalisation suit la confession. La confession précède la possession.

Maintenant, regardons " *C'est fini, vous n'avez pas besoin de PRIER à ce sujet, vous devez être D'ACCORD avec le mot FOI" par Kenneth E. Hagin*

C'est fini, vous n'avez pas besoin de PRIER à ce sujet, vous devez être D'ACCORD avec le mot FOI » par Kenneth E. Hagin

La guérison divine est un fait accompli. C'est un don, comme le salut, déjà payé au Calvaire. Avez-vous accepté le don de guérison de Dieu ? Le vivez-vous pleinement dans votre vie ? Sinon, il est temps pour vous de posséder la promesse de guérison et de profiter d'une santé complète dans tous les domaines !

« J'ai prié et prié. J'ai participé à des réunions de guérison dans tout le pays et j'ai prié plusieurs fois, mais je ne suis toujours pas guéri. Pouvez-vous m'aider?"

Cet appel plaintif a été entendu à maintes reprises par les ministres. Ils prient pour les malades, mais souvent les malades s'absentent au fur et à mesure qu'ils arrivent, pas guéris.

Pourquoi est-ce que certains sont guéris instantanément alors que d'autres marchent péniblement d'un endroit à l'autre à la recherche de la guérison, pour être déçus à maintes reprises ?

Pourquoi est-ce que certains qui sont des piliers dans l'église souffrent souvent pendant des années tandis que d'autres qui sont moins pieux reçoivent un miracle soudain de Dieu ?

Dieu fait-il acception de personnes (Actes 4:34) ? Ou avons-nous échoué dans notre approche de la guérison, manquant d'une compréhension complète de ce que la Parole de Dieu enseigne sur le sujet ?

Une grande importance a été accordée à la pratique de l'onction d'huile, de l'imposition des mains et de la prière pour les malades. Mais il y a plus dans la guérison que l'onction d'huile, tout comme il y a plus dans le salut que la prière.

L'huile d'onction, la prière du ministre et l'imposition des mains sont simplement des méthodes ou des points de contact. En eux-mêmes, ils ne guérissent pas. Ce sont des voies par lesquelles nous pouvons libérer notre foi en la Parole de Dieu.

L'accent a également été mis sur les dons de guérisons (1 Cor. 12:28), qui font partie des dons de l'Esprit mentionnés dans 1 Corinthiens 12:8-10 : « Car à l'un est donnée par l'Esprit la parole de sagesse; à un autre la parole de connaissance par le même Esprit ; A une autre foi par le même Esprit ; à un autre les dons de guérison par le même Esprit ; À un autre l'opération de miracles ; à une autre prophétie; à un autre discernement des esprits; à un autre divers genres de langues ; à un autre l'interprétation des langues.

Il y aura des manifestations de ces dons surnaturels lorsque les gens les prêcheront, les enseigneront, y croiront et s'abandonneront à l'Esprit de Dieu ; mais ces dons ne fonctionnent pas toujours.

Souvent, les nouveaux chrétiens sont guéris par de telles manifestations spéciales. Alors la prochaine fois qu'ils sont malades, au lieu de croire la Parole de Dieu, ils s'attendent à être guéris de cette même manière, et ils sont déçus quand ils ne le sont pas.

J'ai découvert dans mon ministère que des manifestations surnaturelles de guérison sont généralement observées soit parmi les pécheurs, soit parmi les personnes confessionnelles qui n'ont pas entendu la guérison divine enseignée. Je les ai rarement, voire jamais, vus travailler pour les gens du Plein Evangile.

Pourquoi? Parce que les dons de guérisons et de manifestations surnaturelles sont donnés principalement pour annoncer l'Évangile et attirer l'attention de ceux qui ne font pas partie de l'Église. Le croyant devrait être guéri en libérant sa foi en la Parole de Dieu.

Nous devons faire la distinction entre les guérisons obtenues par des dons ou des manifestations surnaturelles et celles obtenues en exerçant la foi en la seule Parole de Dieu.

Il faut aussi comprendre qu'un individu n'opère pas ces dons surnaturels ; elles se manifestent à travers lui. Je ne peux pas les faire fonctionner à tout moment; Je ne peux que rester ouvert à la manifestation de l'Esprit de Dieu comme Il le veut (1 Cor. 12:11).

Nous devons rester ouverts aux manifestations de l'Esprit de Dieu, mais nous n'avons pas à en attendre une pour être guéris. C'est une bonne nouvelle, mon ami. Dieu veut que nous soyons guéris, et Il a prévu que nous recevions et possédions la guérison.

Les dons de guérisons se sont manifestés de nombreuses fois dans mon ministère, mais je ne peux pas les faire fonctionner à volonté. Je ne peux pas appuyer sur un bouton ou tirer sur un levier, pour ainsi dire, et faire fonctionner les cadeaux. Ils opèrent selon la volonté de l'Esprit. Pourtant, il nous est demandé de ne pas l'attendre, puisqu'il a déjà fait quelque chose au sujet de notre guérison à la croix. La guérison nous appartient. Ce n'est pas simplement une question de prière. Il ne s'agit pas simplement d'un don spirituel en opération. La guérison nous appartient parce qu'elle nous a été donnée par le Seigneur Jésus-Christ.

Quand je dis aux gens qu'ils n'ont pas besoin de prier pour être guéris, ils me regardent avec étonnement. Beaucoup n'ont pas reçu la guérison parce qu'ils ont basé leur foi sur la prière plutôt que sur la Parole de Dieu. Ils s'attendaient à ce que la prière fasse pour eux ce que la Parole de Dieu fera pour eux. La prière ne réussit que lorsqu'elle est basée sur les promesses de la Parole de Dieu.

Lorsque les gens viennent à l'autel pour prier, découvrez ce dont ils ont besoin. Si un homme vient pour être sauvé, vous pouvez prier pour lui pendant six semaines, mais jusqu'à ce qu'il agisse sur ce que Dieu a dit dans Sa Parole, il se lèvera et rentrera chez lui sans être sauvé.

Tournez-vous vers la Parole de Dieu. Montrez-lui ce que dit la Bible. Amenez-le à y croire et à agir en conséquence. En ce qui concerne Dieu, l'homme est déjà sauvé. Du point de vue de Dieu, le salut est déjà acheté et payé. Il ne s'agit donc pas que Dieu le sauve ; il s'agit pour lui d'accepter le salut que Dieu offre !

De même, il ne s'agit pas que Dieu baptise quelqu'un du Saint-Esprit ; il s'agit pour la personne d'accepter le don du Saint-Esprit que Dieu offre. De même, il ne s'agit pas de la guérison d'un individu par Dieu ; il s'agit pour la personne d'accepter le don de guérison que Dieu lui a déjà fourni.

Certains disent : « Eh bien, je crois que Dieu va me guérir un jour. Je crois qu'au bon moment de Dieu et à sa manière, il le fera. Ce genre de pensée n'est pas conforme à la Parole de Dieu. Premier Pierre 2:24 dit, ". . . par les meurtrissures de qui vous avez été guéris.

Remarquez qu'il est écrit "étaient" et non "allait être". Si je crois ce que dit la Bible, alors je crois que nous avons été guéris. Pierre regarde vers le Calvaire. J'ai alors été guéri. J'accepte cette guérison maintenant.

Dieu a déposé sur Jésus nos maladies et nos maladies; Jésus les a enfantés. Il a été «frappé, frappé par Dieu et affligé» de nos maladies (Ésaïe 53:4). Par conséquent, Satan n'a pas le droit de mettre sur nous ce que Dieu a mis sur Jésus.

Quelqu'un peut dire : « C'est peut-être la volonté de Dieu que je sois malade. Dieu peut tirer plus de gloire de ma maladie que si j'étais en bonne santé.

De quel droit, alors, Dieu aurait-il de mettre votre maladie sur Jésus s'il voulait que vous continuiez à la porter ? Il n'est pas nécessaire que vous le supportiez tous les deux. Parce que Jésus l'a porté, vous êtes libre !

Toutes les bénédictions et provisions de Dieu sont conditionnelles. Il nous a donné sa Parole pour nous faire savoir quelles conditions doivent être remplies pour que nous recevions ces bénédictions. Ils ne tomberont pas automatiquement sur nous comme des cerises mûres tombent d'un arbre. Il y a un côté Dieu et un côté homme à chaque bataille et à chaque bénédiction. Dieu a son rôle à jouer, mais l'homme a aussi son rôle à jouer. Le rôle de l'homme est d'obéir à Dieu et de recevoir ce qu'il a fourni.

Paul a dit que ce qui est arrivé à Israël s'est passé comme un exemple pour nous (1 Cor. 10:11). Quand Dieu a conduit les enfants d'Israël hors d'Egypte (qui est un type du monde), Il ne les a pas abandonnés dans le désert ; Il avait une autre bénédiction pour eux. Il avait un autre pays pour eux : le pays de Canaan.

Canaan est un type du baptême du Saint-Esprit et de nos droits et privilèges en Christ, qui incluent la guérison. Dieu a promis à plusieurs reprises aux enfants d'Israël qu'il allait leur donner ce pays. Quand ils ont finalement traversé le Jourdain pour entrer en Canaan, Dieu a dit : « Tout lieu que foulera la plante de votre pied, je vous le donne, comme je l'ai dit à Moïse » (Josué 1 : 3). Dieu avait dit qu'il leur donnerait le pays, mais le peuple devait le posséder.

C'est ainsi qu'il en est de nos droits et privilèges en Christ. La guérison nous appartient. Dieu nous l'a fourni. Mais nous devons le posséder. À moins que nous possédions la disposition, nous ne profiterons pas de ses avantages.

Beaucoup de gens attendent que Dieu fasse quelque chose au sujet de leur maladie. Ils disent : « Si jamais Dieu me guérit, alors je vais le croire.

J'ai parlé à des pécheurs qui avaient la même idée du salut : ils voulaient tout laisser à Dieu. Un homme a dit : « Si Dieu veut me sauver, il le fera. J'attends juste Dieu. Je n'ai pas pu le dissuader et, malheureusement, il est mort sans Dieu.

La Parole de Dieu dit que c'est la volonté de Dieu de sauver les gens. Il les invite à venir : « . . . Et quiconque voudra, qu'il puise gratuitement l'eau de la vie » (Apoc. 22:17). La responsabilité de recevoir est du côté de l'homme.

Le croyant fait parfois la même erreur lorsqu'il s'agit d'autres choses que la Parole de Dieu promet. Il pense à tort : « Si Dieu veut que j'aie ceci, Il me le donnera. Si je ne l'obtiens pas, Il ne veut pas que je l'aie. Nous devons entrer dans la Parole de Dieu et découvrir ce qui nous appartient. Si quelque chose nous est promis, ou si cela nous est fourni dans Sa Parole, c'est Sa volonté. Il ne nous reste plus qu'à le posséder !

Nous devons régler cela dans nos esprits, car tant que nous hésiterons, nous ne recevrons rien. Jacques 1 : 6 et 7 dit : « Mais qu'il demande avec foi, sans hésitation, car celui qui vacille est comme une vague de la mer poussée par le vent et agitée. Car que cet homme ne pense pas qu'il recevra quelque chose du Seigneur. Souvent, nous ne recevons pas parce que nous hésitons.

La guérison est un don, comme le salut, déjà payé au Calvaire. Tout ce que nous devons faire, c'est l'accepter. Tout ce que nous devons faire, c'est posséder la promesse qui est la nôtre. En tant qu'enfants de Dieu, nous devons réaliser que la guérison nous appartient !

LA DOUBLE NATURE DE NOTRE RACHAT

Notre rédemption en Christ est double. Jésus n'est pas seulement mort pour nos péchés sur la Croix du Calvaire, Son sang a également été versé pour que vous et moi puissions vivre à l'abri de la maladie et de la maladie.
Esaïe chapitre 53 détient la clé de notre rédemption tant spirituelle que physique.

ISAIAH 53:4–5

4 Certes, il a porté nos peines, et porté nos peines; mais nous l'avons estimé frappé, frappé par Dieu, et affligé. 5 Mais il a été blessé pour nos transgressions, il a été meurtri pour nos iniquités : le châtiment de notre paix était sur lui ; et avec ses meurtrissures nous sommes guéris.

Dans la langue hébraïque, le quatrième verset dit : « Sûrement il a porté nos maladies et porté nos douleurs. . . ." Au verset 10 d'Isaïe 53, la version King James se lit comme suit: «Pourtant, il a plu au Seigneur de le meurtrir; il l'a mis au CHAGRIN. . . ." Le mot chagrin vient du mot hébreu signifiant « malade ». En hébreu, ce verset dit littéralement : « Il l'a rendu malade ».

Les chrétiens n'ont aucun problème à croire Ésaïe 53:6, ". . . le Seigneur a fait retomber sur lui l'iniquité de nous tous. Mais beaucoup ne peuvent pas croire le reste du plan rédempteur, que nous avons vu au verset 4 : « . . . il a porté nos maladies et porté nos douleurs. . . ."

Le but de Jésus portant nos péchés était que nous soyons libérés de la mort spirituelle et de la séparation éternelle d'avec Dieu. Le but de sa maladie et de ses maladies était que nous soyons libérés des infirmités. Si vous croyez que Dieu a placé vos iniquités sur Jésus pour votre salut, alors vous devriez également pouvoir croire que Dieu a placé la maladie et la maladie sur Lui afin que vous puissiez être guéri.

Satan est l'auteur de la maladie, pas Dieu, mais il ment aux gens et leur fait penser que c'est Dieu qui a mis la maladie sur eux. Ou il essaie de leur faire croire que Dieu utilise la maladie pour leur enseigner quelque chose. J'aimerais autant entendre un âne braire à minuit dans une grange en tôle que d'entendre les gens parler ainsi ! Dieu n'a pas besoin du diable pour vous enseigner quoi que ce soit !

Ce type de pensée me met en colère. Vous voyez, penser comme ça m'a presque coûté la vie. Quand j'étais sur le lit de la maladie en tant que garçon baptiste de 15 et 16 ans, c'est ce que les gens m'ont dit. Je n'ai rien appris. Au lieu de cela, je suis devenu amer et je me suis presque retourné contre Dieu.

Plus tard, après avoir été guéri et être entré dans le ministère, j'ai appris que si je passais du temps à enseigner aux gens la «double guérison» - que Jésus n'est pas seulement mort pour la rémission de nos péchés mais aussi pour la guérison de nos corps - je pourrais changer leur façon de penser erronée. Et quand les gens virent que c'était la volonté de Dieu qu'ils soient guéris, il leur fut facile de recevoir ce qui leur revenait de droit.

Discutons de la raison pour laquelle les gens perdent parfois leur guérison après l'avoir reçue. J'ai eu des gens qui m'ont dit qu'ils se sentaient parfaitement bien pendant un certain temps après que je leur ai imposé les mains. Ensuite, tous les symptômes sont revenus, et ils étaient pires qu'avant.

C'est un problème simple à résoudre. La raison pour laquelle les gens perdent leur guérison est qu'ils ont été guéris par la foi d'un autre. Parfois, les gens reçoivent la guérison par une manifestation spéciale du Saint-Esprit, comme par une parole de connaissance ou les dons de guérison, par exemple. Mais quand ils rentrent chez eux, ils sont seuls ; ils opèrent sur leur propre foi.

Quand j'ai commencé à interroger certaines personnes qui avaient perdu leur guérison, j'ai découvert que dès que les symptômes commençaient à revenir sur elles, elles disaient : « Eh bien, je pensais que j'étais guérie, mais je suppose que je ne le suis plus.

Parce qu'ils ne savaient pas comment résister au diable, ils ont repris tous leurs symptômes. Au premier signe d'un symptôme, ils ont vacillé dans la foi et ont cru au symptôme plutôt qu'à la vérité de la Parole de Dieu. Ensuite, ils ont probablement dit quelque chose, comme : "Eh bien, je pensais que j'étais guéri, mais je suppose que je ne l'étais pas."

Vous voyez, vous devez tenir bon contre le diable. Au premier signe qu'un symptôme essaie de revenir sur vous, dites au diable : « Non, tu ne me refiles pas ça. Je suis guéri. Citez ensuite 1 Pierre 2 :24, Matthieu 8 :17 et Ésaïe 53 :4-5. Rappelez au diable ce que dit la Parole.

Malheureusement, au lieu de se lever et de rencontrer le diable avec la Parole de Dieu et d'ordonner que son pouvoir soit brisé, beaucoup de gens lui cèdent. Pourquoi? Parce qu'ils n'ont pas le fondement de la Parole de Dieu dans leur vie.

Ils dépendent des autres pour les porter avec leur foi et leurs prières, et cela ne fonctionnera que temporairement. Pour recevoir en permanence, vous devez utiliser votre propre foi.

Lorsque vous connaissez la puissance et l'autorité du Nom de Jésus et que vous avez un droit biblique à ce Nom, le diable n'aura aucun pouvoir sur vous. Ensuite, lorsque les symptômes essaieront de revenir sur vous, vous ne serez pas rempli de peur. Vous allez simplement rire du diable et dire : « Satan, Jésus t'a fouetté il y a plus de deux mille ans. Maintenant, quittez mon corps ! Et il devra partir.

Vous ne pouvez pas maintenir votre guérison si elle est le résultat de la foi d'une autre personne ou par les dons de l'Esprit, à moins que votre foi ne soit développée dans la Parole de Dieu. Mais battre le diable est aussi simple que de tenir bon et de lui résister. Il n'a d'autre choix que de fuir (Jacques 4 :7) !

Construire une foi solide à travers la Parole

La foi commence là où la volonté de Dieu est connue. Soyez assuré que Dieu vous veut bien. Les promesses de guérison se retrouvent dans l'Ancien et le Nouveau Testament. Voici quelques Écritures pour édifier votre foi en matière de guérison.

Exode 15:26 (KJV) ". . . Je suis l'Éternel qui te guérit.

Psaume 91:10 (NIV) ". . . aucun mal ne vous arrivera, aucun désastre ne s'approchera de votre tente. . . ."
Deutéronome 33:25 (NIV) ". . . ta force égalera tes jours.

Psaume 73:26 (KJV) ". . . Dieu est la force de mon coeur. . . ."

Psaume 146: 8 (amplifié) «Le Seigneur ouvre les yeux des aveugles; le Seigneur relève ceux qui sont courbés. . . ."

Galates 3:13 (LSG) "Christ m'a racheté de la malédiction de la loi. . . ."

Malachie 4:2 (NIV) «Mais pour vous qui craignez mon nom, le soleil de justice se lèvera avec la guérison dans ses ailes. . . . "

Romains 8:11 (KJV)". . . l'Esprit de celui qui a ressuscité Jésus d'entre les morts. . . vivifieront aussi vos corps mortels. . . ."

Luc 10:19 (LSG) "Voici, je vous donne le pouvoir de marcher sur les serpents et les scorpions, et sur toute la puissance de l'ennemi, et rien ne vous fera aucun mal."

Courte prière pour l'auto-délivrance.

« Seigneur Jésus-Christ, je crois que tu es mort sur la croix pour mes péchés et que tu es ressuscité des morts. Tu m'as racheté par ton sang et je t'appartiens et je veux vivre pour toi. Je confesse tous mes péchés - connus et inconnus - je suis désolé pour eux tous. Je les renie tous. Je pardonne à tous les autres comme je veux que Tu me pardonnes. Pardonne-moi maintenant et purifie-moi avec ton sang. Je te remercie pour le sang de Jésus-Christ qui me purifie maintenant de tout péché. Et je viens à Toi maintenant comme mon libérateur. Vous connaissez mes besoins particuliers - la chose qui lie, qui tourmente, qui souille ; cet esprit mauvais, cet esprit impur, je revendique la promesse de ta parole : « Quiconque invoquera le nom du Seigneur sera délivré. Je T'invoque maintenant. Au nom du Seigneur Jésus-Christ, délivrez-moi et libérez-moi. Satan, je renonce à toi et à toutes tes œuvres. Je me perds de toi, au nom de Jésus, et je t'ordonne de me quitter maintenant au nom de Jésus. Amen!"

Laissez-le venir de votre cœur et voyez le salut du Seigneur !

Êtes-vous malade ou avez-vous besoin d'une restauration?

Pour ceux qui sont malades ou malades sous quelque forme que ce soit, ou qui ont besoin d'être délivrés ? Ou restauration, veuillez toucher le point ci-dessous dans la foi (la foi, c'est voir le résultat positif précis de votre situation actuelle, sachant que Jésus a fait sa part il y a plus de 2000 ans pour assurer votre guérison et votre délivrance, la restauration comme acompte, faire confiance cet acompte est à votre disposition, comme un solde positif sur votre compte courant auprès de la banque, aucune question posée car nous sommes d'accord avec vous et prononçons ÊTRE GUÉRI au nom de Jésus-Christ, Amen)

Par l'autorité que vous m'avez accordée ainsi qu'à eux, j'exerce cette autorité maintenant dans la foi avec leur colère contre l'ennemi et leur faim pour obtenir ce que vous leur avez donné gratuitement à tous, je maudis chaque maladie, chaque maladie, que ce soit le cancer, COVID 19, que ce soit l'esprit d'infirmités, que ce soit la possession démoniaque ou l'oppression, que ce soit l'esprit de pauvreté, les revers, l'accomplissement retardé de ce que Dieu a déjà déterminé et libéré. Nous venons contre l'anomalie, je les lie, nous les maudissons jusqu'à leur racine et nous les chassons par autorité au nom de Jésus-Christ. Amen. Nous appelons à une libération de guérison, de délivrance et de restauration dans leur vie au nom puissant de Jésus-Christ. Merci Seigneur pour les témoignages qui respectent ta gloire, ton honneur et ton adoration. Merci pour les âmes qui sont ajoutées à votre royaume à la suite de ce message, les miracles que nous voyons déjà en ce moment et qui se manifestent pour votre gloire au nom de Jésus, Amen. C'est fait! Réjouir!

Touchez cet endroit mis en évidence comme point de contact et confessez avec votre bouche - *JE SUIS GUÉRI, JE SUIS DÉLIVRÉ et JE SUIS RESTAURÉ dans mon Esprit, Âme, Corps et tout autour de moi au nom de JÉSUS-Christ, Amen !!!*

Commencez à faire ce que vous ne pouviez pas faire auparavant et commencez à confesser jusqu'à la guérison complète, la restauration de la délivrance

devient un fruit dans votre vie au nom de Jésus, amen. Restez affamé pour tout Dieu, restez en colère et reprenez tout ce que l'ennemi a retenu au nom de Jésus, amen

Note   :
Témoignez de la guérison pour la gloire de Dieu et de la honte de l'ennemi ! Envoyez-nous un e-mail ou WhatsApp si vous avez encore besoin que nous nous mettions d'accord avec vous sur le problème. Et connectez-vous à la série d'équipements à partir de la semaine prochaine jeudi. Retrouvez le détail prochainement sur notre site internet !

Grands exploits 2 – Chapitre 17

Vous êtes né pour cela - Guérison, délivrance et restauration - Découvrez comment des grands dans la partie 16

Partie 16 - Assez c'est assez pour Captivité de satan et bienvenue à la liberté en Jésus-Christ - Le Pouvoir Résident dans la Communion + Arrêtez les efforts d'auto-sabotage et vivez en paix les uns avec les autres ! Véritable histoire de guérison - Une malédiction est brisée !

Prière et jeûne pour l'église et le jour du leadership 37 sur 40

1 Corinthiens 11:26-32
Traduction de la Passion26 Chaque fois que vous mangez ce pain et que vous buvez cette coupe, vous racontez l'histoire, annonçant la mort de notre Seigneur jusqu'à ce qu'il vienne. **27 C'est pourquoi quiconque mange le pain ou boit la coupe du Seigneur dans un mauvais esprit**

sera coupable d'avoir déshonoré le corps et le sang du Seigneur. 28 Ainsi, que chacun évalue d'abord sa propre attitude et ensuite seulement mange le pain et boive la coupe. 29 Car manger et boire continuellement avec un mauvais esprit [a] vous attirera un jugement sur vous-même en ne reconnaissant pas le corps. 30 Cette insensibilité est la raison pour laquelle beaucoup d'entre vous sont faibles, malades chroniques et certains meurent même. 31 Si nous nous sommes examinés, nous ne devons pas être jugés. 32 Mais quand nous sommes jugés, c'est la formation du Seigneur afin que nous ne soyons pas condamnés avec le monde.

Prière : Seigneur, aide-nous à nous examiner à la lumière de ta parole afin que nous ne nous tirions pas une balle dans le pied parce que tu ne fais pas acception de personnes comme nous le faisons habituellement. Nous maudissons la nature adamique en nous tous et tu prends vie en nous au nom de Jésus, amen

Mes amis, l'un des domaines dans lesquels nous nous auto-sabotons est celui de la table de communion lorsque nous nous souvenons de l'œuvre que le Seigneur a accomplie pour nous avec Son Corps et Son Sang.

Deux façons dont nous nous auto-sabotons sont les suivantes

1- Nous pensons que la communion est un rituel et pour quelques privilégiés qualifiés et ne revendiquons pas les promesses de santé et de guérison, de vie, de pouvoir et de vertu.

La communion peut être prise tous les jours parce que dans la communion il y a des dispositions pour la guérison, la délivrance et la restauration pour chaque enfant de Dieu.

La guérison est le pain des enfants et ce pain et ce vin sont un corps et un sang spirituels dans ou à travers le corps du Christ qui est vie et esprit. Matthieu 15:22-29. Lisez aussi ceci

Jean 6:54
La Passion Traduction
54 La vie éternelle vient à celui qui mange mon corps et boit mon sang, et je le ressusciterai au dernier jour.

S'il vous plaît, n'oubliez jamais ce mot si vous ne pouvez vous souvenir d'autre chose aujourd'hui sur la nécessité de communier avec ou sans les frères dans ou hors de l'Église. C'est ça :

Manger sa chair, c'est prendre dans notre vie par la FOI tout ce que Jésus a fait pour nous en donnant son corps pour nous.

Boire son sang, c'est prendre par la FOI tout ce que le sang de Jésus a acheté pour nous. Ce "manger" et "boire" c'est recevoir la VIE, la PUISSANCE et la VERTU de tout ce que Jésus est pour remplacer tout ce que nous étions en Adam. Le sang et le corps de Jésus sont l'Arbre de Vie, qui est offert à tous ceux qui le suivent.

Jésus est l'arc-en-ciel dans la nouvelle alliance tout comme l'arc-en-ciel dans l'alliance de Noé dans Genèse 9:1-17 ; Apoc 4:3

Lorsque nous prenons la communion, nous invoquons à chaque fois la provision de l'œuvre achevée et nous nous les approprions dans nos circonstances et situations parce que c'est la vie. Ce n'est pas un rituel. La foi est nécessaire pour s'approprier la provision. La foi est une confiance inconditionnelle. Nous pouvons alors dire hardiment : * « **Seigneur, comme tu nous l'as ordonné, je mange maintenant ton corps et je bois ton sang. Je dis Ta Vie en moi, Ta Vie, Ton Pouvoir, Tes vertus entrent en moi maintenant. Guérison, Délivrance, restauration de la vie, coulez en moi et tout ce qui m'appartient. Tout ce qui en moi est désaligné, je décrète et déclare un réalignement divin par autorité au nom de Jésus-Christ alors que j'ai pris cette communion en souvenir de l'œuvre achevée. Maladie Allez, je suis délivré, je suis restauré dans mon esprit, mon âme et mon corps - Nommez-les et voyez le salut du Seigneur.** Ne le traitez pas comme du pain et du vin ordinaires. Ils évoquent des vérités spirituelles qui nécessitent la foi pour y accéder.

Souvenez-vous : Vivez en paix avec tous et n'en voulez à personne. Si vous le faites, aucune déclaration ne fonctionnera jusqu'à ce que nous nous remettions en alignement avec la parole de Dieu.

Le deuxième domaine où nous faiblissons lorsque nous prenons la communion est de vivre dans le non-pardon, l'amertume et tous les autres vices qui s'opposent aux principes du Christ ou aux clauses de la parole. Lorsque nous faisons cela, nous appelons un jugement sur nous-mêmes par défaut. Que le Seigneur nous délivre des efforts d'auto-sabotage au nom de Jésus, amen
Lisons ce vrai témoignage pour étayer le point ici. Lisez, méditez et appliquez à vos propres circonstances et situations :

Une malédiction est brisée et une femme marche : 19 septembre 2012

Dans Proverbes 17:19, il est dit : "Celui qui rend le mal pour le bien reçoit une malédiction sur lui." La réalité est que si vous faites du mal à une personne qui vous fait du bien, une malédiction sera lancée. Un autre se trouve dans Marc 11:12-14, 21&22. C'est Jésus maudissant le figuier. Dans ce cas, il a maudit le figuier mais l'effet n'a pas été visible pendant une journée. Les gens pensent que parce qu'ils prononcent une malédiction mais que le problème n'est pas immédiatement apparent, cela n'a aucun effet. Cela a un effet, que vous le voyiez dans un instant ou sur dix ans. L'effet arrivera aux gens.

Une fois, alors que j'étais au Mexique, j'ai prié pour une dame souffrant d'une condition physique. La seule chose que le Seigneur m'a dite, c'est que ses frères et sœurs l'ont maudite dès l'âge de trois ans. Elle était presque complètement paralysée et nous avons dû traverser et lui demander de pardonner à ses frères et sœurs. J'ai dû briser le pouvoir de la malédiction sur elle et quand je l'ai fait, le Seigneur l'a complètement guérie. Elle a pris son déambulateur et l'a jeté de côté et le Seigneur l'a guérie sur-le-champ. J'étais juste étonné qu'un miracle puisse réellement se produire. Vous savez combien de fois on a prié pour elle dans l'église et elle n'a pas été guérie ? Il y avait une cause fondamentale pour laquelle cela se produisait. Lorsque vous traitez avec des gens émotionnellement, spirituellement ou physiquement et qu'il n'y a pas de percée, vous devez commencer à creuser plus profondément et à parcourir plus de pistes dans la vie de cette personne. Il y a une raison pour laquelle cela est toujours là. Savez-vous pourquoi l'église est si confuse au sujet de la guérison ? Nous ne pouvons pas comprendre pourquoi Dieu dit qu'Il va guérir les gens et qu'ensuite ils ne sont pas guéris. S'il vous plaît, réalisez, dans la gentillesse, que cela n'arrive pas sans cause. Rien dans cet univers n'arrive sans cause.

Courte prière pour l'auto-délivrance.

« Seigneur Jésus-Christ, je crois que tu es mort sur la croix pour mes péchés et que tu es ressuscité des morts. Tu m'as racheté par ton sang et je t'appartiens et je veux vivre pour toi. Je confesse tous mes péchés - connus et inconnus - je suis désolé pour eux tous. Je les renie tous. Je pardonne à tous les autres comme je veux que Tu me pardonnes. Pardonne-moi maintenant et purifie-moi avec ton sang. Je te remercie pour le sang de Jésus-Christ qui me purifie maintenant de tout péché. Et je viens à Toi maintenant comme mon libérateur. Vous connaissez mes besoins particuliers - la chose qui lie, qui tourmente, qui souille ; cet esprit mauvais, cet esprit impur, je revendique la promesse de ta parole : « Quiconque invoquera le nom du Seigneur sera délivré. Je T'invoque maintenant. Au nom du Seigneur Jésus-Christ, délivrez-moi et libérez-moi. Satan, je renonce à toi et à toutes tes œuvres. Je me perds de toi, au nom de Jésus, et je t'ordonne de me quitter maintenant au nom de Jésus. Amen!"

Laissez-le venir de votre cœur et voyez le salut du Seigneur !

Êtes-vous malade ou avez-vous besoin d'une restauration?

Pour ceux qui sont malades ou malades sous quelque forme que ce soit, ou qui ont besoin d'être délivrés ? Ou restauration, veuillez toucher le point ci-dessous dans la foi

(la foi, c'est voir le résultat positif précis de votre situation actuelle, sachant que Jésus a fait sa part il y a plus de 2000 ans pour assurer votre guérison et votre délivrance, la restauration comme acompte, confiant que vous pouvez retirer un acompte, comme un solde positif sur votre compte courant auprès de la banque, sans poser de questions car nous sommes d'accord avec vous et prononçons ÊTRE GUÉRI au nom de Jésus-Christ, Amen)

Par l'autorité que vous m'avez accordée ainsi qu'à eux, j'exerce cette autorité maintenant dans la foi avec leur colère contre l'ennemi et leur faim pour obtenir ce que vous leur avez donné gratuitement à tous, je maudis chaque maladie, chaque maladie, que ce soit le cancer, COVID 19, que ce soit l'esprit d'infirmités, que ce soit la possession démoniaque ou l'oppression, que ce soit l'esprit de pauvreté, les revers, l'accomplissement retardé de ce que Dieu a déjà déterminé et libéré. Nous venons contre l'anomalie, je les lie, nous les maudissons jusqu'à leur racine et nous les chassons par autorité au nom de Jésus-Christ. Amen. Nous appelons à une libération de guérison, de délivrance et de restauration dans leur vie au nom puissant de Jésus-Christ. Merci Seigneur pour les témoignages qui respectent ta gloire, ton honneur et ton adoration. Merci pour les âmes qui sont ajoutées à votre royaume à la suite de ce message, les miracles que nous voyons déjà en ce moment et qui se manifestent pour votre gloire au nom de Jésus, Amen. C'est fait! Réjouir!

Touchez cet endroit mis en évidence comme point de contact et confessez avec votre bouche - JE SUIS GUÉRI, JE SUIS DÉLIVRÉ et JE SUIS RESTAURÉ dans mon Esprit, Âme, Corps et tout autour de moi au nom de JÉSUS Christ, Amen !!!

Commencez à faire ce que vous ne pouviez pas faire auparavant et commencez à confesser jusqu'à la guérison complète, la restauration de la délivrance devient un fruit dans votre vie au nom de Jésus, amen. Restez affamé pour tout Dieu, restez en colère et reprenez tout ce que l'ennemi a retenu au nom de Jésus, amen

Note   :
Témoignez de la guérison pour la gloire de Dieu et de la honte de l'ennemi ! Envoyez-nous un e-mail ou WhatsApp si vous avez encore besoin que nous nous mettions d'accord avec vous sur le problème. Et connectez-vous à la série d'équipements à partir de la semaine prochaine jeudi. Retrouvez le détail prochainement sur notre site internet !

Grands exploits 2 – Chapitre 18

Vous êtes né pour cela - Guérison, délivrance et restauration - Découvrez comment des grands dans la partie 17

Partie 17 - Assez c'est assez pour Captivité de satan et bienvenue à la liberté en Jésus-Christ - Tempêtes de la vie - Le croyons-nous ou croyons-nous en lui ? Je crois, aide mon incrédulité - Histoire vraie par BETH

Prière et jeûne pour l'Église et le leadership Jour 38 sur 40
Écriture:

1 Jean 3:23

Voici son commandement, que nous croyions au nom de son Fils Jésus-Christ et que nous nous aimions les uns les autres, comme il nous l'a commandé.

Marc 9:22-23

La traduction de la passion

[22] « Il essaie sans cesse de le tuer en le jetant dans le feu ou dans l'eau. Mais s'il vous plaît, si vous êtes capable de faire quelque chose, n'importe quoi, ayez pitié de nous et aidez-nous !
[23] Jésus lui dit : « Que veux-tu dire « si » ? Si vous êtes capable de croire, tout est possible au croyant.

Prière: *Père, merci pour aujourd'hui. Merci d'avoir envoyé Votre Fils pour nous racheter auprès de Vous. Seigneur, en tant que ton corps de croyants, nous n'avons aucun problème à croire en ton fils et essentiellement en toi aussi selon l'œuvre générale de rédemption. Seigneur, là où nous luttons tous, c'est dans le domaine de croire en Ton Fils pour nos besoins spécifiques. Nous luttons pour nous approprier le travail fini dans les vrais problèmes qui nous troublent au quotidien. Nous croyons que vous existez mais nous avons du mal à croire que vous et votre fils que ce que vous avez dit que vous avez accompli il y a 2000 ans s'applique à nous aujourd'hui, qu'ils s'appliquent à nous MAINTENANT pour l'appropriation dans nos vies. Seigneur, aide notre **incrédulité** et sors pour nous par ta généreuse grâce là où nous luttons pour **te croire. En conséquence, nous rivalisons, nous comparons et nous tolérons le manque d'amour et la division entre nous. Comme Caïn, nous tuons les frères avec nos paroles et nos actions parce que nous n'avons pas le fruit qui montre Votre approbation de nous et de notre travail. Pardonne-nous Seigneur, alors que tu nous ramènes à la place de te croire et de recevoir tout ce que tu es mort pour nous donner individuellement** au nom de Jésus-Christ, Amen*

Chers amis, aussi sûrement que nous vivons dans cette partie de l'éternité, des tempêtes viendront certainement ! Pas si, mais quand. Certains d'entre nous sont dans un maintenant. Certains en sortent tout juste alors que d'autres sont dans une période de répit. Lorsque ces problèmes surviennent, ce que vous croyez sera testé et ébranlé. Jésus a dit dans

Marc 9:49-50
La traduction de la passion
49 « Tout le monde passera par le feu et tout sacrifice sera assaisonné de sel. 50 Le sel est excellent pour l'assaisonnement. Mais si le sel devient insipide, comment sa saveur pourra-t-elle jamais être restaurée ? Vos vies, comme le sel, doivent être assaisonnées et conservées. Alors ne perdez pas votre saveur, [ae] et préservez la paix dans votre union les uns avec les autres.

Il est donc essentiel que vous clarifiiez votre position ou la situation clarifiera sur quelle base vous avez construit. Pour vous aider dans de tels moments, nous vous avons apporté ce message aujourd'hui en commençant par cette question : Croyez-vous en Jésus-Christ ou Croyez-vous en Jésus-Christ concernant les choses qu'il vous a promises ? L'histoire d'aujourd'hui vous aidera à réévaluer votre position par rapport à croire en Christ et à croire en Christ. Assurez-vous que vous postulez et vivez à l'abri de la captivité (s) du malin au nom de Jésus, Amen. Rappelez-vous, Jésus est venu pour détruire l'œuvre du malin dans nos vies 1 Jean 3:8 - Profitez, méditez et appliquez !

Vaincre l'incrédulité par Beth

Dieu semble travailler sur des thèmes dans ma vie. Vous savez ce que je veux dire. Chaque sermon, dévotion du matin et émission de radio chrétienne me parlent tous par coïncidence du même sujet pendant une durée inconfortable. Je vais même recevoir une carte par la poste d'un ami chrétien que je n'ai pas vu depuis dix ans et vous l'avez deviné. Il partagera un bon mot sur le thème exact.

Peu de temps après mon quarantième anniversaire, partout où je me suis tourné, j'ai entendu un message sur la croyance. Je suis humilié d'admettre que je suis devenu quelque peu agacé de ne pas en entendre davantage sur les sujets dont j'avais vraiment besoin. Après tout, j'étais déjà croyant, et si les croyants ne croient pas, qu'est-ce qu'ils font ?

Plusieurs semaines ont passé et je n'ai toujours rien compris. Enfin, un matin, même Oswald Chambers a eu l'audace d'aborder le sujet dans l'entrée du jour de *My Utmost for His Highest.* J'ai levé les yeux et m'exclamai-je. Qu'est-ce que tout cela? J'ai senti le Saint-Esprit parler à mon coeur, Beth, je veux que tu me croies. J'étais consterné. Seigneur, j'ai répondu, Bien sûr que je crois en Toi. J'ai cru en Toi toute ma vie. J'ai senti qu'il avait répondu très clairement. Inflexiblement, Je ne vous ai pas demandé de **croire en Moi** . Je t'ai demandé de **me croire** .

Je restai assis très perplexe pendant plusieurs instants jusqu'à ce que je sois certain que le Saint-Esprit avait fidèlement éclairé ma foi pitoyablement petite. Je l'ai senti dire. Mon enfant, tu Me crois pour si peu. Ne soyez pas si sûr dans les choses que vous priez. Qui essayez-vous d'empêcher d'avoir l'air stupide ? Moi ou vous?

Cela ne me dérange pas de vous dire que ma vie a radicalement changé après que Dieu a interrompu mon rythme confortable avec le thème de la croyance. Certaines d'entre elles ont été atroces, et certaines d'entre elles ont été les plus amusantes que j'ai eues de toute ma vie chrétienne. J'ai l'impression que c'est un thème que je rencontrerai probablement encore et encore au cours de mon voyage. Pourquoi? Car sans la foi, il est impossible de Lui plaire. En d'autres termes, vous et moi serons mis au défi de croire en lui d'une saison à l'autre, tous nos jours. Et si nous avons ne serait-ce qu'un demi-cœur pour Dieu, il est susceptible de secouer nos périmètres et de susciter un peu d'excitation.

Croire en Dieu n'est jamais plus critique que lorsque nous avons des forteresses qui doivent être démolies. Croire en Dieu est aussi rarement plus difficile. Pourquoi? Parce que nous avons combattu la plupart de nos forteresses pendant des années et peut-être essayé d'innombrables remèdes dans le but d'être libres avec très peu de succès. L'ennemi nous nargue avec des chuchotements du genre : *« Vous ne serez jamais libre. Vous avez essayé cent fois. Vous y retournez à chaque fois. Vous êtes sans espoir. Tu es faible. Vous êtes un raté. Vous n'avez pas ce qu'il faut.* Chacune de ces déclarations à votre sujet est un mensonge si vous êtes un croyant en Christ. Vous avez ce qu'il faut. Vous avez Jésus, le Chemin, la Vérité et la Vie. Mais vous ne pouvez pas simplement croire en Lui pour être libre de votre forteresse. Vous devez croire en Lui. Croyez qu'Il peut faire ce qu'Il dit qu'Il peut faire. Croyez que vous pouvez faire ce qu'Il dit que vous pouvez faire. Croyez qu'Il est qui Il dit qu'Il est. Et croyez que vous êtes qui Il dit que vous êtes.

Vous pensez peut-être, je veux croire! Je n'ai juste pas assez de foi ! La parole de Dieu enregistre une rencontre dans Marc 9:14-24 pour encourager toute personne qui veut croire. Le Christ a rencontré un homme avec un fils qui avait été possédé par l'ennemi depuis l'enfance. Je ne sais pas combien de médecins, de sorciers, de fanatiques religieux, de sages et d'insensés le père avait cherché à trouver la liberté pour son fils. Imaginez la lueur d'espoir qui a allumé son âme lorsque la rumeur a circulé sur les disciples de Jésus réputés faire des miracles. Alors imaginez sa dévastation quand eux aussi ont été ajoutés à la liste des ratés. Jésus a demandé que le garçon lui soit amené. L'appel désespéré du père pourrait amener une boule d'empathie à la gorge de n'importe quel parent : si vous pouvez faire quelque chose, ayez pitié de nous et aidez-nous. J'aime la réplique puissante de Jésus : Si tu peux… ? Tout est possible à celui qui croit. La rediffusion des pères comprend l'un des moments les plus honnêtes et les plus inestimables du récit des rencontres humaines avec le Christ. Immédiatement, le père du garçon s'est exclamé, je crois. Puis, comme si le Christ avait surpris son regard dans les yeux, lisant son esprit interrogateur, le père a rapidement reformulé : Aidez-moi à surmonter mon incrédulité !

Je suis convaincu que Dieu préférerait entendre nos honnêtes supplications pour plus de ce qui nous manque qu'une foule de pieuses platitudes d'un cœur incrédule. Quand je suis défié par l'incrédulité, j'ai commencé à faire le même plaidoyer sincère à celui qui fournirait volontiers. Les écritures-prières suivantes ont pour but d'alimenter votre foi en celui qui est fidèle et d'alimenter votre croyance en celui qui est crédible.

S'il vous plaît rappelez-vous

C'est toujours la volonté de Dieu que vous soyez libres de forteresses ou de captivités. Comme indiqué - Nous ne sommes peut-être pas toujours sûrs que Dieu veut nous guérir physiquement dans cette vie de chaque maladie ou nous faire prospérer avec des bénédictions tangibles, mais Il veut toujours nous libérer des forteresses ou des captivités. Jean 10:10

Vous n'aurez jamais à vous soucier de savoir si vous priez selon la volonté de Dieu concernant les forteresses. C'est pour la liberté que Christ nous a libérés (Ga 5:1).

Je prie aussi pour que les yeux de votre cœur soient éclairés afin que vous connaissiez l'espérance à laquelle il vous a appelés, les richesses de son glorieux héritage dans les saints, et sa puissance incomparablement grande pour nous qui croyons. Cette puissance est comme le travail de sa force puissante qu'il a exercée en Christ lorsqu'il l'a ressuscité des morts (Éphésiens 1: 18-20)

Veuillez accepter et célébrer deux vérités impressionnantes dérivées de ces Écritures :

1) Dieu exerce un pouvoir incomparablement grand pour ceux qui choisissent de croire. Lire à nouveau! Une puissance incomparable ! Plus qu'assez pour briser le joug de toute servitude. Notre conviction débouche le tuyau et invite le pouvoir à circuler.

2) Dieu applique à nos besoins la même puissance qu'Il a exercée lorsqu'Il a ressuscité Christ d'entre les morts. Votre forteresse a-t-elle besoin de plus de puissance qu'il n'en faut pour ressusciter les morts ? Le mien non plus ! Dieu peut le faire, ami croyant. Je le sais parce qu'Il le dit. Et je le sais parce qu'il l'a fait pour moi. Croyez-le… et quand vous ne le faites pas, criez avec ferveur, Aidez-moi à surmonter mon incrédulité !

Courte prière pour l'auto-délivrance.

« Seigneur Jésus-Christ, je crois que tu es mort sur la croix pour mes péchés et que tu es ressuscité des morts. Tu m'as racheté par ton sang et je t'appartiens et je veux vivre pour toi. Je confesse tous mes péchés - connus et inconnus - je suis désolé pour eux tous. Je les renie tous. Je pardonne à tous les autres comme je veux que Tu me pardonnes. Pardonne-moi maintenant et purifie-moi avec ton sang. Je te remercie pour le sang de Jésus-Christ qui me purifie maintenant de tout péché. Et je viens à Toi maintenant comme mon libérateur. Vous connaissez mes besoins particuliers - la chose qui lie, qui tourmente, qui souille ; cet esprit mauvais, cet esprit impur, je revendique la promesse de ta parole : « Quiconque invoquera le nom du

Seigneur sera délivré. Je T'invoque maintenant. Au nom du Seigneur Jésus-Christ, délivrez-moi et libérez-moi. Satan, je renonce à toi et à toutes tes œuvres. Je me perds de toi, au nom de Jésus, et je t'ordonne de me quitter maintenant au nom de Jésus. Amen!"

Laissez-le venir de votre cœur et voyez le salut du Seigneur !

Êtes-vous malade ou avez-vous besoin d'une restauration?

Pour ceux qui sont malades ou malades sous quelque forme que ce soit, ou qui ont besoin d'être délivrés ? Ou restauration, veuillez toucher le point ci-dessous dans la foi (la foi, c'est voir le résultat positif précis de votre situation actuelle, sachant que Jésus a fait sa part il y a plus de 2000 ans pour assurer votre guérison et votre délivrance, la restauration comme acompte, confiant que vous pouvez retirer un acompte, comme un solde positif sur votre compte courant auprès de la banque, sans poser de questions car nous sommes d'accord avec vous et prononçons ÊTRE GUÉRI au nom de Jésus-Christ, Amen)

Par l'autorité que vous m'avez accordée ainsi qu'à eux, j'exerce cette autorité maintenant dans la foi avec leur colère contre l'ennemi et leur faim pour obtenir ce que vous leur avez donné gratuitement à tous, je maudis chaque maladie, chaque maladie, que ce soit le cancer , COVID 19, que ce soit l'esprit d'infirmités, que ce soit la possession démoniaque ou l'oppression, que ce soit l'esprit de pauvreté, les revers, l'accomplissement retardé de ce que Dieu a déjà déterminé et libéré. Nous venons contre l'anomalie, je les lie, nous les maudissons jusqu'à leur racine et nous les chassons par autorité au nom de Jésus-Christ. Amen. Nous appelons à une libération de guérison, de délivrance et de restauration dans leur vie au nom puissant de Jésus-Christ. Merci Seigneur pour les témoignages qui respectent ta gloire, ton honneur et ton adoration. Merci pour les âmes qui sont ajoutées à votre royaume à la suite de ce message, les miracles que nous voyons déjà en ce moment et qui se manifestent pour votre gloire au nom de Jésus, Amen. C'est fait! Réjouir!

Touchez cet endroit mis en évidence comme point de contact et confessez avec votre bouche - JE SUIS GUÉRI, JE SUIS DÉLIVRÉ et JE SUIS RESTAURÉ dans mon Esprit, Âme, Corps et tout autour de moi au nom de JÉSUS Christ, Amen !!!

Commencez à faire ce que vous ne pouviez pas faire auparavant et commencez à confesser jusqu'à la guérison complète, la restauration de la délivrance devient un fruit dans votre vie au nom de Jésus, amen. Restez affamé pour tout Dieu, restez en colère et reprenez tout ce que l'ennemi a retenu au nom de Jésus, amen

Note   :
Témoignez de la guérison pour la gloire de Dieu et de la honte de l'ennemi ! Envoyez-nous un e-mail ou WhatsApp si vous avez encore besoin que nous nous mettions d'accord avec vous sur le problème. Et connectez-vous à la série d'équipements à partir de la semaine prochaine jeudi. Retrouvez le détail prochainement sur notre site internet !

Conclusion de Greater Exploits 2 et préparez-vous pour Greater Exploits 3

C'est la fin du grand exploit 2. Préparez-vous pour le grand exploit 3 qui devrait être rempli de témoignages plus édifiants, vous permettant de sortir et de faire de plus grands exploits à partir de chez vous, de votre cercle et en dehors de votre cercle. Nous croyons fermement et notre prière quotidienne pour vous qu'il y aura *guérison, délivrance et restauration tout autour de vous pour la gloire de Dieu au nom de Jésus, Amen - Nous sommes impatients d'entendre parler de votre témoignage pour la gloire de Dieu et de surcharger les autres pour de plus grands exploits en Jésus-Christ . – Ambassadeur Monday Ogwu Ogbe*

Maintenant, le plus grand miracle est le miracle du salut. Nous présentons maintenant une opportunité :

BONNE OPPORTUNITÉ

Nous ne terminerons pas ce titre sur Borderless tant que nous n'aurons pas offert l'opportunité à ceux qui n'ont pas rencontré Jésus de faire leur paix aujourd'hui

Prière de salut

Prière de salut - Notre première vraie conversation avec Dieu
La "prière de salut" est la prière la plus importante que nous n'ayons jamais faite. Lorsque nous sommes prêts à

devenir chrétien, nous sommes prêts à avoir notre première vraie conversation avec Dieu, et voici ses composantes :

- Nous reconnaissons que Jésus-Christ est Dieu ; qu'il est venu sur terre en tant qu'homme pour vivre la vie sans péché que nous ne pouvons pas vivre; qu'il est mort à notre place, afin que nous n'ayons pas à payer la peine que nous méritons.
- Nous confessons notre vie passée de péché - vivre pour nous-mêmes et ne pas obéir à Dieu.
- Nous admettons que nous sommes prêts à faire confiance à Jésus-Christ comme notre Sauveur et Seigneur.
- Nous demandons à Jésus de venir dans notre cœur, d'y résider et de commencer à vivre à travers nous.

Prière du salut - Cela commence par la foi en Dieu
Lorsque nous prions la prière du salut, nous faisons savoir à Dieu que nous croyons que sa Parole est vraie. Par la foi qu'il nous a donnée, nous choisissons de croire en lui. La Bible nous dit que « *sans la foi, il est impossible de lui plaire, car celui qui s'approche de Dieu doit croire qu'il existe, et qu'il est le rémunérateur de ceux qui le cherchent* » (Hébreux 11 :6).

Ainsi, lorsque nous prions, demandant à Dieu le don du salut, nous exerçons notre libre arbitre pour reconnaître que nous croyons en Lui. Cette démonstration de foi plaît à Dieu, parce que nous avons librement choisi de le connaître.

Prière du salut - Confesser notre péché
Lorsque nous prions la prière du salut, nous admettons que nous avons péché. Comme la Bible le dit de tout le monde, sauf Christ seul : « *Car tous ont péché et sont privés de la gloire de Dieu* » (Romains 3 :23).

Pécher, c'est simplement manquer le but, comme une flèche qui n'atteint pas tout à fait le centre de la cible. La gloire de Dieu qui nous manque ne se trouve qu'en Jésus-Christ : « *Car c'est le Dieu qui a commandé que la lumière brille des ténèbres, qui a brillé dans nos cœurs pour donner la lumière de la connaissance de la gloire de Dieu dans le visage de Jésus-Christ* " (2 Corinthiens 4:6).

La prière de salut reconnaît donc que Jésus-Christ est le seul humain qui ait jamais vécu sans péché. « *Car celui qui n'a point connu le péché, il l'a fait devenir péché pour nous, afin que nous devenions en lui justice de Dieu* » (2 Corinthiens 5:21).

Prière de Salut - Professer la Foi en Christ comme Sauveur et Seigneur
Avec Christ comme norme de perfection, nous reconnaissons maintenant la foi en Lui comme Dieu, en accord avec l'Apôtre Jean que : " *Au commencement était la Parole (Christ), et le Verbe était avec Dieu, et le Verbe était Dieu. Il était au commencement avec Dieu. Tout a été fait par lui, et rien de ce qui a été fait n'a été fait sans lui*" *(Jean 1:1-3)* .

Parce que Dieu ne pouvait accepter qu'un sacrifice parfait et sans péché, et parce qu'il savait que nous ne pouvions pas accomplir cela, il a envoyé son Fils mourir pour nous et payer le prix éternel. " *Car Dieu a tant aimé le monde qu'il a donné son Fils unique, afin que quiconque croit en lui ne périsse pas, mais qu'il ait la vie éternelle* ." (Jean 3:16).

Prière de salut - Dites-le et pensez-le maintenant !

Êtes-vous d'accord avec tout ce que vous avez lu jusqu'à présent ? Si c'est le cas, n'attendez pas un instant de plus pour commencer votre nouvelle vie en Jésus-Christ. Rappelez-vous, cette prière n'est pas une formule magique. Vous exprimez simplement votre cœur à Dieu. Priez ceci avec nous :

"Père, je sais que j'ai enfreint tes lois et que mes péchés m'ont séparé de toi. Je suis vraiment désolé, et maintenant je veux me détourner de ma vie pécheresse passée envers toi. S'il te plaît, pardonne-moi et aide-moi à éviter de pécher à nouveau. Je crois que votre fils, Jésus-Christ est mort pour mes péchés, est ressuscité des morts, est vivant et entend ma prière. J'invite Jésus à devenir le Seigneur de ma vie, à régner et à régner dans mon cœur à partir de ce jour. . S'il vous plaît, envoyez votre Saint-Esprit pour m'aider à vous obéir et à faire votre volonté pour le reste de ma vie. Au nom de Jésus, je prie, Amen.

Prière du Salut - Je l'ai priée ; Maintenant quoi?
Si vous avez prié cette prière de salut avec une conviction et un cœur sincères, vous êtes maintenant un disciple de Jésus. C'est un fait, que vous vous sentiez différent ou non. Les systèmes religieux peuvent vous avoir amené à croire que vous devriez ressentir quelque chose - une lueur chaude, un picotement ou une autre expérience mystique. Le fait est que vous pouvez ou non. Si vous avez prié la prière du salut et que vous l'avez pensé, vous êtes maintenant un disciple de Jésus. La Bible nous dit que votre salut éternel est assuré ! " *que si tu confesses de ta bouche le Seigneur Jésus et que tu crois dans ton coeur que Dieu l'a ressuscité des morts, tu seras sauvé* " (Romains 10:9).

Bienvenue dans la famille de Dieu ! Nous vous encourageons maintenant à trouver une église locale où vous pourrez être baptisé et grandir dans la connaissance de Dieu à travers Sa Parole, la Bible.

Vous pouvez également visiter notre site à www.otakada.org qui vous aidera à vous développer et à grandir en Christ
En utilisant ce lien dans l'étude biblique de découverte pour découvrir Jésus par vous-même https://www.otakada.org/dbs-dmm/

Voyage de disciple de 40 jours

Ou vous pouvez commencer un voyage de 40 jours à votre rythme en ligne via ce lien https://www.otakada.org/get-free-40-days-online-discipleship-course-in-a-journey-with-jesus/

Si vous avez besoin de conseils, envoyez un e-mail à info@otakada.org
Que le Seigneur élargisse votre vie et vous remplisse de joie, de paix, d'amour et d'harmonie que Lui seul peut donner, amen

Chalom !

Contributeurs aux documents de référence :

1) Otakada.org
2) Témoignages –
   HealingRevival.com/testimonies
3) Smithwigglesworth.org
4) Engager le Dieu surnaturel par Monday Ogbe
5) Rhema.org Ministères Kenneth E. Hagin
6) Lester Symrall - Les miracles ne se produisent pas simplement
7) Aventures John G. Lake

Autres livres par auteur

Visitez la page de l'auteur
https://www.amazon.com/~/e/B07MSBPFNX

Chalom !

Ambassadeur lundi Ogwuojo Ogbe